中国职业技术教育学会科研项目优秀成果
The Excellent Achievements in Scientific Research Project of Chinese Society of Technical and Vocational Education
高等职业教育汽车专业“双证课程”培养方案规划教材

汽车底盘电控系统检修

高等职业技术教育研究会 审定
姚焕新 主编

A Book for Examining and Repairing Electric Control System of Automotive Chassis

人民邮电出版社
北京

图书在版编目（CIP）数据

汽车底盘电控系统检修 / 姚焕新主编. —北京：人民邮电出版社，2009.5（2012.8 重印）
中国职业技术教育学会科研项目优秀成果．高等职业教育汽车专业“双证课程”培养方案规划教材
ISBN 978-7-115-20467-7

Ⅰ. 汽… Ⅱ.姚… Ⅲ.汽车－底盘－电气控制系统－车辆修理－高等学校：技术学校－教材 Ⅳ.U472.41

中国版本图书馆CIP数据核字（2009）第037252号

内 容 提 要

本书按照项目式教学的要求，对汽车底盘多种电子控制系统的检修方法进行了系统讲解。全书分为6个项目：汽车防抱死制动系统检修、汽车防滑控制系统检修、汽车电控悬架系统检修、汽车电子控制动力转向系统检修、汽车电子控制四轮驱动系统检修、汽车电子稳定系统检修。其中，每个项目均按照“项目要求”→“相关知识”→“项目实施”→“拓展知识”的思路编排；每个项目均结合具体的车型，给出相应实际操作训练内容。

本书可作为高职高专院校汽车检测与维修专业的教材，对从事汽车行业生产、维修的技术人员也具有参考价值。

中国职业技术教育学会科研项目优秀成果
高等职业教育汽车专业“双证课程”培养方案规划教材

汽车底盘电控系统检修

◆ 审　　定　高等职业技术教育研究会
主　　编　姚焕新
责任编辑　潘春燕
执行编辑　赵慧君

◆ 人民邮电出版社出版发行　　北京市崇文区夕照寺街14号
邮编　100061　　电子邮件　315@ptpress.com.cn
网址　http://www.ptpress.com.cn
三河市海波印务有限公司印刷

◆ 开本：787×1092　1/16
印张：12.75　　2009年5月第1版
字数：312千字　　2012年8月河北第4次印刷

ISBN 978-7-115-20467-7/U

定价：23.00元

读者服务热线：(010)67170985　印装质量热线：(010)67129223
反盗版热线：(010)67171154

职业教育与职业资格证书推进策略与“双证课程”的研究与实践课题组

组　长：

俞克新

副组长：

李维利　张宝忠　许　远　潘春燕

成　员：

林　平　周　虹　钟　健　赵　宇　李秀忠　冯建东　散晓燕　安宗权
黄军辉　赵　波　邓晓阳　牛宝林　吴新佳　韩志国　周明虎　顾　晔
吴晓苏　赵慧君　潘新文　李育民

课题鉴定专家：

李怀康　邓泽民　吕景泉　陈　敏　于洪文

高等职业教育汽车专业“双证课程”培养方案规划教材编委会

丛书出版前言

职业教育是现代国民教育体系的重要组成部分，在实施科教兴国战略和人才强国战略中具有特殊的重要地位。党中央、国务院高度重视发展职业教育，提出要全面贯彻党的教育方针，以服务为宗旨，以就业为导向，走产学结合的发展道路，为社会主义现代化建设培养千百万高素质技能型专门人才。因此，以就业为导向是我国职业教育今后发展的主旋律。推行“双证制度”是落实职业教育“就业导向”的一个重要措施，教育部《关于全面提高高等职业教育教学质量的若干意见》(教高［2006］16 号）中也明确提出，要推行“双证书”制度，强化学生职业能力的培养，使有职业资格证书专业的毕业生取得“双证书”。但是，由于基于双证书的专业解决方案、课程资源匮乏，双证书课程不能融入教学计划，或者现有的教学计划还不能按照职业能力形成系统化的课程，因此，“双证书”制度的推行遇到了一定的困难。

为配合各高职院校积极实施双证书制度工作，推进示范校建设，中国高等职业技术教育研究会和人民邮电出版社在广泛调研的基础上，联合向中国职业技术教育学会申报了《职业教育与职业资格证书推进策略与“双证课程”的研究与实践》课题（中国职业技术教育学会科研规划项目，立项编号 225753)。此课题拟将职业教育的专业人才培养方案与职业资格认证紧密结合起来，使每个专业课程设置嵌入一个对应的证书，拟为一般高职院校提供一个可以参照的“双证课程”专业人才培养方案。该课题研究的对象包括数控加工操作、数控设备维修、模具设计与制造、机电一体化技术、汽车制造与装配技术、汽车检测与维修技术等多个专业。

该课题由教育部的权威专家牵头，邀请了中国职教界、人力资源和社会保障部及有关行业的专家，以及全国 50 多所高职高专机电类专业教学改革领先的学校，一起进行课题研究，目前已召开多次研讨会，将课题涉及的每个专业的人才培养方案按照“专业人才定位—对应职业资格证书—职业标准解读与工作过程分析—专业核心技能—专业人才培养方案—课程开发方案”的过程开发。即首先对各专业的工作岗位进行分析和分类，按照相应岗位职业资格证书的要求提取典型工作任务、典型产品或服务，进而分析得出专业核心技能、岗位核心技能，再将这些核心技能进行分解，进而推出各专业的专业核心课程与双证课程，最后开发出各专业的人才培养方案。

根据以上研究成果，课题组对专业课程对应的教材也做了全面系统的研究，拟开发的教材具有以下鲜明特色。

1. 注重专业整体策划。本套教材是根据课题的研究成果——专业人才培养方案开发的，每个专业各门课程的教材内容既相互独立又有机衔接，整套教材具有一定的系统性与完整性。

2. 融通学历证书与职业资格证书。本套教材将各专业对应的职业资格证书的知识和能力要求都嵌入到各双证教材中，使学生在获得学历文凭的同时获得相关的国家职业资格证书。

3. 紧密结合当前教学改革趋势。本套教材紧扣教学改革的最新趋势，专业核心课程、双证课程按照工作过程导向及项目教学的思路编写，较好地满足了当前各高职高专院校的需求。

为方便教学，我们免费为选用本套教材的老师提供相关专业的整体教学方案及相关教学资源。

经过近两年的课题研究与探索，本套教材终于正式出版了，我们希望通过本套教材，为各高职高专院校提供一个可实施的基于双证书的专业教学方案，也热切盼望各位关心高等职业教育的读者能够对本套教材的不当之处给予批评指正，提出修改意见，并积极与我们联系，共同探讨教学改革和教材编写等相关问题。来信请发至 panchunyan@ptpress.com.cn。

前言

随着我国汽车产业的蓬勃发展，汽车技术服务人才严重缺乏，为贯彻国家加强对技能型人才培养的有关政策，适应汽车修理行业对汽车修理人员的需要，我们特编写了本书。

本书以能力为本位，以就业为导向，体现职业教育的特色，满足了汽车维修领域对高素质专业实用人才培养的需要。本书剖析了汽车底盘各种电控系统的结构原理，对常见故障的诊断方法和步骤以项目的形式作了详细分析。书中的应用举例均为国内常见车型，维修方法和数据具有较强的实用性。通过本书的学习使学生掌握汽车典型电控系统性能检测和故障诊断的技能，为毕业后从事汽车维修工作打下良好的基础。

在编写体系上，本书充分考虑到检测和故障诊断等技能训练方面的内容和要求，按照项目的形式编排，将构造、原理、检测、故障诊断、排除紧密结合起来，注重理论与实践的紧密结合。本书的参考学时为90学时，其中实践环节为54学时，各项目的参考学时参见下面的学时分配表。

项目	课程内容	学时分配	
		讲授	实训
项目一	汽车防抱死制动系统检修	6	10
项目二	汽车防滑控制系统检修	4	8
项目三	汽车电控悬架系统检修	6	10
项目四	汽车电控动力转向系统检修	8	10
项目五	汽车电控四轮驱动系统检修	6	8
项目六	汽车电子稳定系统检修	6	8
课时总计		36	54

本书由宁波大红鹰学院姚焕新主编，黑龙江商业职业学院武长河、黑龙江林业职业技术学院周钢副主编。其中，姚焕新编写了项目一、项目二、项目四，武长河、安雁秋编写了项目三、项目六，周钢编写了项目五，谢佩军参与编写了项目四。

由于编者水平有限和编写时间仓促，书中难免存在不足之处，敬请广大读者批评指正。

编者

2009年2月

目录

项目一　汽车防抱死制动系统检修……1
一、项目要求……1
二、相关知识……2
（一）ABS的组成和分类……2
（二）ABS的结构……6
三、项目实施……17
（一）项目实施环境……17
（二）上海桑塔纳简介……17
（三）项目实施步骤……21
四、拓展知识……32
（一）ABS故障诊断的基本方法……32
（二）V.A.G1552故障诊断仪的使用……34
（三）ABS维修注意事项……35
（四）使用ABS时的四要和四不要……36
小结……36
习题及思考题……37
项目二　汽车防滑控制系统检修……38
一、项目要求……38
二、相关知识……39
（一）ASR系统的理论基础……39
（二）防滑转控制方式……40
（三）ASR与ABS的区别……41
（四）ASR系统简介……41
三、项目实施……47
（一）项目实施环境……47
（二）凌志LS400 ASR系统简介……47
（三）项目实施步骤……50
小结……64
习题及思考题……65
项目三　汽车电控悬架系统检修……66
一、项目要求……66
二、相关知识……67
（一）电控悬架系统的功能和类型……67
（二）电控悬架系统的组成与工作原理……69
（三）电控悬架系统的结构与工作过程……69
（四）典型电控悬架系统——丰田车型……78
（五）典型电控悬架系统——马自达车型……84
（六）电控悬架系统常见故障及分析……88
三、项目实施……90
（一）项目实施环境……90
（二）检修注意事项……90
（三）项目实施步骤……90
四、拓展知识……98
小结……101
习题及思考题……102
项目四　汽车电控动力转向系统检修……103
一、项目要求……103
二、相关知识……103
（一）液压式EPS……104
（二）电动式EPS……115
三、项目实施……127
（一）项目实施环境……127
（二）项目实施步骤……127
四、拓展知识……145
小结……148
习题及思考题……148

项目五　汽车电控四轮驱动系统检修……149
一、项目要求……149
二、相关知识……149
（一）电控四轮驱动系统的分类和组成……150
（二）电控四轮驱动系统的主要部件……154
（三）电控四轮驱动系统的工作过程……156
三、项目实施……161
（一）项目实施环境……161
（二）项目实施步骤……161
四、拓展知识……175
（一）四轮驱动越野吉普车驾驶注意事项……175
（二）四轮驱动分动器的维修注意事项……177
小结……177
习题及思考题……178

项目六　汽车电子稳定系统检修……180
一、项目要求……180
二、相关知识……181
（一）汽车电子稳定系统的作用与类型……181
（二）汽车电子稳定系统的组成与基本作用……182
（三）汽车电子稳定系统的基本工作原理……185
（四）汽车电子稳定系统常见故障及分析……187
三、项目实施……188
（一）项目实施环境……188
（二）检修注意事项……188
（三）项目实施步骤……189
四、拓展知识……191
小结……193
习题及思考题……193

参考文献……194

项目一

汽车防抱死制动系统检修

一、项目要求

ABS（Anti-locked Braking System，防抱死制动系统）是一种安全控制制动系统，现代汽车上大量安装此系统。ABS 既有普通制动系统的制动功能，又能防止车轮制动抱死，保证汽车的制动方向稳定性，防止产生侧滑和跑偏。ABS 会出现轮速传感器故障、制动压力调节器故障、制动管路有气体或漏油、ABS 液压泵故障、ABS 电脑组件故障等。该项目通过对防抱死制动系统故障的诊断、拆卸、检修、安装调整过程的学习与实施，使读者在掌握防抱死制动系统结构与工作原理等方面理论知识的同时，具备对上述故障进行分析与排除的能力。

在对装有传统制动系统的汽车进行制动时，尽管驾驶员可通过间歇地踩下、释放制动踏板（俗称“点刹”）防止车轮抱死，也只能靠经验控制汽车的制动情况而无法精确地判断和控制汽车的制动情况；特别是在紧急制动时，更不可能将车轮滑移率控制在理想范围之内，反而会使车轮抱死。尤其是在冰雪、雨天的路面上制动时，汽车很容易产生侧滑、甩尾等情况而失去转向控制能力。在这种条件下驾驶汽车，驾驶员很容易高度紧张，产生身体疲劳，缺乏安全感。

汽车车轮打滑是指汽车车轮的滑转，车轮的滑转率又称滑移率，用 S 表示，公式如下：

$$S=\frac{\omega r-\upsilon}{\omega r}\times 100\%\text{（滑移率）}$$

式中：ω 为车轮圆周速度；υ 为车身瞬时速度。几种路面的滑移率与纵向附着系数的关系如图 1-1 所示。

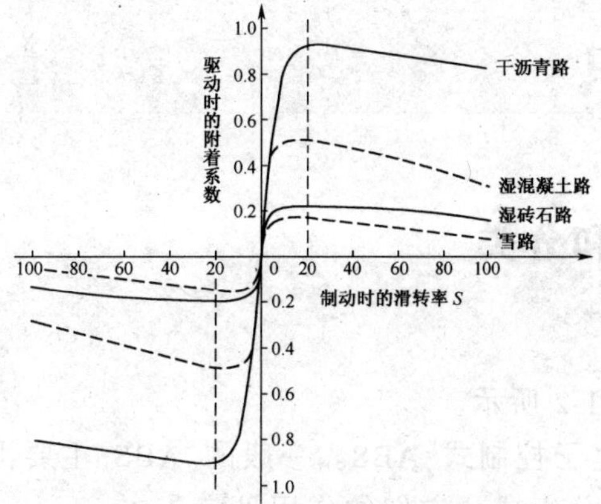

图 1-1　滑移率与纵向附着系数的关系

从图 1-1 中可以看出，附着系数随路面的不同而呈较大幅度的变化；在各种路面上，S=20%左右时，附着系数达到峰值；上述趋势无论制动还是驱动几乎一样。滑移率在 20%左右时具有最大纵向附着系数，产生最大纵向附着力，此时车轮与路面间才能获得阻碍汽车运动的最大制动力，从而获得最佳的制动效能。而在车轮抱死时，纵向附着系数较小，制动效能较差。

为了解决汽车紧急制动时车轮抱死问题，控制车轮最大滑移率在 20%左右，人们开发了 ABS。该系统是在传统制动系统的基础上增加了一套电子控制单元的防止车轮制动抱死的控制系统。在汽车制动过程中，当 ABS 电子控制单元检测到车轮趋于抱死时，就会迅速发出指令，降低制动系统的压力，使车轮滑移率降低并恢复到靠近理想滑移率的稳定区内，通过自动、高频率地对制动系统的压力进行不断调节，使车轮制动时不能抱死，并且使车轮滑移率保持在理想滑移率范围内，进而达到充分利用车轮与路面间纵向峰值附着系数和较高的横向附着系数，获得最佳制动性能。

【知识要求】

1. 熟悉 ABS 的组成与结构原理
2. 掌握 ABS 的工作原理
3. 掌握 ABS 传感器的工作原理与检测方法
4. 掌握 ABS 调解器的工作原理与检测方法
5. 掌握 ABS 基本故障的检测方法和步骤

重点掌握内容：ABS 的基本结构及检测方法，ABS 基本故障的检测方法和步骤。

【能力要求】

1. 能正确拆装 ABS 并进行正确调整
2. 能正确检查 ABS 基本故障，并能对常见故障进行检修

二、相关知识

（一）ABS 的组成和分类

1．ABS 的组成

ABS 的结构图如图 1-2 所示。

目前的 ABS 均为电子控制式 ABS。一般的 ABS 主要由传感器、电子控制装置（ECU）和执行器 3 个部分组成。它们的作用见表 1-1。

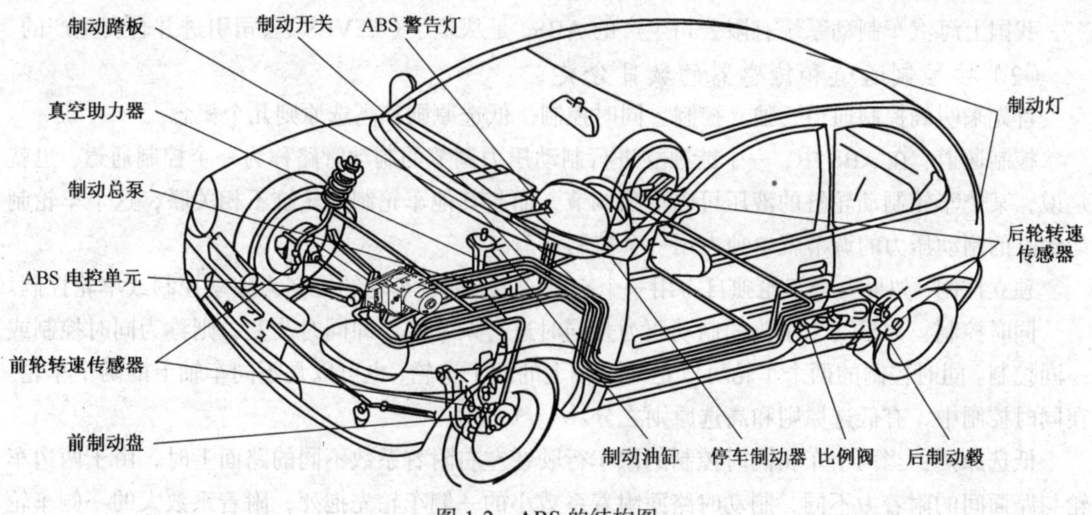

图 1-2 ABS 的结构图

表 1-1 ABS 主要组成和作用

组成元件			元件功能
ABS 系统主要组成	传感器	车速传感器	检测车速，给 ECU 提供车速信号，适用于滑移率控制方式
		轮速传感器	检测车轮速度，给 ECU 提供轮速信号，各种控制方式均适用
		减速传感器	检测制动时汽车的减速度，识别是否是冰雪等易滑路面，一般用于四轮驱动控制系统
	执行器	制动压力调节器	受 ECU 控制，在可变容积式制动压力调节器的控制油路中建立控制油压；在循环式制动压力调节器调节压力降低的过程中，将由轮缸流出的制动液经蓄能器泵压回主缸，以防止 ABS 工作时制动踏板行程发生变化
		液压泵	接收 ECU 的指令，通过电磁阀的动作实现制动系统压力的增加、保持、降低和增加的全过程
		ABS 警告灯	当 ABS 出现故障时，由 ECU 控制将其点亮，向驾驶员发出报警，并由 ECU 控制闪烁显示故障代码等
	控制器	电子控制单元 ECU	接收车速、轮速、减速等传感器的信号，计算出车速、轮速、滑移率和车轮的减速度、加速度，并将这些信号加以分析、判别、放大，由输出级输出控制指令，控制各种执行器工作

2. ABS 的分类

（1）按生产厂家分类

① 德国博世公司生产的 BOSCH ABS，欧洲、美国、日本、韩国轿车上采用较多。

② 德国坦孚公司生产的 TEVES ABS，欧洲、美国、日本、韩国轿车上采用较多。

③ 美国达科公司生产的 DElCO ABS，美国通用、韩国大宇等轿车上采用较多。

④ 美国本迪克斯公司生产的 BENDIX ABS，在美国克莱斯勒公司生产的汽车上采用较多。

以上 4 种 ABS 在轿车上应用很广泛，德国瓦布科（WABCO）公司、日本本田—信友公司、美国凯尔塞 · 海伊斯（KELSEY HAYES）公司和英国卢卡斯· 格林公司生产的 ABS 数量也相当大，主要应用在载货汽车或大型客车上。

我国上海汽车制动系统有限公司生产的 ABS，是从坦孚（TEVES）公司引进并合资生产的。

（2）按控制通道和传感器的数目分类

首先来明确控制通道、独立控制、同时控制、低选原则和高选原则几个概念。

控制通道：在 ABS 中，一个能独立进行制动压力调节的制动管路称为一个控制通道。也就是说，某个车轮制动轮缸的液压可以单独调节，而与其他车轮制动轮缸不相关联，这个车轮制动轮缸的制动压力的调节就单独占用一个控制通道。

独立控制：如果一个车轮独自占用一个控制通道，称该车轮的控制为独立控制或单轮控制。

同时控制：如果两个车轮的制动压力是同时进行调节的，即同时改变，则称为同时控制或一同控制。同时控制的两个车轮可以是同一轴上的两个车轮，也可以是不同车轴上的两个车轮。在同时控制中，有低选原则和高选原则之分。

低选原则：当两个车轮同时控制的汽车行驶在左右附着系数不同的路面上时，由于两边车轮与路面间的附着力不同，制动时路面附着系数小的一侧车轮先抱死，附着系数大的一侧车轮后抱死。为保证附着系数较小的车轮不发生抱死，这两个车轮就采用较低的制动压力控制。这种以保证附着系数较小的车轮不发生抱死的控制原则称为低选原则。

高选原则：两个车轮同时控制时，如果保证附着系数较大的车轮不发生抱死，附着系数小的车轮会产生抱死现象，这两个车轮就采用较高的制动压力控制。这种以保证附着系数较大的车轮不发生抱死的控制原则称为高选原则。

① 四通道式 ABS。

图 1-3 所示的 ABS 属于四传感器四通道四轮独立控制式。该系统一般有 4 个控制通道、4 个轮速传感器和 1 个电子控制单元。在 4 个控制通道中各设 1 个制动压力调节器进行独立控制。由于四通道 ABS 可以最大程度地利用每个车轮的附着力进行制动，所以汽车的制动效果好。但在两侧车轮的附着系数不相等的路面上制动时，由于同一轴上的制动力不相等，往往使汽车产生较大的偏转力矩而发生制动跑偏现象。因此，ABS 通常不对 4 个车轮进行独立的制动控制。

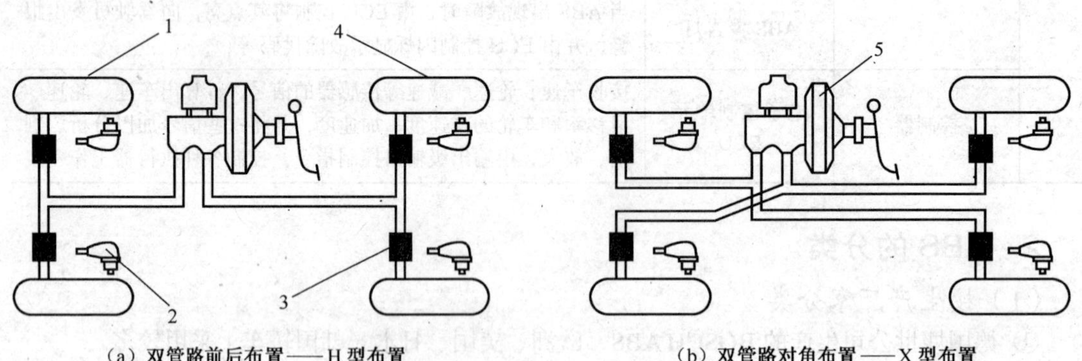

图 1-3 四传感器四通道四轮独立控制式

1—前轮 2—轮速传感器 3—制动压力调节器 4—后轮 5—制动缸

② 三通道式 ABS。

图 1-4 所示的 ABS 属于三通道 ABS。三通道 ABS 有四传感器三通道式和三传感器三通道式两种，其中四传感器三通道 ABS 又分前后布置和对角布置两种。

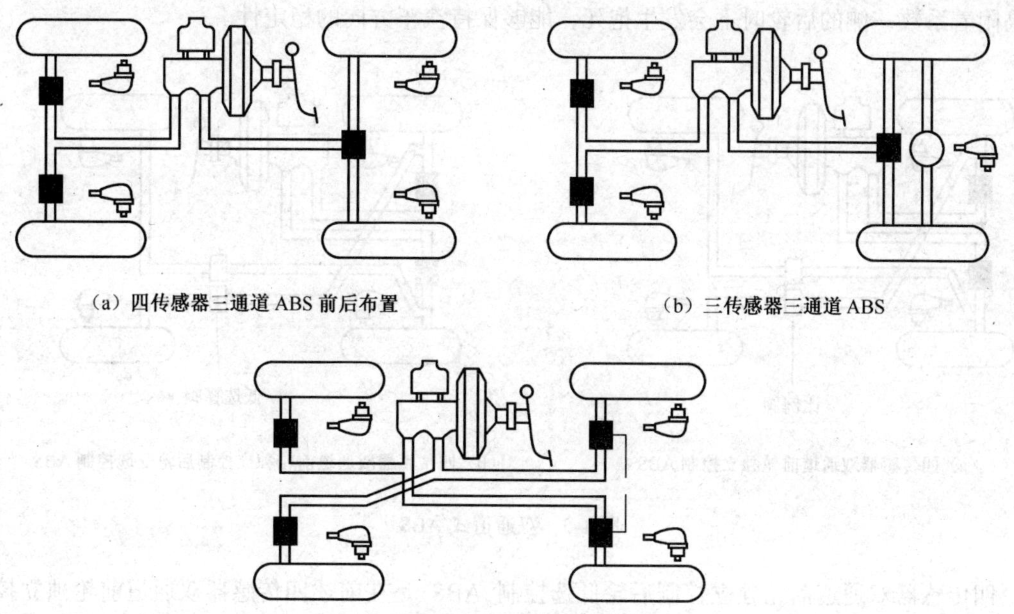

（a）四传感器三通道 ABS 前后布置

（b）三传感器三通道 ABS

（c）四传感器三通道 ABS 对角布置

图 1-4　三通道式 ABS

四轮 ABS 大多采用三通道式系统，而三通道系统都是对两前轮的制动压力进行单独控制，对两后轮的制动压力一般按低选原则同时控制。由于三通道 ABS 对两后轮进行同时控制，所以对于后轮驱动的汽车在变速器或主减速器中只设置一个转速传感器来检测两后轮的平均转速即可。

桑塔纳 2000GSi 等轿车采用在通往 4 个车轮制动轮缸的制动管路中各设置一个制动压力调节器，并且 4 个管路互相独立的制动系统，从这个角度看属于四通道式 ABS。但这里的两个后轮制动压力调节器却是由 ECU 按低选原则进行同时控制的，因此，也应算作是三通道 ABS。

当两后轮按低选原则进行同时控制时，可以保证汽车两后轮的制动力相等，即使两侧车轮的附着力相差较大，两后车轮的制动力也只能限制在低附着力的水平上，使两后轮的制动力始终保持平衡，从而使汽车在各种条件下制动时都具有良好的方向稳定性。

在前轮驱动轿车上，前轮的制动力在汽车总制动力中占 70%左右，因此对两前轮进行独立控制，可以充分利用两前轮的附着力，使汽车获得较大的总制动力，缩短制动距离，同时可使制动中两前轮始终保持较大的横向附着力，确保良好的转向控制能力。因此，三通道 ABS 在小轿车上获得广泛应用。

③ 双通道式 ABS。

图 1-5 所示的 ABS 属于双通道式 ABS。主要有两传感器式、三传感器式和四传感器式。双通道 ABS 由于在方向稳定性、转向控制和制动能力等各方面难以兼顾，因此目前采用较少。

在四传感器双通道前轮独立控制 ABS 中，两个前轮进行独立控制，并通过比例阀（PV）按一定比例将制动压力传到后轮。在不对称的路面上制动时，高附着系数一侧的前轮产生的高压传至低附着系数一侧的后轮，该后轮可能发生抱死。而低附着系数一侧的前轮液压较低，传至高附着系数一侧的后轮时不会发生抱死，能够保持汽车方向的稳定性。

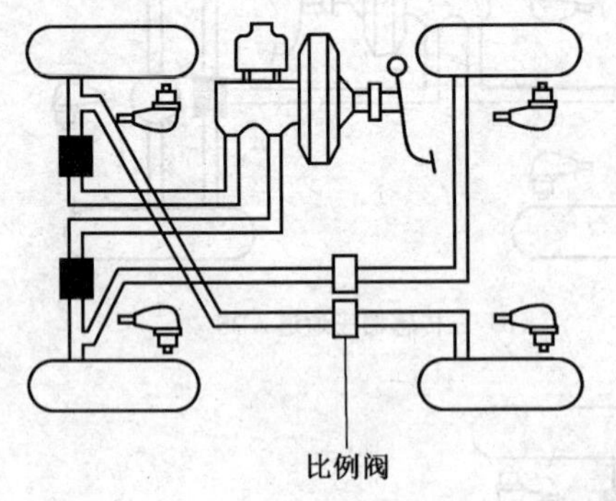

(a) 四传感器双通道前轮独立控制 ABS

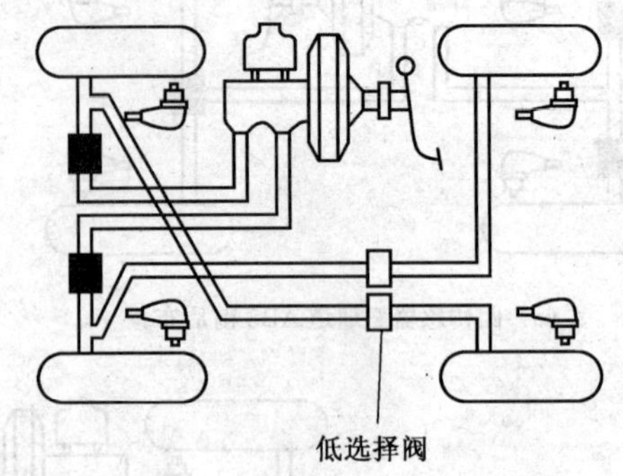

(b) 四传感器双通道前轮独立控制后轮低选控制 ABS

图 1-5　双通道式 ABS

四传感器双通道前轮独立控制后轮低选控制 ABS 是在前述四传感器双通道前轮独立控制 ABS 的基础上，用低选择阀（LSV）代替比例阀。在不对称路面上制动时，高附着系数一侧前轮的高压不直接传到附着系数低侧的后轮，而只按照低附着系数侧前轮的制动压力控制。低选择阀 ABS 与前述的比例阀 ABS 相比，可以避免后轮抱死，控制效果较好。

④ 单通道式 ABS。

单通道式 ABS（如图 1-6 所示）是在后轮制动总管中设置一个制动压力调节器，在后驱动桥上安装一个传感器或者在两后轮上各安装一个轮速传感器。

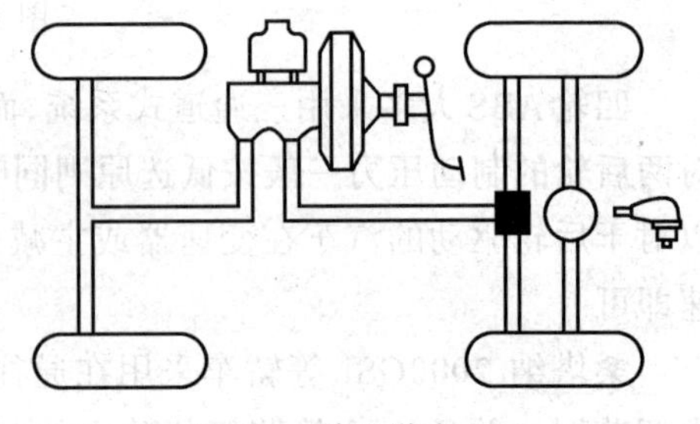

图 1-6　单通道式 ABS

单通道 ABS 一般是对两后轮按低选原则进行同时控制的，因此制动距离不一定会明显缩短。由于未对前轮进行控制，制动时前轮可能出现制动抱死现象，因而转向操纵能力不好。但由于单通道 ABS 能够显著地提高汽车制动时的方向稳定性，并且结构简单、成本低，目前在一些轻型载货车上仍广泛应用。

（3）其他分类方法

① 按产生制动压力的动力源可分为液压制动 ABS、气压制动 ABS 和气液混合制动 ABS。

② 按制动压力调节器调压方式可分为流通式（循环式）ABS 和变容式 ABS。

③ 按制动压力调节器与制动主缸的结构可分为整体式 ABS 和分离式 ABS。

④ 按 ABS 与其他系统是否一体化可分为单一功能 ABS、ABS/ASR（或 TCS）复合系统、ABS/EDS 复合系统和 ABS/ASR/ESP 复合系统等。

（二）ABS 的结构

1. ABS 的结构

ABS 的结构如图 1-7 所示。

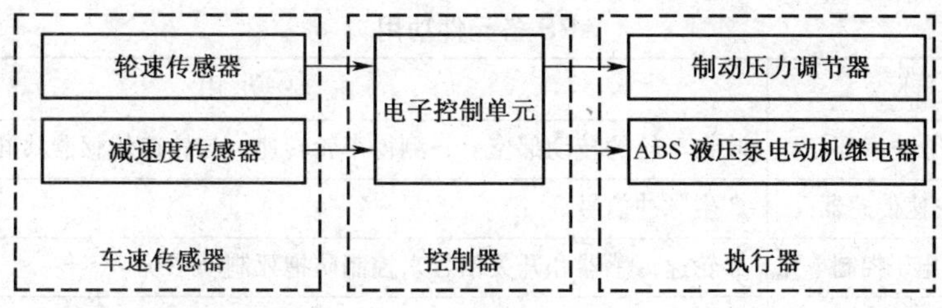

图 1-7　ABS 的结构

ABS 电子控制单元一般根据制动开关信号、轮速传感器传送来的脉冲信号及其他传感器辅助信号，经计算处理后，发出指令信号给调压器总成，进行制动液压控制。储能器用来储存高压油，压力开关阀传感器用来检测储能器的液压，并把信号送给 ABS 电子控制单元。ABS 液压泵总成产生 ABS 所需的较高的制动液压。ABS 液压泵电动机继电器使液压泵电动机正常动作。当系统安全电磁阀继电器发现 ABS 有故障时，它会切断电磁阀的搭铁回路，使 ABS 停止作用，然后 ABS 故障指示灯会点亮。ABS 信号监控系统元件分布如图 1-8 所示，各元件功用如表 1-2 所示。

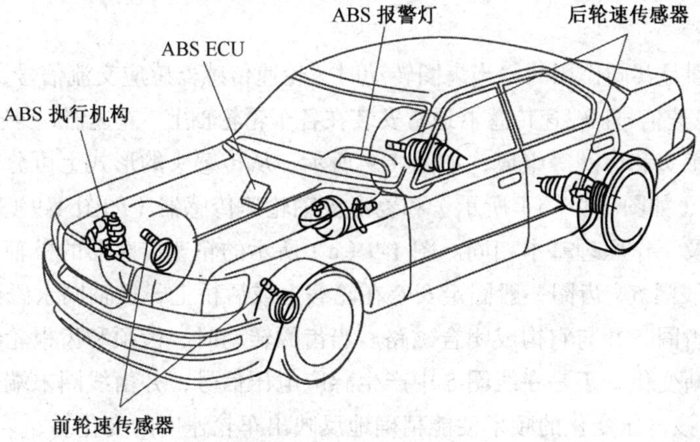

ABS 报警灯
后轮速传感器
ABS ECU
ABS 执行机构
前轮速传感器

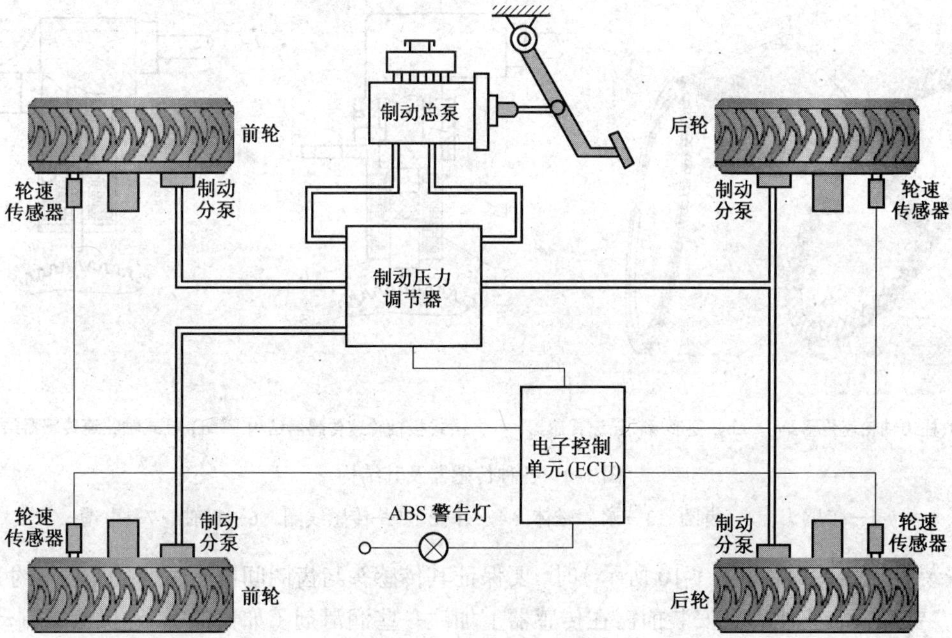

制动总泵
前轮
后轮
轮速传感器
制动分泵
制动压力调节器
电子控制单元(ECU)
ABS 警告灯

图 1-8　ABS 的组成

表 1-2　　ABS 各元件功用

<table>
<tr><th colspan="2">零件名称</th><th>主要功用</th></tr>
<tr><td rowspan="2">传感器</td><td>脉冲齿环</td><td>装在车轮的转动部位上，测得车轮转速，与轮速传感器共同作用</td></tr>
<tr><td>轮速传感器</td><td>产生脉冲信号</td></tr>
<tr><td>控制器</td><td>ABS 电子控制单元</td><td>靠轮速传感器和开关信号来控制防抱死制动系统</td></tr>
<tr><td rowspan="2">执行器</td><td>压力调节器</td><td>① 按照 ABS 电子控制单元传来的信号来调整作用在每个制动器上的液压
② 液压泵、储能器、电磁阀和柱塞都被放在调压器单元里</td></tr>
<tr><td>电动机继电器</td><td>根据 ABS 电子控制单元送来的信号控制 ABS 液压泵电动机的运转</td></tr>
<tr><td>辅助系统</td><td>系统故障安全电磁阀继电器</td><td>当系统出现故障，安全电磁阀继电器作用时，就会切断电磁阀的搭铁回路，ABS 失去作用</td></tr>
</table>

2. 车速传感器

（1）轮速传感器

轮速传感器与齿圈是共同作用的，当齿圈转动时，轮速传感器感应交流信号，输入到 ABS 电子控制单元，提供轮速信号。轮速传感器通常安装在各车轮轮轴上、差速器、变速器输出轴处。

轮速传感器由传感头和齿圈等组成，如图 1-9 所示。从传感头的形式上可分为凿式（如图 1-9（c）所示）、柱式（如图 1-9（a）所示）和菱形极轴轮速传感器（如图 1-9（b）所示）。各种传感器的内部结构及工作原理基本相同。图 1-9（c）所示的轮速传感器的极轴 6 直接安装在齿圈 2 上周围有传感线圈 5。齿圈一般固定安装在轮毂上或后桥上，极轴同永磁体 3 相连接，磁体的磁感线延伸到齿圈，并与它构成闭合磁路。当齿圈转动时，齿顶和齿根轮流交替地对向极轴，此时磁感线不断变化，于是在线圈 5 中产生感应电压信号，并由线圈末端通过电缆 7 传输至 ABS 电控单元，该电压变化的频率便能精确地反映出车轮速度的变化。

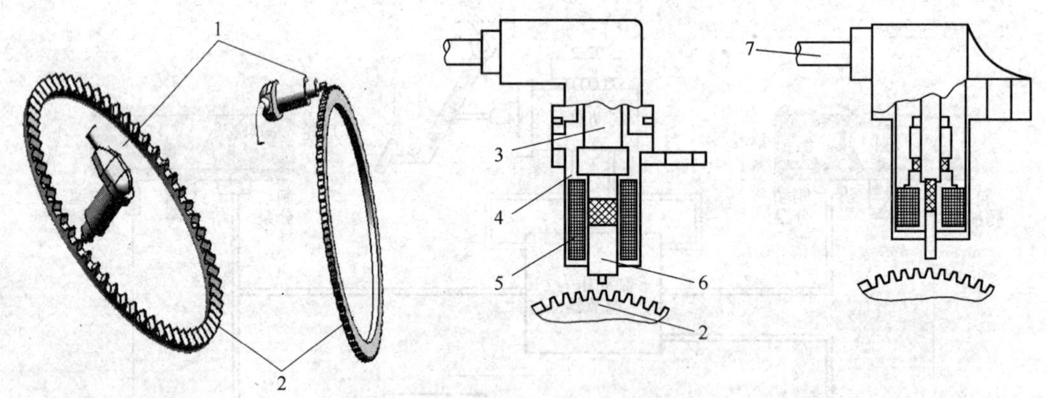

（a）柱式轴轮速传感器　（b）菱形极轴轮速传感器　（c）凿式极轴轮速传感器结构　（d）柱式轴轮速传感器结构

图 1-9　各种传感器及其结构

1—传感头　2—齿圈　3—永久磁体　4—外壳　5—传感线圈　6—极轴　7—电缆

安装轮速传感器（如图 1-10 所示）时，要保证其传感头与齿圈间留有适当的空隙（约为 1～2mm），要求安装牢固，且安装前需在传感器上加注一些润滑剂（如黄油）。确保汽车制动过程中的震动不会干扰或影响传感器信号，并避免灰尘、水、泥、砂等对传感器输出造成影响。

柱式轴轮速传感器安装时需要将传感头轴向垂直于齿圈；凿式极轴轮速传感器头一般径向垂直于齿圈安装；菱形极轴轮速传感头安装时其轴向与齿圈相切。凿式极轴和菱形极轴这两种极轴形式在安装时都必须精确地对准齿圈。

齿圈随车轮转动时，轮齿与传感头之间的空气隙发生变化，使磁电传感器中磁路的磁通发生变化，从而切割线圈产生交流电，交流电的频率随齿圈转速的快慢而变化。根据交流电的频率，ECU 就能计算出车轮的转速。

图 1-10　轮速传感器安装位置

（2）减速度传感器

目前，在一些汽车上还装有减速度传感器。其作用是在汽车制动时，获得汽车的减速度信号。该信号送入电控单元后，可以对路面进行区别和判断路面附着系数的高低情况，并采取相应的控制措施，以提高制动性能。它是对轮速传感器的补偿，使制动控制更加精确。

减速度传感器有光电式、水银式、差动变压式和应变式等。

① 光电式减速度传感器。

光电式减速度传感器的结构如图 1-11（a）所示。当汽车匀速行驶时，透光板静止不动。当汽车减速行驶时，透光板则随着减速度的变化沿汽车的前进方向上摆。减速度越大，透光板的摆动位置越高。透光板可遮挡发光二极管的光线，其位置的不同可使光电晶体管形成开和关两种状态。两个光电晶体管开关可形成 4 种组合，可以对轮速传感器进行补偿，使制动控制更加精确。

② 水银式减速度传感器。

水银式减速度传感器由玻璃管和水银等组成，如图 1-11（b）所示。在附着系数低的路面上制动时，汽车减速度小，水银在玻璃管内微动，玻璃管内的开关处于接通（ON）状态；在附着系数高的路面上制动时，汽车减速度大，水银在玻璃管内由于惯性作用上移，使玻璃管内的开关断开（OFF）。这种水银式传感器不仅可以作为减速度传感器，也可以作为加速度传感器。

③ 差动变压式减速度传感器。

差动变压式减速度传感器由差动变压器和电子电路两部分组成，如图 1-11（c）所示，其上部为差动变压器——由一个初级绕组、两个串联的次级绕组和铁芯组成。直流电经过振荡电路变成交流电压 U_1 加到初级绕组上，在两个次级绕组上分别产生电压 U_2、U_3。当铁芯在中间位置时，U_2 和 U_3 相等；当汽车制动铁芯左右偏移时，U_2 和 U_3 就会出现一个电压差，即差动变压器的感应电压信号，此信号经过电子电路处理后成为传感器输出信号。

④ 应变式减速度传感器。

应变式减速度传感器由半导体应变片和电子电路组成。当汽车制动时，悬架产生的惯性力使半导体应变片发生变形，引起半导体应变片电阻变化，从而使电子电路输出的电压发生变化；减速度越大，惯性力越大，输出电压越高。

3. 电子控制单元

电子控制单元是 ABS 的控制中心，它的主要作用是接收传感器的信号并进行处理，判断车轮是否抱死，然后向制动压力调节器发出制动压力控制指令。

ECU 一般由传感器输入端电路、运算电路、输出控制电路和安全保护电路 4 个基本电路组成。各电路的连接方式如图 1-12 所示。

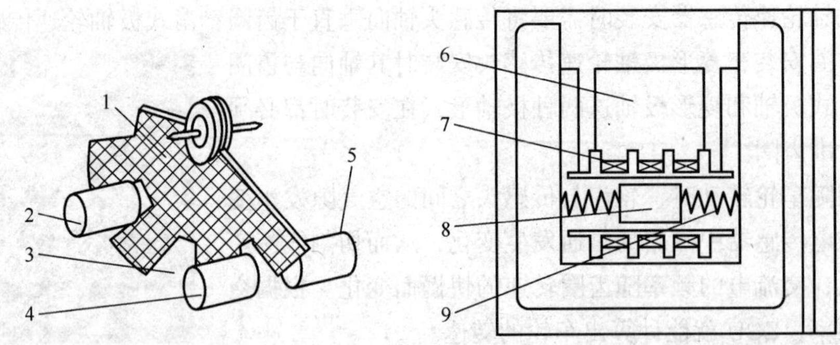

（a）光电式减速传感器

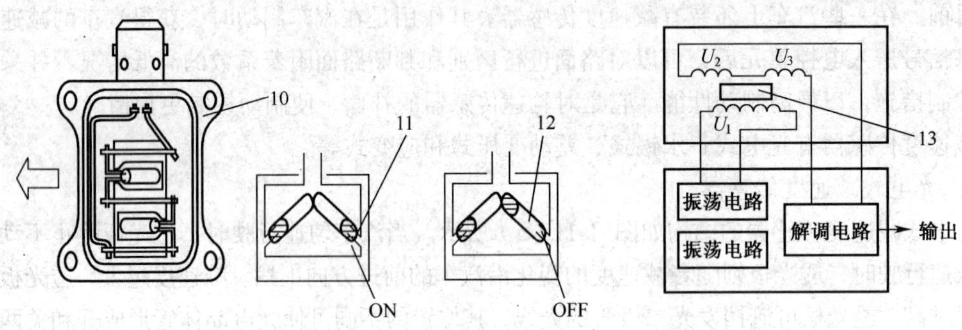

（b）水银式减速传感器　（c）差动变压式减速传感器

图 1-11　各种减速传感器

1—透光板　2—1 号光电晶体管　3—透光缝　4—2 号光电晶体管　5—发光二极管
6—电路板　7—线圈　8、13—铁芯　9—弹簧　10—外壳　11—水银　12—玻璃管

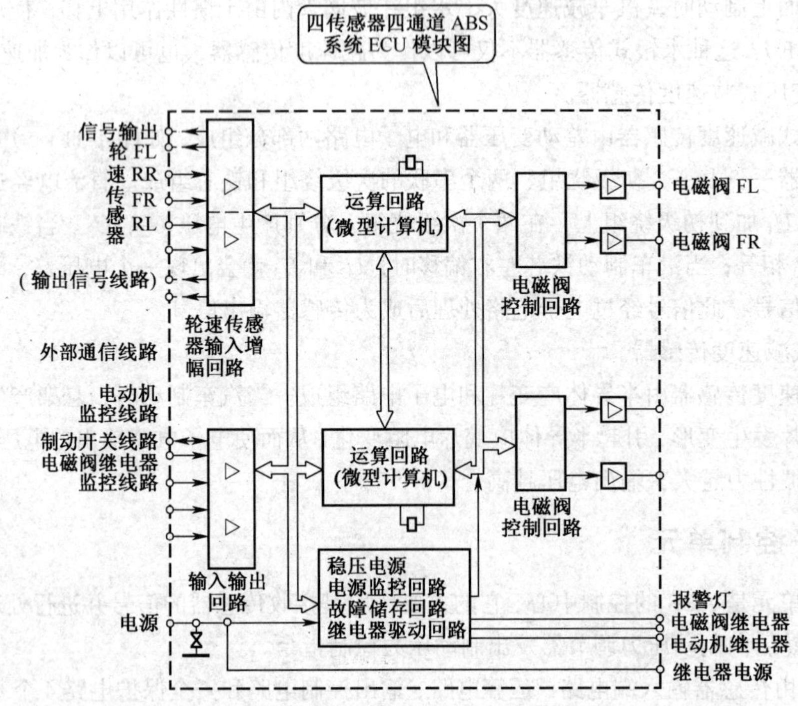

图 1-12　ECU 的电路连接方式

（1）传感器输入电路

传感器输入电路的功能是将轮速传感器、减速度传感器、开关等输入的信号进行预处理、A/D 模数转换等，然后送往运算电路。

（2）运算电路

运算电路主要根据输入信号进行车轮线速度、汽车即时速度、滑移率、加减速度的运算，以及电磁阀的开启控制运算和监控运算等。

（3）输出控制电路

通过来自运算电路的控制信号，控制通往各电磁阀的开启或控制电磁阀的电流。

（4）安全保护电路

包括稳压电源、电源监控电路、故障反馈电路和继电器驱动电路等。主要作用是监控 12V 和 5V 电压是否在规定范围内，并对输入放大器、运算电路和电磁阀控制电路的反馈信号进行监视。当 ABS 出现故障时，关闭各电磁阀，停止 ABS 工作，返回常规制动状态，同时点亮仪表板上的 ABS 警报灯，提醒驾驶员注意 ABS 的故障。

4. 制动压力调节器

制动压力调节器根据 ABS 电子控制单元的指令，通过电磁阀来自动调节车轮制动器的制动压力。根据制动系统的不同，制动压力调节器可分为液压制动压力调节器和气压制动压力调节器两种。

（1）液压制动压力调节器

根据制动压力调节器在制动系统中的安装形式可分为循环式和可变容积式压力调节器。把直接控制轮缸制动压力的压力调节器称为循环式调节器，把间接控制轮缸制动压力的调节器称为可变容积式调节器。

① 循环式 ABS 的工作过程。

在该系统中，制动压力调节器串联在制动主缸与轮缸之间，直接控制轮缸的制动压力，如图 1-13（a）所示。系统中储能器的作用是在减压过程中将从轮缸流经电磁阀的制动液暂时储存起来；回油液压泵（再循环泵）的作用是将减压过程中从制动轮缸流进储能器的制动液泵回主缸。循环式 ABS 的基本工作过程如下。

- 升压（常规制动）状态。

在制动过程中，电磁线圈中无电流通过，电磁阀处于“升压”位置（如图 1-13（b）所示）。由制动主缸来的制动液直接进入轮缸，轮缸压力随主缸压力增加而增加。此时回油液压泵不工作。

- 保压状态。

当电控单元根据传感器信号发现车轮制动接近抱死时，将向电磁线圈输入一个较小的保持电流（约为最大工作电流的 1/2），电磁阀处于“保持压力”位置（如图 1-13（c）所示）。此时主缸、轮缸和回油孔相互隔离，轮缸中的制动压力保持一定。

- 减压状态。

在保持压力的作用下，电控单元发现车轮仍有抱死的倾向时，电控单元将向电磁线圈输入一个较大的工作电流，使电磁阀处于“减压”位置（如图 1-13（d）所示）。此时电磁阀将轮缸与储液室接通，使轮缸中的制动液经电磁阀流入储液室，轮缸压力下降。

- 增压状态。

当制动压力下降而车轮转速太快时，电控单元便切断通往电磁阀的电流，主缸和轮缸再次接通，制动主缸中的高压制动液再次进入轮缸（如图 1-13（b）所示），使制动压力增加。

制动时，上述过程在紧急制动时反复进行，直到解除制动为止。这 4 个过程相辅相成，哪一个过程工作不好，ABS 都会有麻烦。

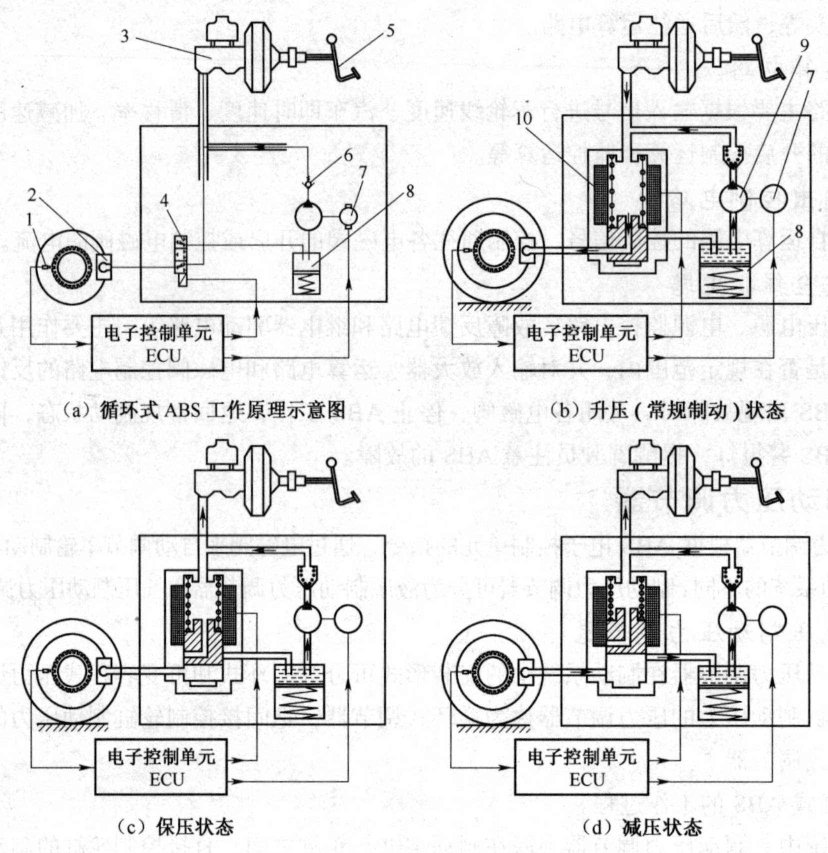

（a）循环式 ABS 工作原理示意图　（b）升压（常规制动）状态

（c）保压状态　（d）减压状态

图 1-13　循环式 ABS 的工作过程

1—轮速传感器　2—制动轮缸　3—制动主缸　4—电磁阀　5—制动踏板

6—单向阀　7—电动机　8—储液室　9—液压泵　10—电磁线圈

② 变容积 ABS 的工作过程。

变容积 ABS 的基本原理是在汽车原有制动管路上增加一套液压控制装置，用它控制调节制动管路中制动液容积的大小，从而控制制动压力的变化。该系统的特点是制动压力油路和 ABS 控制油路是相互分离的。

变容积 ABS 制动系统主要由控制活塞、电磁阀、液压泵、储能器等组成，如图 1-14（a）所示。其基本工作过程如下。

- 升压（常规制动）状态。

汽车制动时，电磁阀 7 中的电磁线圈无电流流过，控制活塞 4 在弹簧的作用下使活塞位于最左端，活塞顶端推杆将单向阀 3 打开，使制动主缸 2 与轮缸 5 的制动管路接通，制动主缸的制动液直接进入制动轮缸，制动轮缸的压力随主缸压力的变化而变化。这种状态是 ABS 工作时或 ABS 不工作时（常规制动状态）系统的制动状态，如图 1-14（b）所示。

- 减压状态。

车轮制动趋向抱死、需要减压时，电控单元向电磁阀 7 输入一较大电流，电磁阀内的柱塞 11 在电磁力的作用下克服弹簧的作用力向右移动，产生较大位移（如图 1-14（c）所示），将储能器 8 与控制活塞 4 的工作腔管路接通。储能器 8 中的制动液进入控制活塞工作腔并推动活塞右移，单向阀 3 关闭，制动主缸 2 与制动轮缸 5 之间的通路被切断。由于控制活塞的右移，使制动轮缸侧制动液容积增大，制动压力减小。

- 保压状态。

当电控单元向电磁阀 7 中的电磁线圈输入一较小电流时，由于电磁线圈的电磁力减小，柱塞 11 在弹簧力的作用下左移致使储能器 8、回油管和控制活塞工作腔管路相互关闭的位置，如图 1-14（d）所示。此时控制活塞左侧的液压保持一定，控制活塞在控制压力和弹簧力的作用下保持在一定位置，轮缸侧的容积也不发生变化（单向阀 3 仍处于关闭状态），制动压力保持一定。

- 增压状态。

当制动力不足时，电控单元切断电磁阀 7 中电磁线圈的电流，使电磁线圈中无电流流过，控制活塞 4 在弹簧力的作用下将活塞推向最左端，活塞顶端推杆将单向阀 3 打开，使制动主缸 2 与轮缸 5 的制动管路再次接通，制动主缸的制动液直接进入制动轮缸，使制动轮缸的压力增加，如图 1-14（b）所示。

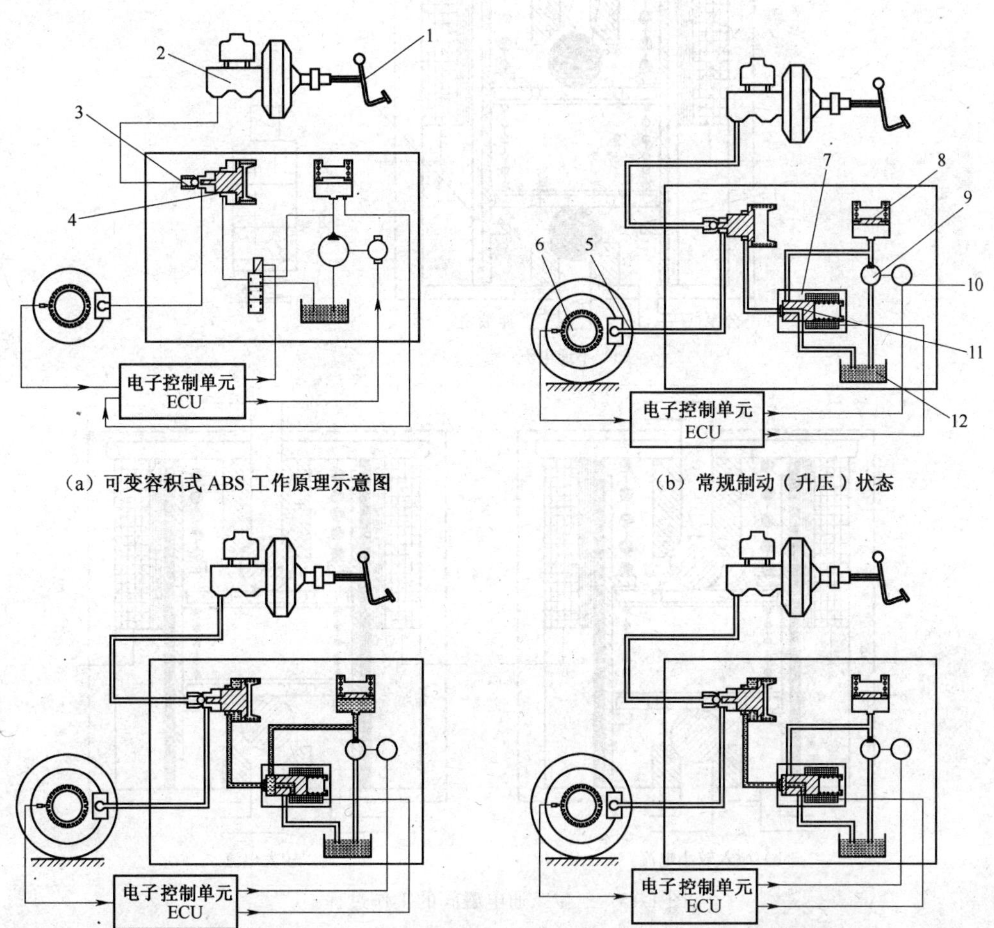

图 1-14 可变容积式 ABS 的工作过程

1—制动踏板 2—制动主缸 3—单向阀 4—控制活塞 5—制动轮缸 6—轮速传感器 7—电磁阀 8—储能器 9—液压泵 10—电动机 11—柱塞 12—储液室

（2）液压制动压力调节器的主要元件的结构原理

① 电磁阀。

● 三位三通电磁阀。

三位三通电磁阀由主弹簧、副弹簧、进液阀、回液阀、固定铁芯及衔铁套筒等组成（如图1-15所示）。其工作过程是：电磁线圈中没有电流通过时，进液阀在主弹簧的弹力作用下打开，回液阀关闭，进液口与出液口保持畅通，制动分泵增压。当电磁线圈通入较小电流（2A）时，产生的电磁力较小，衔铁在电磁力的作用下上位移量较小，但能适当压缩主弹簧，使进液阀关闭，放松副弹簧，回液阀并不打开，各进出液口互不相通，系统处于保压阶段。当电磁线圈通入较大电流（5A）时，产生的电磁力大，衔铁在电磁力的作用下上位移量大，主、副弹簧同时被压缩，此时进液阀仍保持关闭，回液阀被打开，系统处于减压阶段。

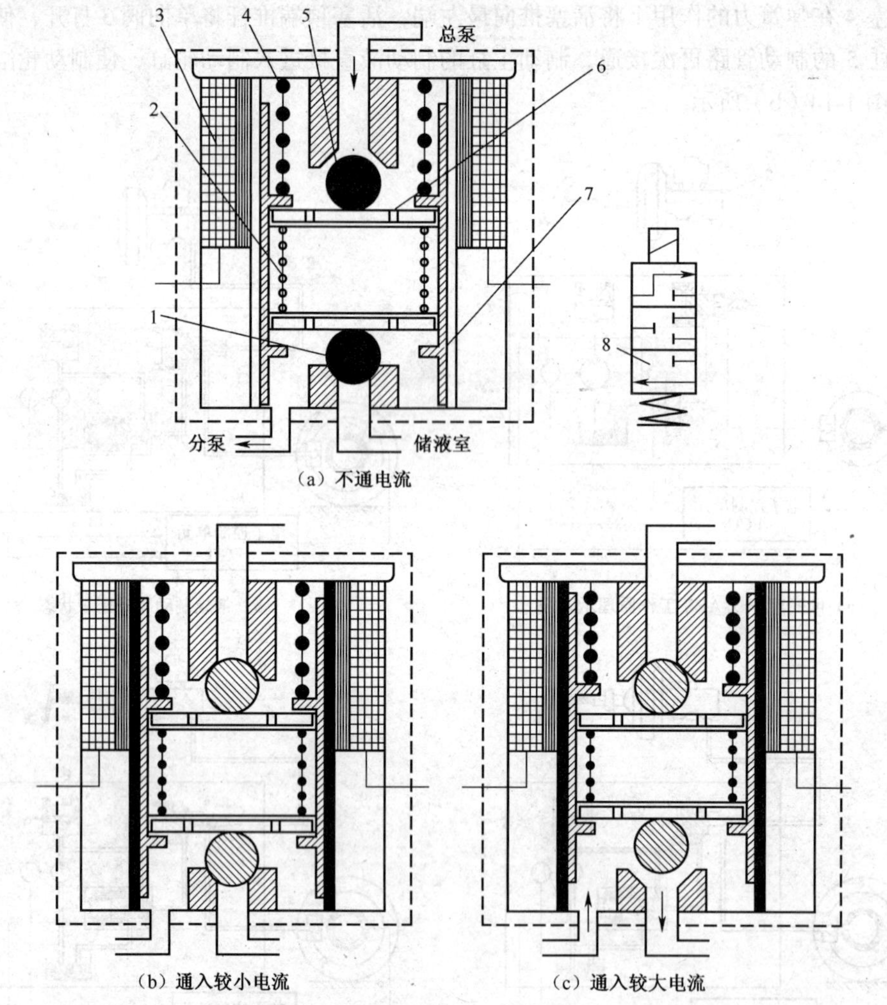

图1-15 三位三通电磁阀的工作过程

1—回液阀 2—副弹簧 3—线圈 4—主弹簧 5—进液阀
6—阀体 7—固定铁芯及衔铁套筒 8—三位三通电磁阀表示方法

因该电磁阀工作在增压、保压、减压3个状态，称之为“三位”；对外有进液口、出液口、回液口3个接口，称之为“三通”；所以该电磁阀被称为“三位、三通”电磁阀，常写成3/3电磁阀。

● 二位二通电磁阀。

二位二通电磁阀分为二位二通常开电磁阀和二位二通常闭电磁阀两种。两种电磁阀均由阀门、电磁线圈、衔铁、回位弹簧等组成（如图 1-16 所示）。

常态下，二位二通常开电磁阀阀门在弹簧张力的作用下处于打开状态（如图 1-16（a）所示），二位二通常闭电磁阀阀门在弹簧张力的作用下处于闭合状态（如图 1-16（b）所示）。

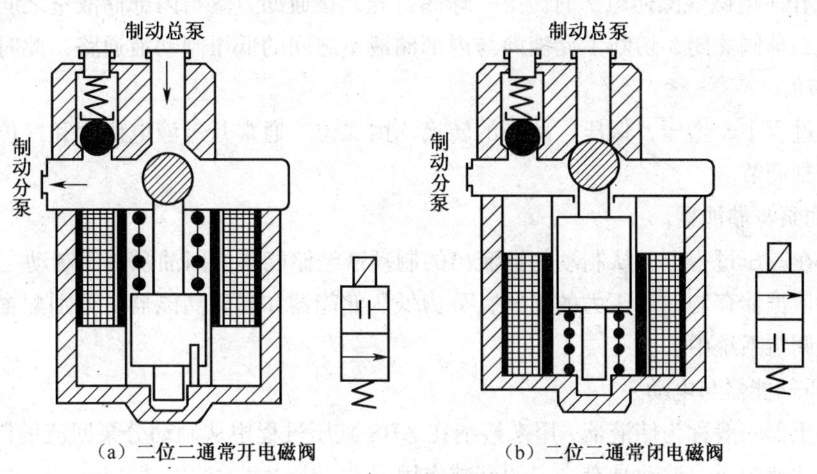

（a）二位二通常开电磁阀　（b）二位二通常闭电磁阀

图 1-16　二位二通电磁阀

在 ABS 中，二位二通常开电磁阀用于控制制动总泵到制动分泵的制动液通路，又称二位二通常开进液电磁阀；二位二通常闭电磁阀用于控制制动分泵到储液器的制动液回路，又称二位二通常闭出液电磁阀。两个电磁阀配套使用，共同完成 ABS 对制动压力调节的任务。

● 二位三通电磁阀。

戴维斯 MK II ABS 中的主电磁阀主要用二位三通电磁阀。

二位三通电磁阀主要由第一球阀、第二球阀、衔铁、弹簧及电磁线圈等组成，如图 1-17 所示。

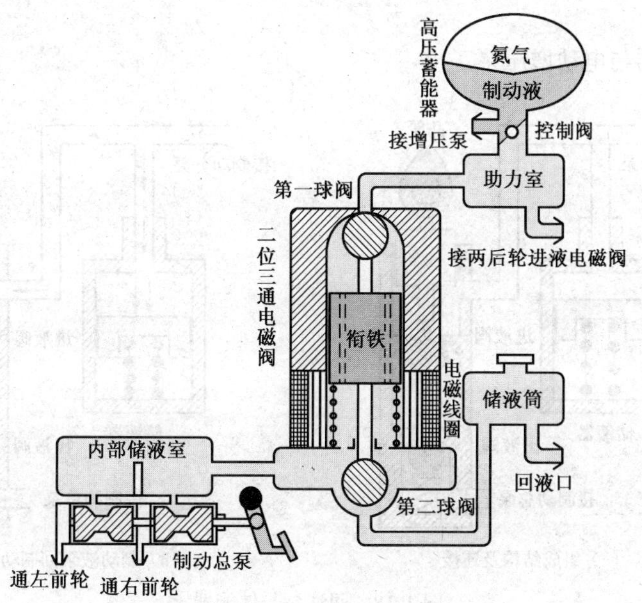

图 1-17　二位三通电磁阀及连接

第一球阀（常闭阀门）用于控制助力室与内部储液室之间的制动液通路，属于高压控制。

第二球阀（常开阀门）用于控制储液筒与内部储液室之间的制动液通路，属于低压控制。

ABS 不工作（电磁线圈未通电）时，第一球阀关闭，第二球阀打开，内部储液室与储液筒相通，低压制动液由制动总泵进入两前轮制动分泵，对两前轮实施低压制动。由于助力室在控制阀的作用下在踏下制动踏板的同时，储存了高压制动液，所以对两后轮实施高压制动。

ABS 工作（电磁线圈通电）时，第一球阀打开，接通助力室与内部储液室之间的高压制动液通路，第二球阀关闭，切断了储液筒与内部储液室之间的低压制动液通路，此时，前、后轮均为高压制动。

在制动过程中，增压、保压、减压的转换均由二位二通常开进液电磁阀和二位二通常闭出液电磁阀控制调节。

② 回油泵与储能器。

电磁阀在减压过程中，从制动轮缸流出的制动液经储能器由回油泵泵回制动主缸。

储能器依据储存制动液压力的不同，分为低压储能器和高压储能器。分别配置在不同型号的制动压力调节系统中。

- 低压储能器与电动泵。

低压蓄压器一般称为储液器，用来接纳在 ABS 减压过程中从制动分泵回流的制动液，同时还对回流制动液的压力波动具有一定的衰减作用。

储液器内有一活塞和弹簧。减压时，回流的制动液压缩活塞克服弹簧张力下移，使容积增大，暂时存储制动液。

电动回液泵由直流电动机和柱塞泵组成；柱塞泵由柱塞、进出液阀及弹簧组成（如图 1-18（a）所示）。

当 ABS 工作（减压）时，根据 ECU 输出的指令，直流电动机带动凸轮转动，凸轮将驱动柱塞在泵筒内移动。柱塞上行时，储液器与制动分泵内具有一定压力的制动液进入柱塞泵筒；柱塞下行时，压开进液阀及泵筒底部的出液阀，将制动液泵回到制动总泵出液口（如图 1-18（b）所示）。

- 高压储能器与电动增压泵。

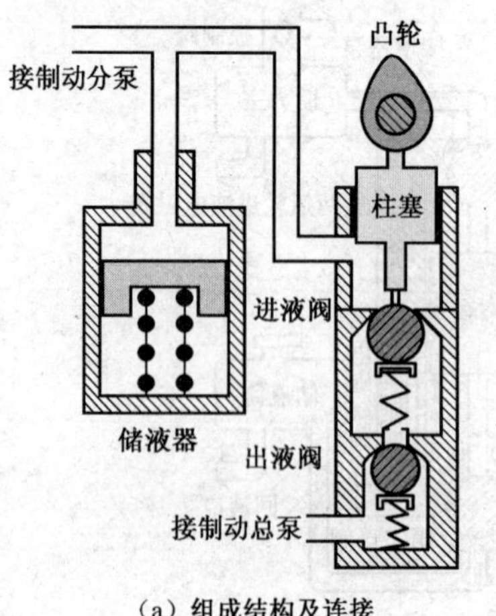

（a）组成结构及连接

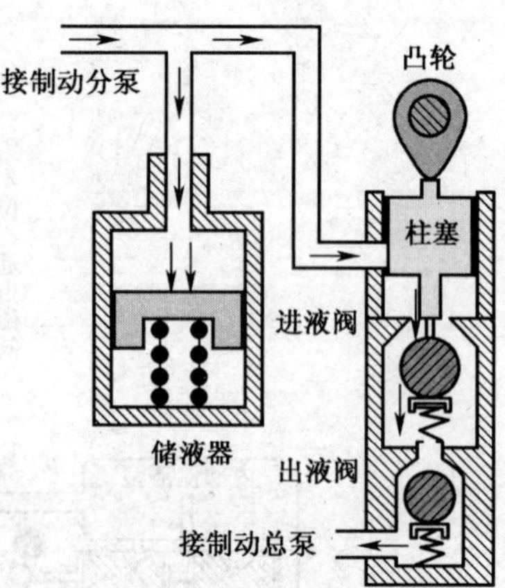

（b）制动液泵回制动主缸

图 1-18　回油泵与储能器

用于储存制动中或 ABS 工作时所需的高压制动液。

高压蓄压器多采用黑色气囊状球体。

黑色气囊状球体被一个膜片分隔成两个互不相通的腔室。上腔为气室，充入氮气并具有一定的压力。下腔为液室，与电动增压泵液道相通，盛装由电动增压泵泵入的制动液。

高压蓄压器下端，设有压力控制开关和压力警示开关两个控制开关，如图 1-19 所示。压力控制开关用于检测高压蓄压器下腔制动液压力。压力低于 15MPa 时，开关闭合，增压泵工作；压力达到 18MPa 时，开关打开，增压泵停止工作。

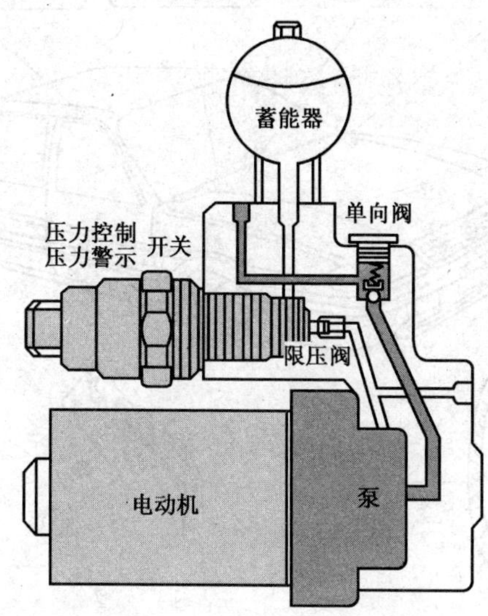

图 1-19　储能器与电动增压泵

压力警示开关中，设有两对开关触点，一对常开，一对常闭。当高压蓄压器下腔制动液压力低于 10.5MPa 时，常开触点闭合，点亮红色制动警示灯；同时常闭触点张开，该信号送给 ECU 关闭 ABS 并点亮黄褐色 ABS 警示灯。

三、项目实施

（一）项目实施环境

ABS 检修所需的仪器设备：上海桑塔纳 2000GSi 型轿车、V.A.G1552 故障诊断仪、V.A.G 1598/21 测试盒、车用万用表、试车场地、拆卸专用工具、举升机、维修操作台等。

（二）上海桑塔纳简介

1. 桑塔纳 ABS 的结构特点

桑塔纳 2000GSi 型轿车装用美国 ITT 公司 MK—1 型 ABS，采用三通道四轮速传感器布置形式，前轮独立—后轮低选择控制方式。

ABS（如图 1-20 所示）主要包括 ABS 电子控制单元 1、制动主缸真空助力器 2、自诊断插口 3、ABS 故障指示灯 K47、ABS 故障指示灯 K118、后轮速传感器 G44/G46、前轮速传感器 G45/G47 和制动灯开关 7。

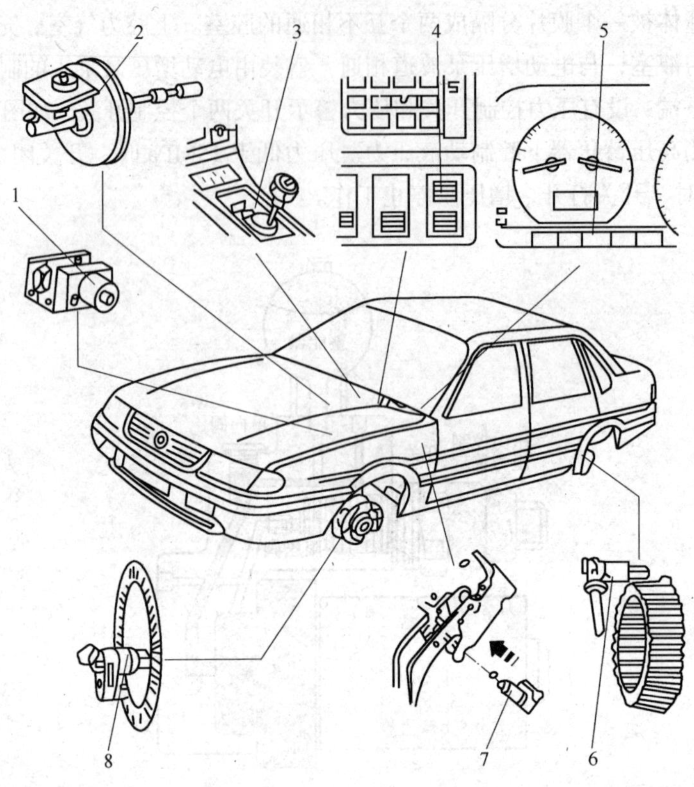

图 1-20 ABS 的组成

1—ABS 电子控制单元 2—制动主缸真空助力器 3—自诊断插口 4—ABS 故障指示灯 K47
5—制动故障指示灯 K118 6—后轮速传感器 G44/G46 7—制动灯开关 8—前轮速传感器 G45/G47

4 个轮速传感器均为电磁式，配合齿圈有 43 个齿。前轮速传感器的齿圈安装在传动轴上，传感头安装在转向节上（如图 1-21 所示），后轮速传感器的齿圈安装在轮毂上，传感头安装在固定支架上（如图 1-22 所示）；制动压力调节器串联在制动主缸与制动轮缸之间，为循环式，调节器阀体内有 8 个电磁阀（如图 1-23 所示），分别与每个制动轮缸相连（一个进油阀和一个回油阀），各电磁阀的开闭和液压泵的工作均由 ABS 电控单元控制。

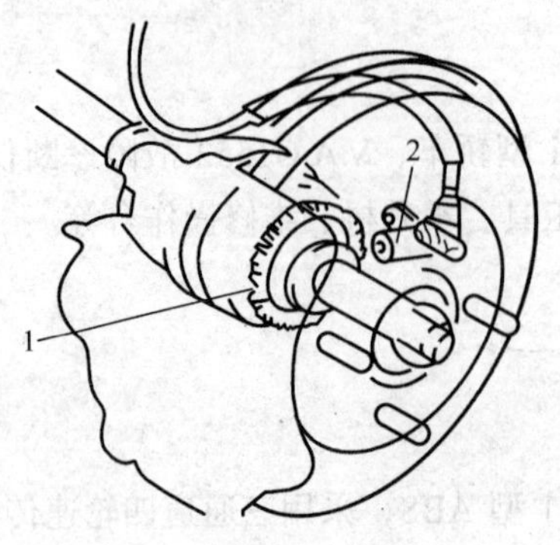

图 1-21 前轮速传感器的位置

1—齿圈 2—传感头

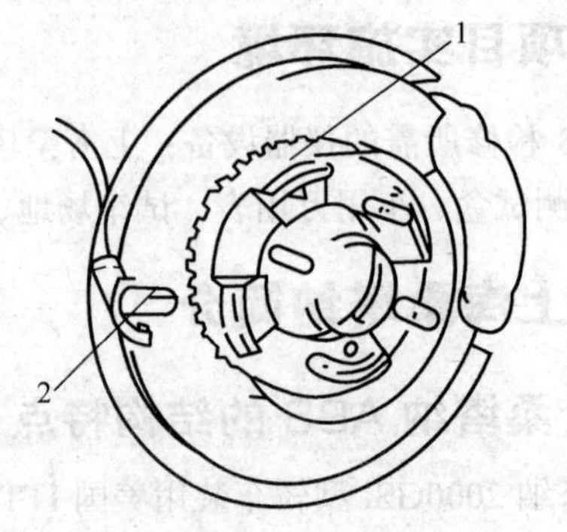

图 1-22 后轮速传感器的位置

1—齿圈 2—传感头

2. 桑塔纳 ABS 的工作原理

ABS 的工作原理如图 1-24 所示。在普通制动模式和防抱死制动模式时各元件的工作情况见表 1-3。图 1-24 所示为桑塔纳 ABS 工作原理图（普通制动模式），ABS 控制电路如图 1-25 所示。

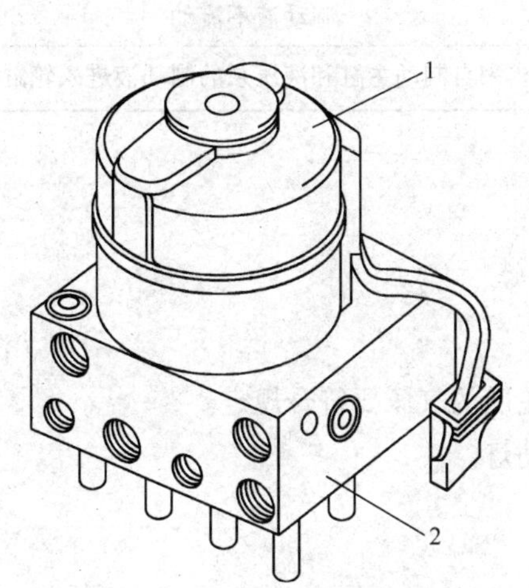

图 1-23 制动压力调节器的外形

1—低压储液罐的电动液压泵 2—阀体

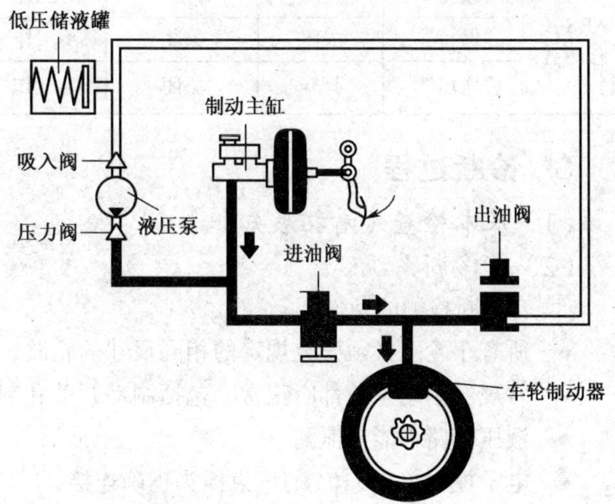

图 1-24 桑塔纳 ABS 的工作原理

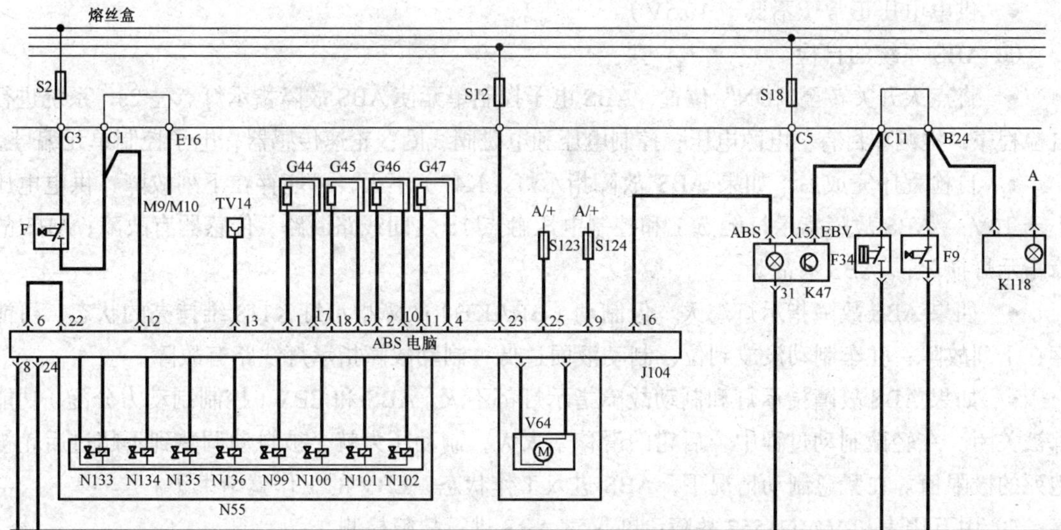

图 1-25 桑塔纳 ABS 控制电路

A—在仪表盘内端子+15 F—制动灯开关 F9—驻车钢动灯开关 F34—制动液位报警信号开关 G44—右后轮速传感器 G45—右前轮速传感器 G46—左后轮速传感器 G47—左前轮速传感器 J104—ABS 电脑 K47—ABS 警报灯 K118—驻车制动及制动液位警报灯 M9—左制动灯 M10—右制动灯 N55—制动压力调节器 N99—右前轮进油阀 N100—右前轮出油阀 N101—左前轮进油阀 N102—左前轮出油阀 N133—右后轮进油阀 N134—右后轮出油阀 N135—左后轮进油阀 N136—左后轮出油阀 S2—10A 熔丝 S12—15A 熔丝 S18—10A 熔丝 S123—液压泵 30A 熔丝 S124—电磁阀 30A 熔丝 TVl4—诊断连接器 V64—电动液压泵

表 1-3 桑塔纳 ABS 的工作过程

工作模式		进油阀	出油阀	液压泵	制动液流动方向
普通制动模式		打开	关闭	不工作	制动主缸直接进入轮缸
ABS 工作模式	“减压”	关闭	打开	可工作	制动轮缸流回储液罐
	“保持”	关闭	关闭	不工作	制动液不流动
	“增压”	打开	关闭	工 作	来自制动主缸和液压泵的制动液进入轮缸

3. 诊断过程

(1) 基本检查（看拓展知识）

(2) 自诊断系统

① 自诊断检测的条件。

- 所有车轮上必须安装规定的相同尺寸的轮胎；轮胎的气压要符合规定。
- 常规的制动系统都应正常，包括制动开关和制动灯。
- 液压管路不能有泄漏。
- 电子控制单元 J104 的线束插头正确连接。
- 检查 ABS 元件的触点有无损坏以及安装位置是否正确。
- 所有熔丝须完好。
- 供电电压正常（不低于 10.5V）。

② ABS 系统的自检。

- 将点火开关转至“ON”位置，ABS 电子控制单元使 ABS 故障指示灯点亮 2s，系统进行自检程序，检测项目有：电源电压；控制电压和电磁阀线圈；轮速传感器；电子控制单元编号。
- 自检程序完成后，如果 ABS 故障指示灯（K47）不灭，可能存在下列故障：供电电压小于 10V； ABS 故障指示灯触点 1 和控制电压触点 16 之间线路断路；传感器有故障；ABS 故障指示灯损坏； ABS 有故障。
- 如果 ABS 故障指示灯熄灭，但制动（BRAKE）故障指示灯 K118 维持亮的状态，可能存在下列故障：驻车制动没放到位；制动液面过低；制动故障指示灯线路有故障。
- 如果 ABS 故障指示灯和制动故障指示灯都不灭，ABS 和 EBV（控制制动力分配）功能都被关闭。在轻微制动过程中，后轮的滑移率太大，制动压力就会被自动调整到不超过后轮被抱死的极限值。在紧急制动情况下，ABS 进入工作状态，EBV 的工作就结束了。

③ 用万用表和 V.A.G1552 故障诊断仪对 ABS 进行故障检测。

4. 维修注意事项说明

① K47 ABS 警告灯或驻车制动及 K118 制动液位警告灯点亮时说明系统发生故障。某些故障在车速低于 20km/h 时检测不到。

② 若 K47 和 K118 警告灯不亮，但制动效果不良，则可能是液压制动系统有空气或常规制动系统存在故障。

③ 对 ABS 进行维修前，为快速查明故障原因，可先用 V.A.G1552 故障诊断仪读取故障码。

④ 拆开 ABS 线束连接器时，必须将点火开关转至“OFF”。

⑤ 维修前，必须将点火开关转至“OFF”，并拆开蓄电池负极线。

⑥ 拆装元件时，应彻底清洁连接部位和支承面，但绝对不能使用汽油、稀释剂等类似的清洁剂，并注意防止制动液流进线束连接器内。

⑦ 拆下的ABS元件必须放置在清洁处，若维修时间较长，应覆盖好或用专用袋封好。

⑧ 制动压力调节器拆下后，必须放在专用支架上，以防碰坏阀体。

⑨ ABS拆卸后，不要使用压缩空气，也不要移动车辆。

⑩ 更换元件时，应使用原厂配件，安装时再从包内取出配件；更换电脑或制动压力调节器后，应使用V.A.G1552故障诊断仪对电脑进行编码，否则ABS警告灯点亮系统不能正常工作。

⑪ 液压制动系统维修作业完成后，应使用专用VW1238A制动液充放机和V.A.G1552故障诊断仪配合，对系统进行加液和排气。

⑫ 维修后试车时，应至少进行一次紧急制动。当ABS正常工作时，制动踏板会有反弹、震动的感觉，且紧急制动时车速下降快速、平稳。

（三）项目实施步骤

1. 用万用表检测的项目

拔下ABS电子控制单元线束插头，并与V.A.G1598/21测试盒的插座相连接，其插脚布置如图1-26所示。

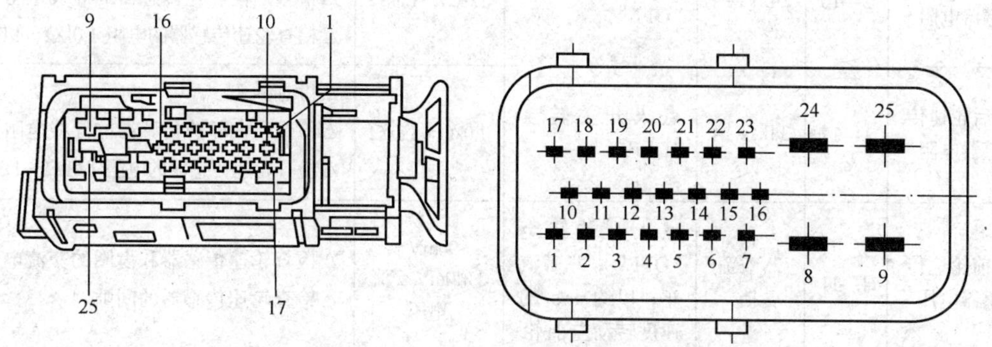

图1-26　ABS电控单元连接器及测试盒的插座

其中，各插脚连接的元件见下表。

插　　脚	连接的元件	插　　脚	连接的元件
1	右后轮速传感器G44	14	空位
2	左后轮速传感器G46	15	空位
3	右前轮速传感器G45	16	ABS故障指示灯K47
4	左前轮速传感器G47	17	右后轮速传感器G44
5	空位	18	右前轮速传感器G45
6	电子控制单元触点22	19	空位
7	空位	20	空位
8	蓄电池（−）	21	空位
9	蓄电池（+）	22	电子控制单元触点6
10	左后轮速传感器G46	23	中央电器触点G3
11	左前轮速传感器G47	24	蓄电池（−）
12	制动灯开关F	25	蓄电池（+）
13	诊断插口K线		

① V.A.G1598/21 测试盒上的插孔可代替控制单元 J104 相应插脚的触点。
② 如果所测的数值偏离额定值，应按测试表 1-4 最右栏的提示再检测。
③ 如果所测的数值达到额定值，应附带检查线路对正极或对搭铁的导通情况。
④ 如果所测的数值稍微偏离额定值，应清洁插头和插座触点，再重复测试。

表 1-4 用万用表（或示波器）检测项目的方法

检查项目	V.A.G 1598/21	万用表挡位	测试条件	额定值	偏离额定值时的检查项目
左前轮速传感器电阻	4—11	24kΩ 挡	点火开关转至“OFF”	1.0kΩ~1.3kΩ	△检查插头 △检查通向轮速传感器的导线电阻 △检查轮速传感器的电阻 1.0kΩ～1.2kΩ
右前轮速传感器电阻	3—18	24kΩ 挡	点火开关转至“OFF”	1.0kΩ~1.3kΩ	△检查插头 △检查通向轮速传感器的导线电阻 △检查轮速传感器的电阻 1.0kΩ～1.2kΩ
左后轮速传感器电阻	2—10	24kΩ 挡	点火开关转至“OFF”	1.0kΩ~1.3kΩ	△检查插头 △检查通向轮速传感器的导线电阻 △检查轮速传感器的电阻 1.0kΩ～1.2kΩ
右后轮速传感器电阻	1—17	24kΩ 挡	点火开关转至“OFF”	1.0kΩ~1.3kΩ	△检查插头 △检查通向轮速传感器的导线电阻 △检查轮速传感器的电阻 1.0kΩ～1.2kΩ
左前轮速传感器电压	4—11	2V 交流挡	点火开关转至“OFF”；举升汽车；以约 lr/s 的速度转动左前轮	190mV～1140mV 交流电压	△检查轮速传感器和齿圈的交流电压 △检查轮速传感器的间隙
右前轮速传感器电压	3—18	2V 交流挡	点火开关转至“OFF”；举升汽车；以约 lr/s 的速度转动右前轮	190mV～1140mV 交流电压	△检查轮速传感器和齿圈的交流电压 △检查轮速传感器的间隙
左后轮速传感器电压	2—10	2V 交流挡	点火开关转至“OFF”；举升汽车；以约 lr/s 的速度转动左后轮	190mV～1140mV 交流电压	△检查轮速传感器和齿圈的交流电压 △检查轮速传感器的间隙
右后轮速传感器电压	1—17	2V 交流挡	点火开关转至“OFF”；举升汽车；以约 lr/s 的速度转动右后轮	190mV～1140mV 交流电压	△检查轮速传感器和齿圈的交流电压 △检查轮速传感器的间隙
蓄电池电压—液压泵	8—25	20Ω 挡	点火开关转至“OFF”	10.1～14.5V	△触点 8 搭铁线路 △检查触点 25 经 S123 熔丝到蓄电池正极的线路

续表

检查项目	V.A.G 1598/21	万用表挡位	测试条件	额定值	偏离额定值时的检查项目
蓄电池电压—电磁阀	9—24	20Ω挡	点火开关转至“OFF”	10.1～14.5V	△触点 24 搭铁线路 △触点 9 经 S123 熔丝到蓄电池正极的线路
电源电压	8—23	20Ω挡	点火开关转至“OFF”	0.0～0.5V	△检查触点 8 搭铁线路 △检查触点 23 到中央电器 G3 的线路
			点火开关转至“ON”	10～14.5V	
搭铁绝缘性能	8—24	20Ω挡	点火开关转至“OFF” 点火开关转至“ON”	0.0～0.5V	△检查触点 8 搭铁线路 △蓄电池负极线路
ABS 警报灯			点火开关转至“OFF” ECU 未连接	警报灯灭	△检查 K47 插座触点 31 接地线路 △检查 K47 插座触点 15 到中央电器 C5 的线路 △检查K47的插座触点ABS到控制单元触点 16 的线路 △检查 K47 插座触点 EBV 到中央电器 C11 的线路
			点火开关转至“ON” ECU 未连接	警报灯亮	
			点火开关转至“OFF” 连接 ECU	警报灯灭	
			点火开关转至“ON” 连接 ECU	警报灯亮约 1.7s 后熄灭	
制动灯开关功能	8—12		点火开关转至“ON” 放松踏板	0.0～0.5V	△检查仪表板线束插头触点 23 到中央电器 B24 的线路

2. ABS 故障码的读取与清除

① 读取和清除 ABS 故障码的基本条件与自检相同。

② 读取和清除故障码的步骤如下。

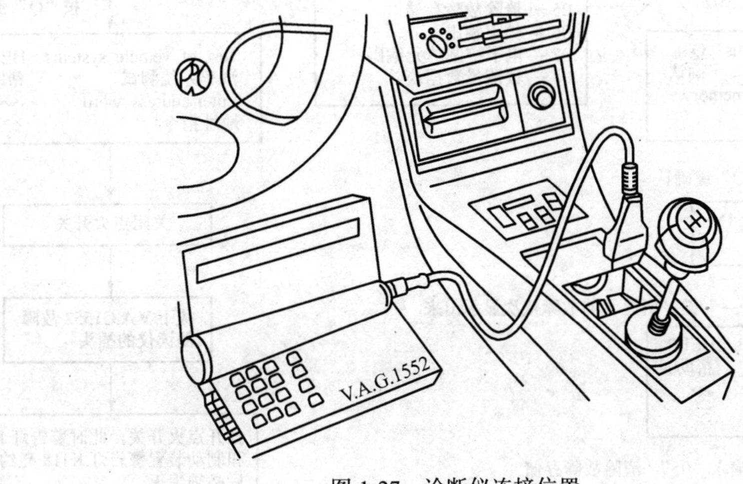

图 1-27　诊断仪连接位置

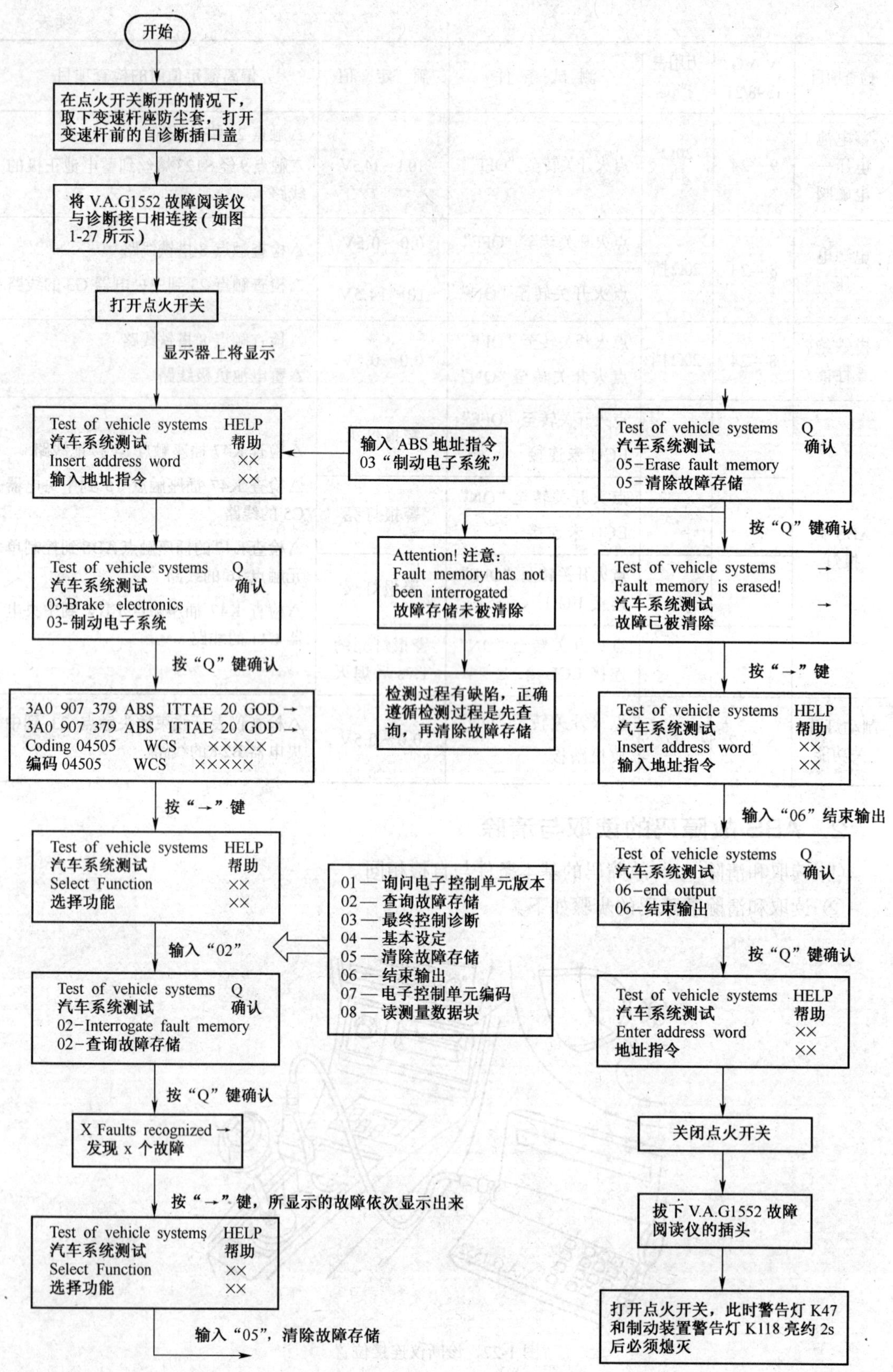

开始
在点火开关断开的情况下，取下变速杆座防尘套，打开变速杆前的自诊断插口盖
将 V.A.G1552 故障阅读仪与诊断接口相连接（如图 1-27 所示）
打开点火开关
显示器上将显示
Test of vehicle systems HELP
汽车系统测试 帮助
Insert address word ××
输入地址指令 ××
输入 ABS 地址指令 03“制动电子系统”
Test of vehicle systems Q
汽车系统测试 确认
03-Brake electronics
03-制动电子系统
按“Q”键确认
3A0 907 379 ABS ITTAE 20 GOD→
3A0 907 379 ABS ITTAE 20 GOD→
Coding 04505 WCS ×××××
编码 04505 WCS ×××××
按“→”键
Test of vehicle systems HELP
汽车系统测试 帮助
Select Function ××
选择功能 ××
01 — 询问电子控制单元版本
02 — 查询故障存储
03 — 最终控制诊断
04 — 基本设定
05 — 清除故障存储
06 — 结束输出
07 — 电子控制单元编码
08 — 读测量数据块
输入“02”
Test of vehicle systems Q
汽车系统测试 确认
02-Interrogate fault memory
02-查询故障存储
按“Q”键确认
X Faults recognized →
发现 x 个故障
按“→”键，所显示的故障依次显示出来
Test of vehicle systems HELP
汽车系统测试 帮助
Select Function ××
选择功能 ××
输入“05”，清除故障存储
Test of vehicle systems Q
汽车系统测试 确认
05-Erase fault memory
05-清除故障存储
Attention! 注意：
Fault memory has not been interrogated
故障存储未被清除
检测过程有缺陷，正确遵循检测过程是先查询，再清除故障存储
按“Q”键确认
Test of vehicle systems →
Fault memory is erased!
汽车系统测试 →
故障已被清除
按“→”键
Test of vehicle systems HELP
汽车系统测试 帮助
Insert address word ××
输入地址指令 ××
输入“06”结束输出
Test of vehicle systems Q
汽车系统测试 确认
06-end output
06-结束输出
按“Q”键确认
Test of vehicle systems HELP
汽车系统测试 帮助
Enter address word ××
地址指令 ××
关闭点火开关
拔下 V.A.G1552 故障阅读仪的插头
打开点火开关，此时警告灯 K47 和制动装置警告灯 K118 亮约 2s 后必须熄灭

3. 根据故障码排除故障的方法

桑塔纳 2000GSi 型轿车的 MK20—I 型 ABS 的故障码、故障原因及其故障排除方法如表 1-5 所示。

表 1-5 排除故障的方法

故　障　码	可能的故障原因	故障的排除
No fault recognized 未发现故障	1. 如果在维修完毕并用 V.A.G1552 查询故障后未发现故障，自诊断结束。 2. 无自诊断	如果“未发现故障”，但 ABS 不能正常工作，按以下步骤操作。 1. 以大于 20km/h 的车速进行紧急制动试车，重新查询故障 2. 仍无故障显示，在无自诊断的情况下着手寻找故障，全面进行电气检查
00668—Vehicle voltage terminal 30 signal outside tolerance 汽车 30 号线终端电压信号超差	1. ABS 系统熔断丝烧断 2. 蓄电池电压太低或过高 3. ABS 线束或线束插件损坏 4. ABS ECU 损坏	1. 检查控制单元供电线路、熔断器连接线束及插头 2. 更换 ECU
00283 Speed sensor front left-G47 左前转速传感器—G47	1. 此轮传感器插接器未连接好或线圈开路 2. 此轮传感器线圈短路 3. 传感头与齿圈间隙过大 4. ABS ECU 对该轮传感器信号的处理电路有故障 5. 检查车轮轴承间隙偏差过大 6. 轮速传感器齿圈损坏	1. 检查轮速传感器安装是否正确——不正常，调整间隙大小或重新正确安装 2. 检查轮速传感器和线束连接器——不正常，修理或更换 3. 检查轮速传感器齿圈——不正常，更换 4. 检查轮速传感器与电脑之间的线束——不正常，修理或更换 5. 检查车轮轴承间隙——不正常，修理或更换损坏元件 6. 检查轮速传感器的输出电压和电阻——不正常，更换传感器；正常更换 ABS ECU
00285 Speed sensor front right- G45 右前转速传感器-G45		
00287 Speed sensor rear right-G44 右后转速传感器—G44		
00290 Speed sensor rear left-G46 左后转速传感器-G46		
01276 ABS Hydraulic pump-V64 Signal outside tolerance ABS 液压泵-V64 信号超差	1. 电源供应短路或搭铁 2. 电动机线束松脱 3. 电动机损坏	1. 检查线路——不正常，修理或更换 2. 检查电动机——不正常，修理或更换 3. 用“03 最终控制功能”诊断
65535 Control unit 电子控制单元	电子控制单元故障	更换电子控制单元（J104）
01044 Control unit incorrectly coded 电子控制单元编码不正确	1. 在 ABS 线束内跳针连接错误 2. ABS ECU 编码错误	1. 检查插头线束的线路——不正常，修理或更换 2. ABS ECU 编码错误——重新编码
01130 ABS operation signal outside tolerance ABS 工作信号超差	1. 强磁波干扰 2. 传感器损坏或传感器线束损坏 3. ABS ECU 损坏	1. 检查所有线路及连接；其他磁干扰 2. 清除故障存储 3. 以大于 20km/h 的车速进行紧急制动试车 4. 再查询故障码——必要时更换 ECU

4. 电子控制单元的编码

通常 ABS 电子控制单元在车辆出厂时均已编过码，而 ABS 电子控制单元配件一般没有编过码，因此更换 ABS 电子控制单元后应进行重新编码。如果电子控制单元没有编码或编码错误时，ABS 警告灯将以 1 次/s 的频率闪烁。

用 V.A.G1552 故障阅读仪进行编码的方法如下。

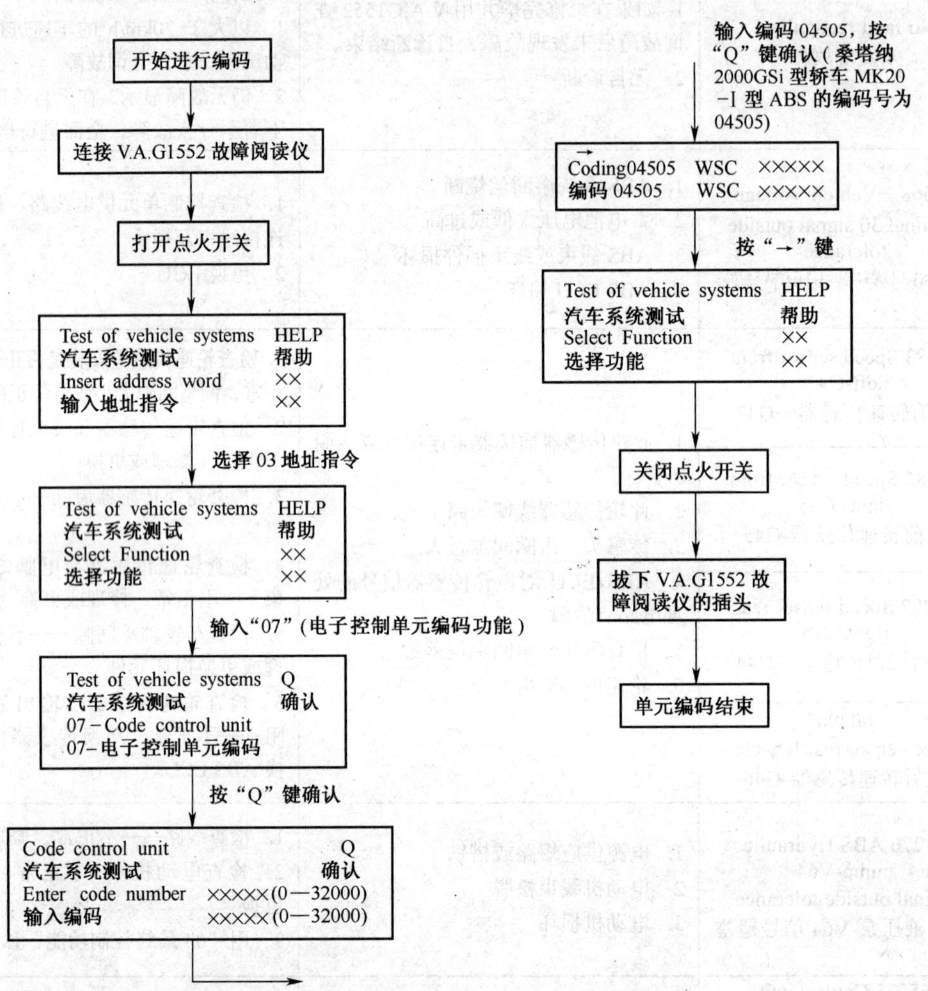

5. 检测液压泵和液压循环

(1) 目的

检测液压泵和液压循环油路，通过最终控制诊断、交替开闭电磁阀和释放压力来检查。

(2) 诊断前的准备工作

执行这一项目时，需要两个人配合操作。车辆升起，4 轮离地，其中一个人坐在驾驶座位上，同时操作 V.A.G1552 故障诊断仪；另一个人站在车外转动车轮。先按普通制动系统方式排气，然后按以下步骤执行。

（3）诊断步骤

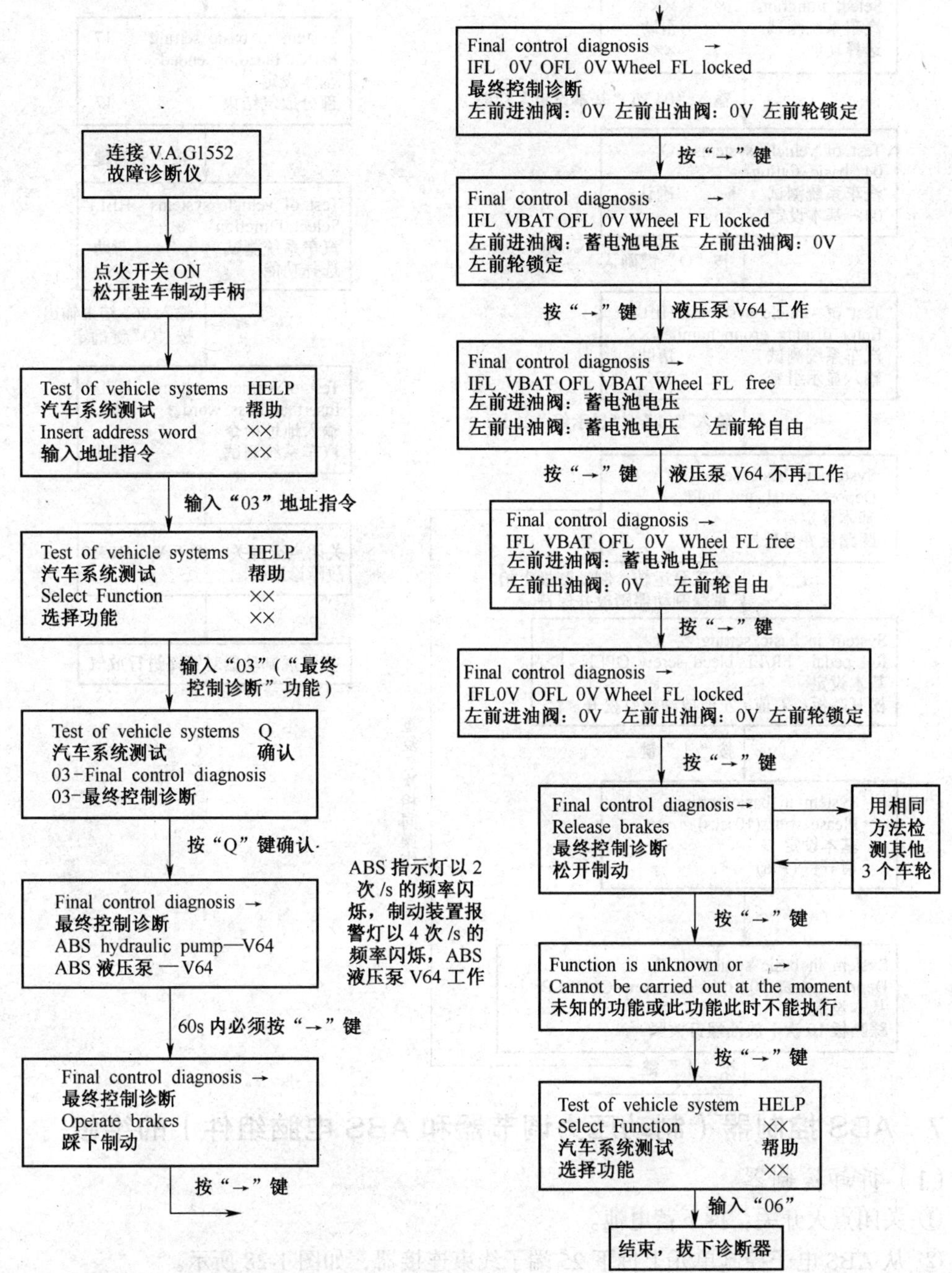

6. 加液、排气的 ABS 基本设定

（1）目的

出现制动系统泄漏、储液罐中制动液用尽等情况需要加液时，则必须使用该基本设定功能对 ABS 进行设定。

（2）基本设定步骤

连接 V.A.G1552 故障诊断仪，打开点火开关，选择 03 地址指令“制动电子系统”后，基本设定步骤如下。

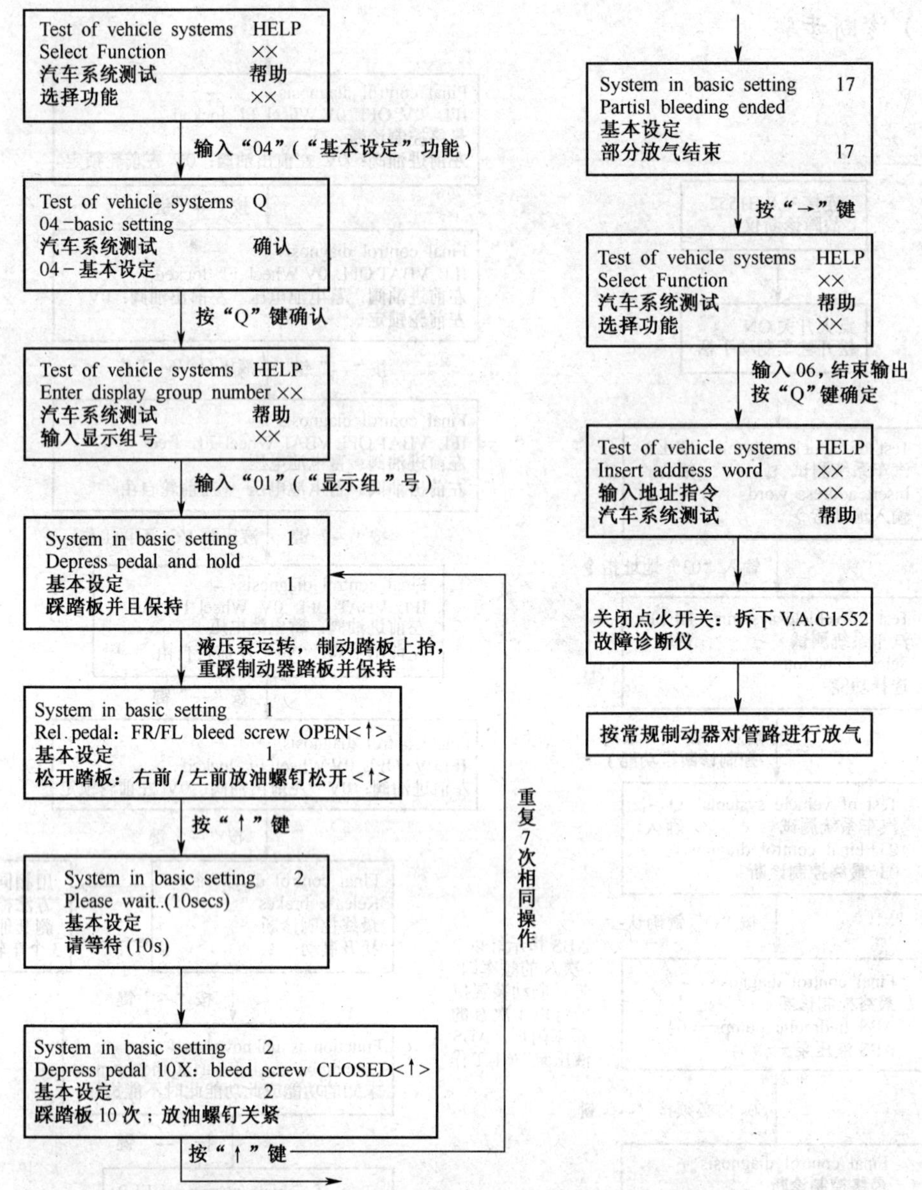

7. ABS控制器(制动压力调节器和ABS电脑组件)的维修

(1)拆卸控制器

① 关闭点火开关，拆下蓄电池。

② 从ABS电子控制单元上拆下25端子线束连接器，如图1-28所示。

③ 踩下制动踏板，并用踏板架定位，如图1-29所示。

④ 拆卸控制器时，在制动液管下垫一块布，用以吸收拆卸时流出的制动液。

⑤ 从制动压力调节器阀体上拆下制动液管A和B(如图1-30所示)，并做上记号，同时用密封塞将调节器阀体上的管口塞住(如图1-31所示)。用软丝将制动液管A和B捆在一起，挂到使其管口高于储液器的液面处。

⑥ 从制动压力调节器上拆下制动液管1、2、3、4，做上记号，并用密封塞将调节器阀体上的管口塞住。

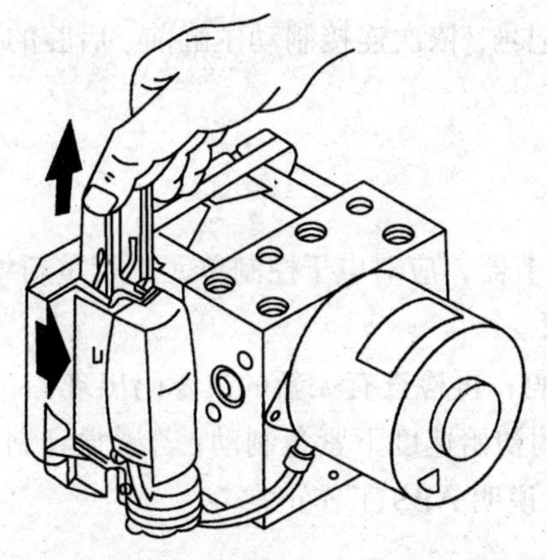

图 1-28　ABS 电子控制单元线束连接器的拆卸

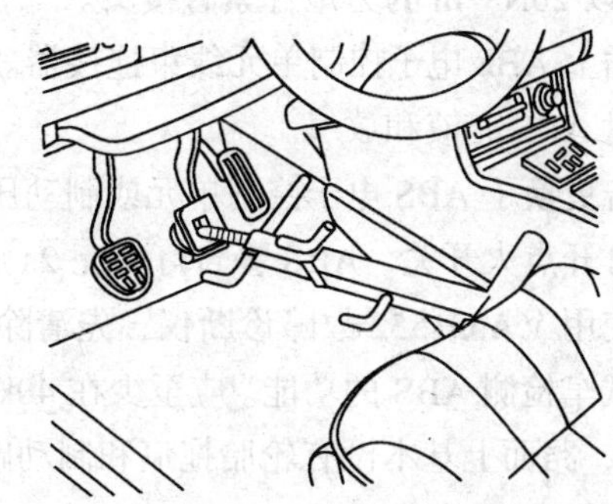

图 1-29　用踏板架固定制动踏板

在操作过程中，不能使制动液渗入 ABS 电子控制单元中，否则会因腐蚀元件而使系统损坏。

⑦ 从支架上拆下控制器，并放在特定的操作台上。

（2）分解控制器

① 压下连接器侧的锁扣，拆下制动压力调节器上液压泵的线束连接器。

② 用专用套筒扳手拆下 ABS 电子控制单元与制动压力调节器连接的 4 个螺栓，如图 1-32 所示。

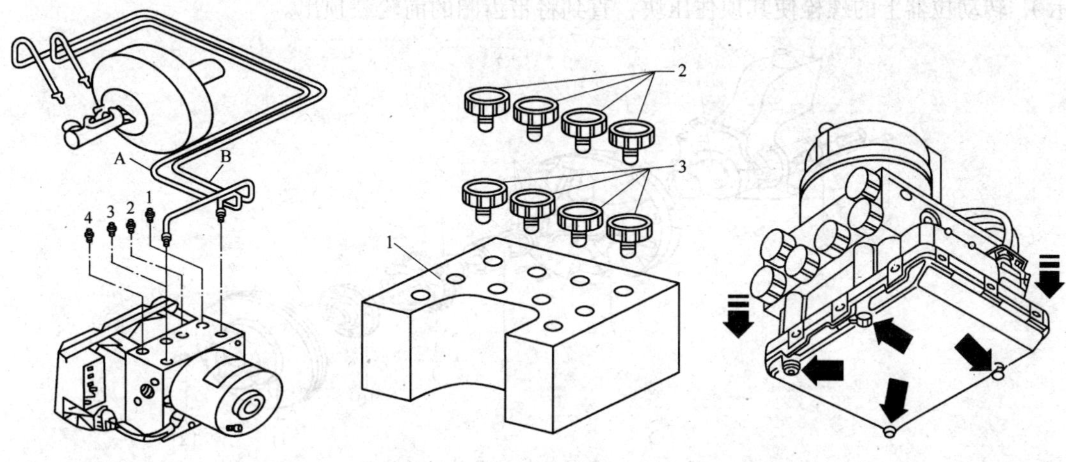

图 1-30　制动液管 A 和 B 的拆卸　　图 1-31　管口密封塞　　图 1-32　拆卸控制单元与调节器的连接螺栓

1—专用支架　2、3—密封塞

③ 将制动压力调节器与 ABS 电子控制单元分离。注意不要碰坏阀体。

④ 在 ABS 电子控制单元上盖一块防尘布，以防灰尘及脏物进入；将制动压力调节器安放在专用支架上，防止碰坏阀体。

（3）装配控制器

① 把 ABS 电子控制单元与制动压力调节器装成一体，用专用套筒扳手按对角拧紧连接螺栓，拧紧力矩为 4N · m。

② 插上 ABS 电子控制单元与制动压力调节器的线束连接器，锁扣要锁好。

（4）安装控制器

① 拆下相应的密封塞，检查制动液管的位置记号，依次装上连接各制动轮缸的 4 根制动液管，并以 20N · m 的力矩拧紧管接头。

② 拆下相应的密封塞，检查制动液管的位置记号，依次连接制动主缸前、后腔的 2 根制动液管，并以 20N · m 的力矩拧紧管接头。

③ 插上 ABS 电子控制单元线束连接器。

④ 对 ABS 充液和放气。

⑤ 若更换了 ABS 电子控制单元或制动压力调节器，应对电子控制单元进行重新编码。

⑥ 打开点火开关，ABS 警告灯应亮 2s 后熄灭。

⑦ 使用 V.A.G1552 故障诊断仪，先清除故障码，再检查有无新的故障码出现。

⑧ 试车检测 ABS 的功能。应至少在 40km/h 的初始速度下紧急制动，若感觉到制动踏板有轻微颤动，路面上基本没有轮胎拖痕和制动跑偏，说明 ABS 工作正常。

8. 前、后轮速传感器的维修

（1）车前轮速传感器的维修

① 拆卸前轮速传感器。

● 举升汽车，拆下前轮及前轮制动器。

● 前轮速传感器的安装位置如图 1-33 所示。拆卸带齿圈的前轮毂时，先用 200mm 拉器 1 的两个活动臂钩住前轮轴承壳的两边。在前轮毂要压出一侧的中心放一专用压块（如图 1-34 所示），转动拉器上的螺栓使其顶住压块，直到将带齿圈的前轮毂顶出。

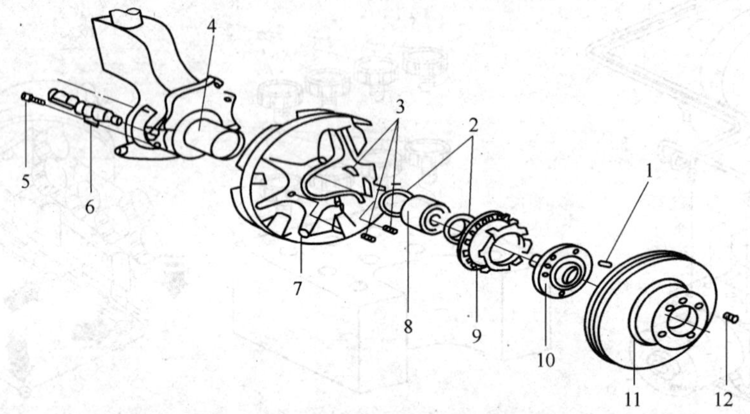

图 1-33　前轮速传感器的安装位置

1—齿圈固定螺栓　2—前轮轴承弹性挡圈　3—防尘板紧固螺栓　4—前轮轴承壳　5—传感头固定螺栓　6—传感头　7—防尘板　8—前轮轴承　9—齿圈　10—轮毂　11—制动盘　12—十字槽螺栓

● 拆下齿圈固定螺栓，分开齿圈和轮毂。

● 拔下传感器线束连接器（如图 1-35 箭头所示），拆下传感头固定螺栓。

● 拆下传感头。

② 安装前轮速传感器。

● 注意左、右前轮速传感器的传感头零件不同，不能互换。

● 安装传感头时，先清洁传感头及安装孔，并涂以固体润滑膏 G000650。

● 传感头和防尘板固定螺栓的拧紧力矩为 10N · m。

③ 检查齿圈。

● 用手搬动前轮感觉有无明显的轴向摆动，若有明显摆动，检查齿圈的轴向跳动量，轴向跳动量应≤0.3mm。

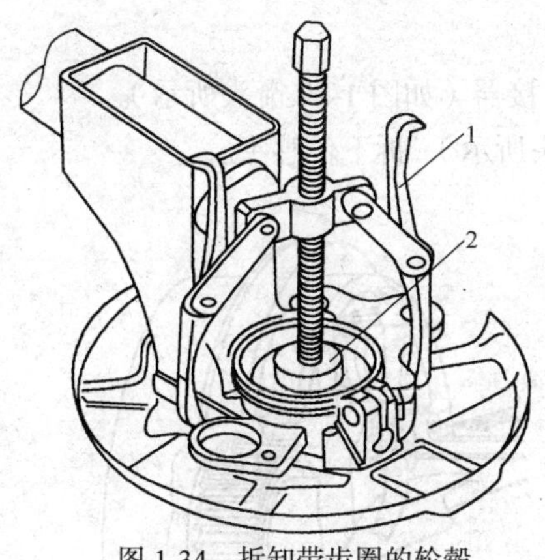

图 1-34　拆卸带齿圈的轮毂
1—拉器　2—专用压块

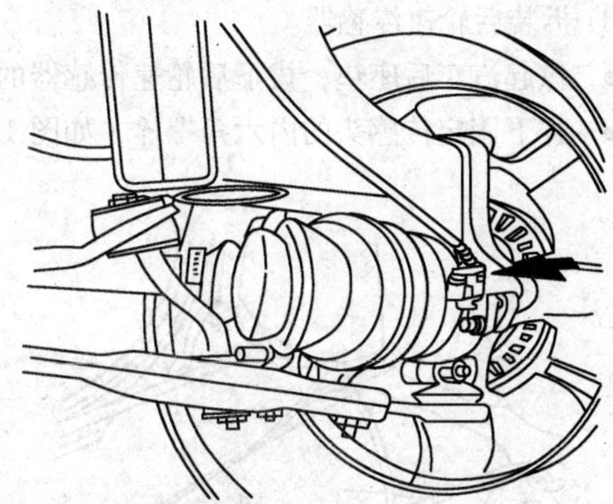

图 1-35　前轮速传感器线束连接器的拆卸

- 若轴承损坏或轴向间隙过大，则应更换前轮轴承。
- 检查齿圈有无变形或断齿现象。齿圈变形或齿数残缺不全时，应更换齿圈。
- 检查清除齿圈齿隙中的脏物。

④ 检查前轮速传感器的输出电压。

- 检查前轮速传感器的传感头与齿圈间隙是否符合标准（1.10～1.97mm）。
- 拔下 ABS 电脑线束连接器，使前轮以 30r/min 的转速转动，用万用表或示波器测量。左前轮测量端子为 4 和 11；右前轮测量端子为 3 和 18。用万用表测量时，传感器的输出电压应为 70～310mV；用示波器测量时，传感器的输出电压应为 3.4～14.8mV/Hz。
- 若输出电压不符合标准，应检查：前轮速传感器的电阻是否符合标准；齿圈间隙是否符合标准（至少在 4 个位置检查传感头与齿圈间隙）；线束和传感头的安装是否正确。

（2）后轮速传感器的维修

桑塔纳 2000GSi 型轿车后轮速传感器的安装位置如图 1-36 所示。

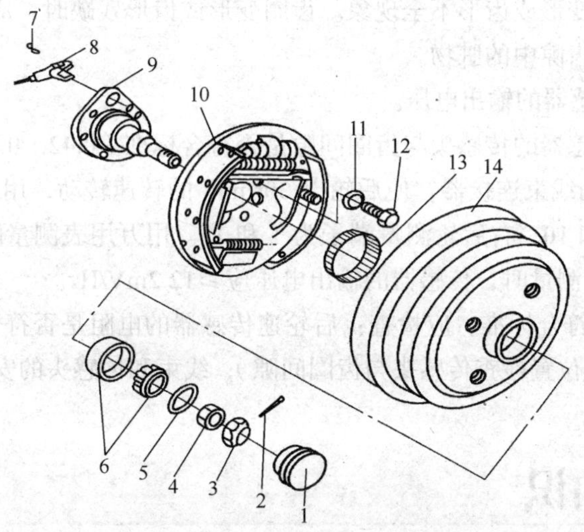

图 1-36　桑塔纳后轮速传感器的安装位置
1—轮毂盖　2—开口销　3—螺母防松罩　4—六角螺母　5—止推垫圈　6—车轮轴承
7—传感头固定螺栓　8—后轮速传感器传感头　9—后轮短轴　10—后轮制动器总成
11—弹簧垫圈　12—六角螺栓　13—齿圈　14—制动鼓

① 拆装后轮速传感器。

- 掀起汽车后座垫，拔下后轮速传感器的线束连接器（如图 1-37 箭头所示）。
- 拧下固定传感头的内六角螺栓（如图 1-38 箭头所示），拆下传感头。

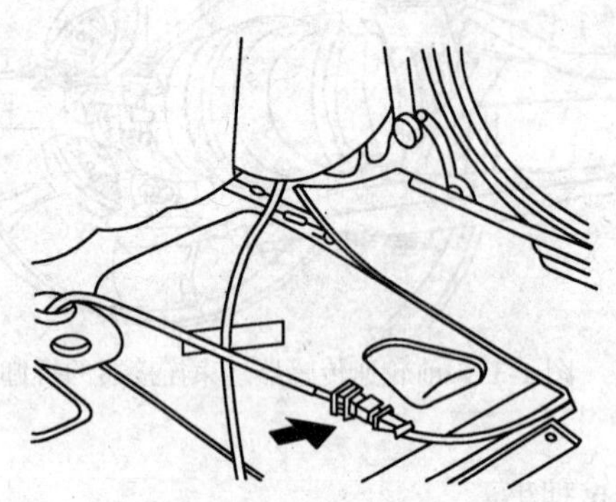

图 1-37　拔下后轮速传感器的线束连接器

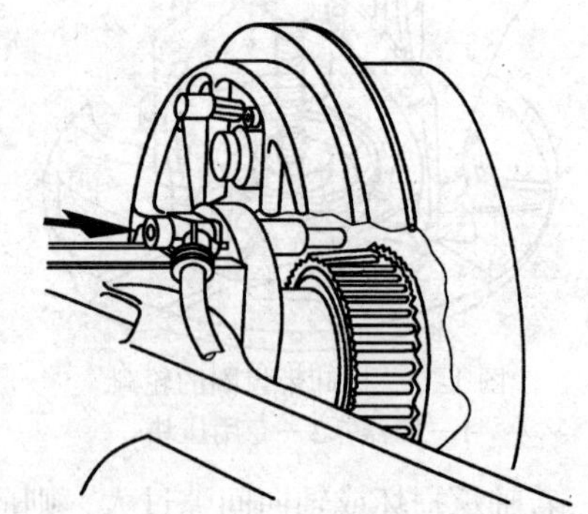

图 1-38　拆下后轮速传感头的固定螺栓

- 取下后梁上的传感器线束保护罩，拉出线束和线束连接器。
- 安装时，先清洁其安装孔内表面，并涂上固体润滑膏 G000650；用 10N · m 的拧紧力矩固定后轮速传感器传感头的螺栓。其他按与拆卸顺序相反的顺序进行。注意左、右后轮速传感器不能互换。

② 检查齿圈。

- 升起后轮使之离地，用手搬动后轮感觉有无明显的轴向摆动，若有明显摆动，应检查后轮齿圈的径向圆跳动量。后轮齿圈的径向圆跳动量应≤0.05mtn。
- 若后轮齿圈的径向圆跳动量过大，应调整后轮轴承间隙；若轴承损坏，则应更换轴承。
- 检查齿圈有无变形或齿形不全现象。齿圈变形或齿形残缺时，应更换齿圈。
- 检查清理齿圈齿隙中的脏物。

③ 检查后轮速传感器的输出电压。

- 检查后轮速传感器的传感头与齿圈间隙是否符合标准（0.42～0.80mm）。
- 拔下 ABS 电脑线束连接器，使后轮以 30r/min 的转速转动，用万用表或示波器测量。左后轮测量端子为 2 和 10；右后轮测量端子为 1 和 17。用万用表测量时，传感器的输出电压应≥260mV；用示波器测量时，传感器的输出电压应≥12.2mV/Hz。
- 若输出电压不符合标准，应检查：后轮速传感器的电阻是否符合标准；齿圈间隙是否符合标准（至少在 4 个位置检查传感头与齿圈间隙）；线束和传感头的安装是否正确。

四、拓展知识

（一）ABS 故障诊断的基本方法

特定的诊断与检查可及时发现 ABS 中的故障，是维修中非常重要的部分。对于不同的车型，甚至同一系列不同年代生产的车型，诊断与检查的方法和程序都会有所不同，这一点只要比较相应的维修手册便可知道。但是 ABS 的基本诊断与检查方法的内容是不变的，它们一般包括如下几项。

① 常规制动系统故障和故障的判定：拔下 ABS 安全继电器（或电磁阀继电器），使汽车在普通制动模式下工作，若故障现象消失，则说明是 ABS 故障；否则就是常规制动系统故障。

② 当 ABS 出现故障时，诊断与排除的一般步骤是：听取用户反馈、目测检查、检查警报灯、路试、对间歇性故障进行诊断、故障码提取诊断。

（1）听取用户反馈

防抱死制动系统是较新的电控技术，有些用户尚不了解其工作特性，了解用户的反馈意见可知道：防抱死制动系统是否真的存在故障，在什么具体情况下发生故障，确定诊断应该从哪里开始。有些用户的反映可能属于正常的工作情况，比如，紧急制动时踏板颤动，在制动或者启动 ABS 自检时系统发出声音等。

（2）目测检查

目测检查一般应从以下几个方面进行检查。

① 检查储液室是否液面过低、液压装置是否外部泄漏及制动主缸工作是否正常。

② 检查驻车制动器是否完全放松以及驻车开关功能是否正常，视具体情况进行维修或调整。

③ 检查 ABS 系统熔丝是否熔断，找出熔丝烧坏的原因，并更换熔丝。

④ 检查导线及连接器是否有破损或连接器松动现象，若有更换导线和接好各连接器。

（3）警报灯检查

仪表板上“BRAKE”警报灯一直亮，表示普通制动系统故障；“ABS”或“Anti-Lock”警报灯一直亮则表示防抱死制动系统故障。正常情况下，ABS 警报灯应在点火开关接通 3～4s 后熄灭。

（4）路试

路试时，首先检查制动踏板行程和阻力是否适宜，测试 ABS 工作是否正常。应至少在 40km/h 的初始速度下紧急制动，若感觉到制动踏板有轻微的颤动，轮胎与地面基本上无拖痕，说明 ABS 工作正常。否则，说明 ABS 存在故障，ABS 不起作用。

（5）间歇性故障诊断

大多数间歇性故障都是由连接器和导线不良引起的，一般从以下几个方面进行检查。

① 各连接器接触是否有不良或松动现象；接线端子的安装是否有不当之处，或接线端子损坏。

② 导线是否有局部破损。

③ 制动液面传感器是否有线路故障或制动液储藏室是否液面过低。

④ 轮速传感器是否线路输出信号过低或间歇性地输出。

⑤ 电源继电器、线路、线圈或触点是否不良。

⑥ 充电系统的电压过低也有可能导致 ABS 警报灯间歇性亮。

（6）根据故障码进行故障诊断

读取故障码通常有以下 3 种方法（具体步骤可参阅具体车型 ABS 维修手册）。

① 利用特定指示灯读取故障码。一般通过 ABS 电脑诊断启动端搭铁的方法来实现。有的通过“Anti-Lock”警报灯闪烁故障码，有的通过 LED 灯闪烁故障码，有的则直接利用“BRAKE”灯闪烁故障码。如通用车系装用的 BOSCH（博世）35 端子电脑控制的 ABS，首先关闭点火开关，将数据传输接口（DLC）上的“H”端子接地或与“A”端子短接，再打开点火开关，即可通过“Anti—Lock”警报灯闪烁故障码。

② 利用检测仪读取故障码。大多数类型的 ABS 中均装有数据传输接口（DLC），只要将检测仪与数据传输接口连接，即可方便地读取储存在电脑存储器中的数据和故障码。

③ 利用控制面板或信息显示中心显示故障码。在有些车上，可利用各种控制面板来获取故障码，如通用车系装用的 BOSCH 55 端子电脑控制的 ABS 系统就是利用空调控制面板来显示故障码的。

（7）清除故障码

清除故障码的方法因读取故障码方法的不同而不同，一般有手动清除、专用仪器清除和控制面板清除 3 种方法。具体步骤可参阅各具体车型 ABS 维修的相关内容。

（二）V.A.G1552 故障诊断仪的使用

1. 故障诊断仪的正确操作

诊断仪功能键的使用和功能键代码及其含义如表 1-6 所示。

表 1-6　诊断仪功能键的使用和功能键代码及其含义

功能键的使用		功能键代码及其含义			
操　作	实现功能	代码	含　义	代码	含　义
按“C”键	更改输入数据及当前菜单	01	状态信息显示	05	清除故障码
按“Q”键	确认输入信息	02	故障码查询	06	结束，退出
按“→”键	下一步	03	进入 ABS 工作环境	07	ECU 编码
按“HELP”键	帮助信息	04	加液排气	08	测量数据显示

使用 V.A.G1552 故障诊断仪的正确操作步骤如下。

① 关闭点火开关，将诊断仪与诊断连接器连接后再打开点火开关。

② 输入地址信息：输入功能代码“03”后按“Q”键即可进入 ABS 工作环境。

③ 输入功能代码（见表 1-6）：根据所需功能输入代码，再按“Q”键确认。

④ 完成所需功能后，输入功能代码“06”，再按“Q”键确认即可退出。

⑤ 关闭点火开关，将诊断仪与诊断连接器拆开。

诊断流程可按以下流程进行。

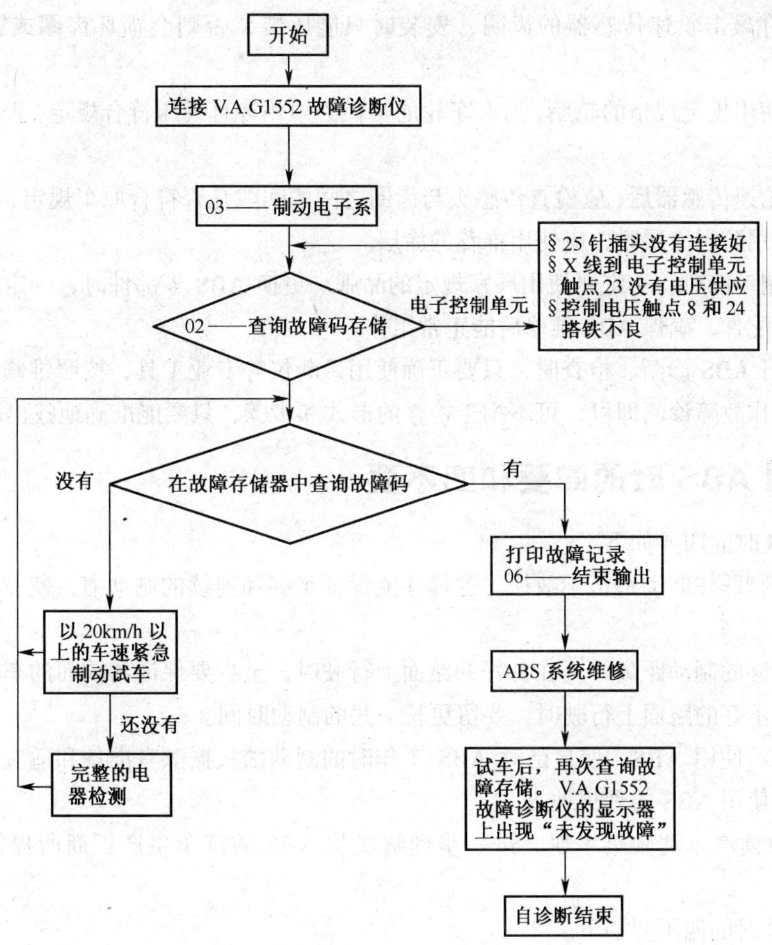

2. 故障码的读取和清除

安装好诊断仪并输入地址信息后，输入“02”再按“Q”键将显示故障数量，然后按“→”键将依次显示每一个已检测到的故障代码。

安装好诊断仪并输入地址信息后，若输入“05”再按“Q”键，即可清除故障码。若故障码无法清除，说明该故障码所代表的故障还没有被排除；若故障码能被清除，说明故障码所代表的故障已被排除或属于间歇性故障。

（三）ABS 维修注意事项

维修 ABS 时，应注意以下几点。

① 点火开关接通（ON）时，绝不允许拆装电器连线，否则会对电子控制装置造成危害。ABS 电脑对电压、静电非常敏感，如有不慎就有可能损坏电脑中的芯片，造成整个 ABS 的损坏。在车上进行电焊之前，要戴好防静电器（也可用导线一头缠在手腕上，一头连接在车体上），拔下电脑上的连接器后再进行电焊。

② 按规定程序释放 ABS 的压力（储能器存储了高达 18000kPa 的压力，修理前要泄压，以免高压油喷出伤人），然后按规定进行修理。

③ 不允许敲击轮速传感器的齿圈，安装时只能压装，否则会损坏齿圈或影响轮速信号的精度。

④ 必须使用规定规格的轮胎，所有车轮的半径必须相等且气压符合规定，否则会导致检测信号失准。

⑤ 检修轮速传感器后，应检查传感头与齿圈之间的间隙是否符合原车规定，为防止污染传感器，需要使用防污涂层时，应使用推荐的涂层。

⑥ 更换制动液时，一定要使用厂家规定的品牌。更换 ABS 零部件时，一定要选用该车型高质量正宗的配件，确保 ABS 维修后能正常工作。

⑦ 在进行 ABS 诊断、检查时，只要正确使用诊断仪等专业工具，按照维修手册中给出的故障诊断图表作故障诊断即可，可不拘于检查的形式和步骤，只要能准确地找出故障点即可。

（四）使用 ABS 时的四要和四不要

使用 ABS 时的四要如下。

要始终用脚踩住制动踏板不放松。这样才能保证足够和连续的制动力，使 ABS 有效地发挥作用。

要保持足够的制动距离，当在良好的路面上行驶时，至少要保证离前面的车辆有 3 秒钟的制动时间；在不好的路面上行驶时，要留更长一些的制动时间。

要事先练习使用 ABS，使自己对 ABS 工作时的制动踏板振颤有准备和适应能力，停车场和广场是练习使用 ABS 的理想地方。

要事先阅读汽车驾驶员手册，进一步理解安装 ABS 的汽车生产厂商所提供的各种操作说明。

使用 ABS 时的四不要如下。

不要认为驾驶 ABS 汽车比驾驶非 ABS 汽车更随意，对于 ABS 汽车，急转弯和快速变道以及其他急打方向盘的做法也是不适当和不安全的。

不要反复踩制动踏板。在驾驶 ABS 汽车时，反复踩制动踏板会使 ABS 时断时通而导致制动效能减低和制动距离增加，实际上 ABS 本身会以更高的速率自动增减制动，并提供有效的方向盘可控能力。

不要忘记转动方向盘。ABS 为驾驶员提供了方向盘的可控能力，但它本身并不能自动完成汽车的转向操作。

不要在 ABS 制动时因 ABS 的正常液压工作噪声和制动踏板振颤而恐慌。这种声音和振颤是正常的，且可让驾驶员由此而感知到 ABS 正在起作用。

小　结

本项目主要介绍了 ABS 的组成、结构、工作原理以及常见故障和检修方法。介绍了桑塔纳 2000GSi 型轿车 ABS 的基本检测方法，具体阐述了 ABS 故障码的读取与清除，根据故障码排除故障的方法，控制单元的编码，检测液压泵和液压循环加液、排气的 ABS 基本设定，ABS

控制器（制动压力调节器和 ABS 电脑组件）的维修，前、后轮速传感器的维修等内容。

习题及思考题

1. 简述为什么要采用 ABS。
2. 什么叫滑移率?在干燥硬实路面上制动时，最佳滑移率约为多大?
3. 与传统制动系统相比，采用 ABS 的优点是什么?
4. ABS 的发展趋势包括哪几个方面?
5. ABS 的基本组成包括哪几部分?
6. 按生产厂家可将 ABS 分为哪几种?
7. 什么叫控制通道、独立控制、同时控制?
8. ABS 维修的基本内容包括哪些?
9. 简述 ABS 的维修与故障诊断方法。
10. ABS 在维修时有哪些注意事项?
11. 简述 ABS 有哪些零件可以修理，以及修理时的注意事项。

项目二 汽车防滑控制系统检修

一、项目要求

ASR（Anti Slip Regulation，防滑控制）系统除了会出现 ABS 故障外，还会有继电器电路故障、压力开关故障、节气门驱动器电路故障、节气门位置传感器故障、ASR 电脑组件故障等。该项目通过对 ASR 故障的诊断、拆卸、检修过程的学习与实施，使读者在掌握 ASR 系统结构与工作原理等方面理论知识的同时，具备对上述故障进行分析与排除的能力。

当汽车快速起步、急加速或行驶在冰雪、雨天的路面上以及其他附着系数较低的路面上时会出现车轮转动而车身不动或是汽车的速度低于驱动车轮的轮边缘速度时，轮胎与地面之间就有相对的滑动，这种滑动称为“滑转”。

驱动车轮的滑转，会使车轮与地面的纵向附着力和横向附着力下降。纵向附着力的下降会使驱动车轮产生的牵引力下降，从而导致汽车的起步性能、加速性能和在附着系数较低的路面上的通过性能下降；而横向附着力的下降会影响汽车在起步、加速和在附着系数较低的路面上行驶时方向的稳定性。

为了解决上述问题，人们开发了汽车 ASR 系统。它是继防抱死制动系统之后应用于车轮防滑的电子控制系统。其功用是防止汽车在起步、加速和在附着系数较低的路面上行驶时驱动轮滑转。车轮出现滑转时 ASR 系统工作，ASR 系统是通过对滑转车轮施以制动力或控制发动机的动力输出来抑制车轮的滑转的，以避免汽车牵引力和行驶稳定性的下降。这种 ASR 系统也被称为牵引力控制（Traction Control）系统，简称 TRC。

【知识要求】

1. 熟悉 ASR 系统的组成与结构原理
2. 掌握 ASR 系统的工作原理
3. 掌握 ASR 传感器的工作原理与检测方法
4. 掌握 ASR 调解器的工作原理与检测方法
5. 掌握 ASR 系统基本故障的检测方法和步骤

重点掌握内容：ASR 系统的基本结构及检测方法，ASR 系统基本故障的检测方法和步骤。

【能力要求】

1. 能正确读取和消除 ASR 系统的故障代码
2. 能正确检查 ASR 系统的基本故障，并能对常见故障进行检修

二、相关知识

（一）ASR 系统的理论基础

汽车 ASR 系统是应用于防滑转的电子控制系统。

汽车打滑是指汽车车轮的滑转，车轮的滑转率又称滑移率 S。驱动车轮的滑移率公式为

$$S=\begin{cases}\frac{\upsilon-\omega r}{\upsilon}\times 100\%\text{（滑转率）}\\ \frac{\omega r-\upsilon}{\omega r}\times 100\%\text{（滑移率）}\end{cases}$$

式中：ω为车轮圆周速度；υ为车身瞬时速度。滑移率与纵向附着系数的关系如图 2-1 所示。

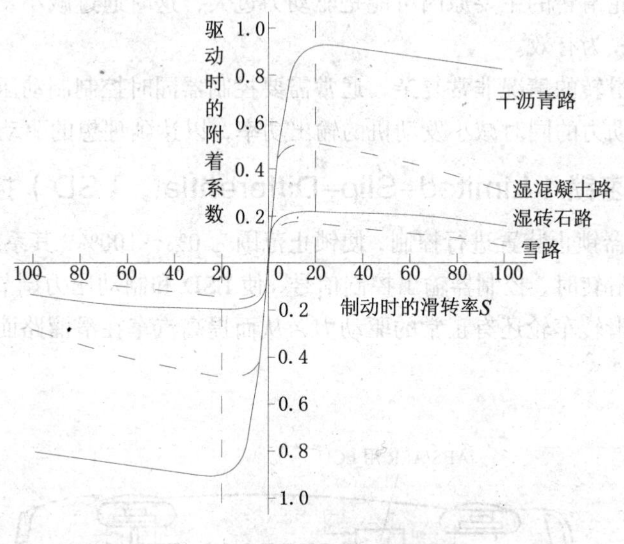

图 2-1 滑转率与附着系数的关系

附着系数随路面的不同而呈大幅度的变化；在各种路面上，S=20%左右时，附着系数达到峰值。上述趋势无论是制动还是驱动几乎一样。

ASR 系统就是利用控制系统控制车轮与路面的滑移率，防止汽车在加速、转向或在不同路面上行驶时打滑，防止驱动轮的空转，以保持汽车行驶方向的稳定性、操纵性和保证汽车的最佳驱动性能。

（二）防滑转控制方式

ASR 系统的主要控制参数是滑移率 S。控制器根据各传感器的信号计算 S，当 S 超限时，控制器输出控制信号抑制车轮滑转，将 S 控制在理论控制范围内。

汽车 ASR 系统常用的控制方式有如下几种。

1. 驱动轮制动控制

对发生滑转的驱动轮施加制动力，响应时间短。一般采用 ABS/ASR 组合的液压控制系统，驱动控制功能是在 ABS 的基础上增加电磁阀、调节器、蓄压器等而具有的。

2. 发动机输出功率控制

在汽车驱动轮发生滑转时（起步、加速或行驶在附着系数小的路面上时），ASR 控制器根据各传感器信号输出控制信号来控制发动机的输出功率，以抑制驱动轮滑转。常用的控制方法有辅助节气门控制、燃油喷射量控制和延迟点火提前角控制。

3. 差速制动和发动机输出功率综合控制

此类型的 ASR 系统是采用差速制动控制和发动机输出功率控制相结合的综合控制系统。汽车在行驶过程中，控制器可根据发动机的状态和车辆滑转的实际情况采取相应的控制措施。如在发动机驱动力较小的状态下出现车轮滑转，其主要原因可能是由于路面附着系数较小，这时采用对滑转车轮施加制动的方法较为有效；而在发动机输出功率较大（节气门开度大、发动机转速高）时出现车轮滑转的主要原因可能是驱动力过大，这时通过减小发动机输出功率的方法来控制车轮的滑转较为有效。

实际上，车轮滑转的情况非常复杂，通常需要控制器同时控制制动压力和辅助节气门等，对驱动车轮施加制动力的同时减小发动机的输出功率，以达到理想的驱动性能。

4. 防滑差速锁（Limited-Slip-Differential，LSD）控制

LSD 能对差速器锁止装置进行控制，使锁止范围为 0%～100%，其系统结构如图 2-2 所示。

当驱动轮单边滑转时，控制器输出控制信号，使 LSD 和制动压力调节器动作，以控制车轮的滑移率。这时非滑转车轮还有正常的驱动力，从而提高汽车在滑溜路面的起步、加速能力及行驶方向的稳定性。

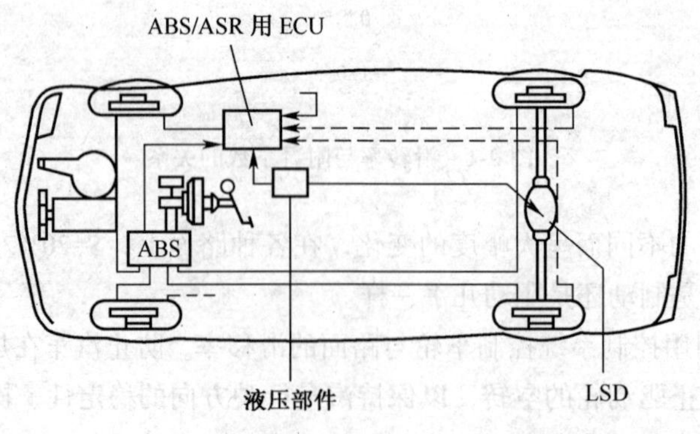

图 2-2 防滑差速锁

5. 差速锁与发动机输出功率综合控制

LSD 制动控制与发动机输出功率综合控制相结合的控制系统可根据发动机的状况和车轮滑转的实际情况采取相应的控制措施以达到最理想的控制效果。

（三）ASR 与 ABS 的区别

1. ASR 与 ABS 的相通之处

① ASR 和 ABS 都是控制车轮和路面的滑移率，以使车轮与地面的附着力不下降。

② 两系统大多采用相同的技术。

③ ASR 和 ABS 密切相关，通常结合在一起使用，共享许多系统部件来控制车轮的转动，以更好地保证汽车的行驶安全。

2. ASR 与 ABS 的不同之处

① ABS 是防止制动时车轮抱死滑移，提高制动效果，确保制动安全；ASR 则是防止驱动车轮的滑转，提高汽车起步、加速及较滑路面行驶时的牵引力，提高行驶性能，确保行驶稳定性。

② ABS 对非驱动车轮也起作用，控制其滑移率；而 ASR 只对驱动车轮起制动控制作用。

③ ABS 是在制动时工作，在车轮接近滑转时起作用，在车速很低（小于 8km/h）时不起作用；ASR 则是在整个行驶过程中都工作，在车轮出现滑转时起作用，当车速很高（80～120 km/h）时不起作用。

（四）ASR 系统简介

1. ASR 的基本组成

ASR 由传感器（轮速传感器、节气门位置传感器等）、ASR 电子控制单元、执行器（制动压力调节器、节气门驱动装置等）等组成。

2. ASR 的工作原理

ASR 的工作原理如图 2-3 所示。车辆行驶过程中，轮速传感器将驱动车轮及非驱动车轮的转速转变为电信号输送给 ASR 电子控制单元，ASR 电子控制单元根据车轮转速计算驱动车轮的滑转率。如果滑转率超出了目标范围，ASR 电子控制单元则综合各方面参数选择控制方式，并发出相应的指令使执行机构工作，从而使驱动车轮的滑转率控制在目标范围之内。

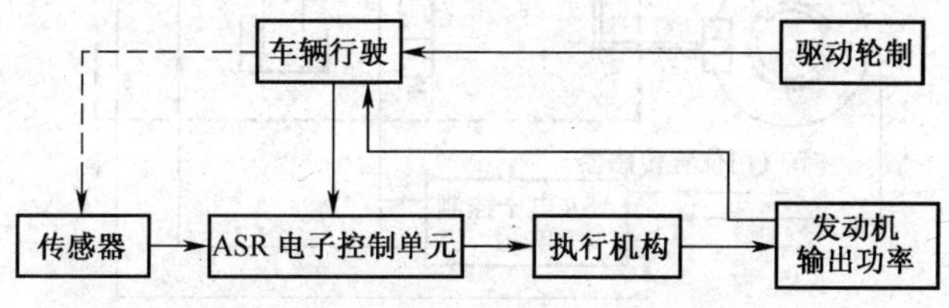

图 2-3 ASR 的工作原理

ASR 电子控制单元向执行机构发出的指令有如下几种。

① 控制滑转车轮的制动力。此指令启动 ASR 制动压力调节器，对滑转车轮施加一个适当的制动力，将车轮的滑转率控制在目标范围内。

② 控制发动机的输出功率。此指令启动辅助节气门驱动器等，使辅助节气门的开度适当改变或减少喷油量等，以控制发动机的输出功率，进而控制驱动车轮的滑转。

③ 同时控制发动机的输出功率和驱动车轮的制动力。此指令同时启动 ASR 制动压力调节器、辅助节气门开度调节器等，在对驱动车轮施加制动力的同时，减小发动机的输出功率，以达到理想的控制效果。

3. ASR 传感器

ASR 系统的传感器主要是轮速传感器和节气门位置传感器。轮速传感器与 ABS 系统共用，而节气门位置传感器则与发动机控制系统共用。

ASR 电子控制单元还有 ASR 选择开关信号输入，关闭 ASR 选择开关，则停止 ASR 系统的作用。

4. ASR 制动压力调节器和节气门

ASR 制动压力调节器接收执行 ASR 控制电脑的指令，对滑转车轮施加制动力并且调节制动力的大小，以使滑转率在规定范围之内。ASR 制动压力来源于蓄压器，通过电磁阀来调节驱动车轮制动力的大小。

ASR 制动压力调节器有单独结构方式和组合结构方式两种。

（1）单独结构方式的 ASR 制动压力调节器

所谓单独结构方式是指 ASR 制动压力调节器和 ABS 制动压力调节器在结构上各自分开，其工作原理如图 2-4 所示。

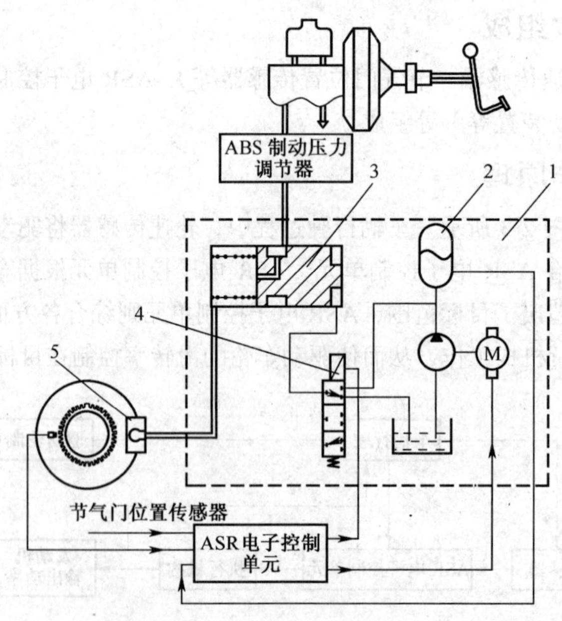

图 2-4　ASR 单独结构方式

1—ABS 制动压力调节器　2—蓄压器　3—调压缸

4—三位三通电磁阀　5—驱动车轮制动器

ASR 不起作用时，电磁阀 4 不通电，阀位于上端位置，调压缸 3 的右腔与储液器相通，由于右腔压力低，调压缸的活塞被回位弹簧推到右边极限位，ABS 制动压力调节器与驱动车轮的制动轮缸连通。

当驱动轮出现滑转时，ASR 电子控制单元输出控制信号，使电磁阀线圈通电而移至下端位置。此时调压缸右腔与储液器隔断而与蓄压器连通，蓄压器内的压力制动液推动调压缸的活塞左移，进而切断 ABS 制动压力调节器与驱动车轮轮缸之间的液压通道。同时随调压缸活塞左移压缩右腔内的制动液，使调压缸左腔和驱动车轮制动轮缸内的制动压力增大，从而使车轮制动。

驱动车轮的制动压力保压时，电子控制单元使电磁阀电流变小，阀在其回位弹簧力的作用下回到中间位置，调压缸右腔与蓄压器隔断与储液器也断开。调压缸右腔压力保持不变。

减小驱动车轮的制动压力时，控制电脑使电磁阀断电，阀在其回位弹簧力的作用下回到上端位置，调压缸右腔与蓄压器隔断而与储液器连通。调压缸右腔压力下降，活塞在回位弹簧力的作用下右移，使调压缸左腔和驱动车轮制动轮缸之间的空间增大，从而使制动压力下降。

（2）组合结构方式的 ASR 制动压力调节器

组合结构方式是指 ASR 制动压力调节器与 ABS 制动压力调节器在结构上组合为一个整体，称 ABS/ASR 制动压力调节器，其工作原理如图 2-5 所示。

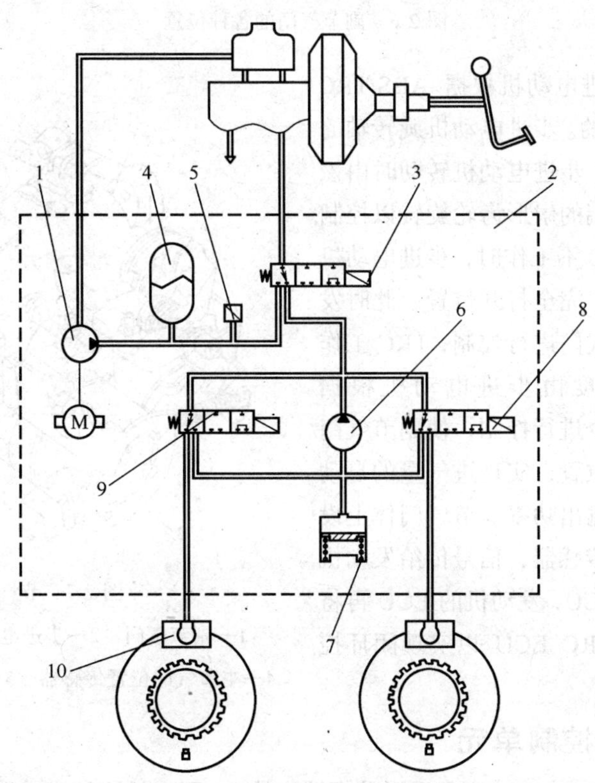

图 2-5　ABS/ASR 组合结构方式

1—液压泵　2—ABS/ASR 制动压力调节器　3—电磁阀Ⅰ　4—蓄压器　5—压力开关
6—循环泵　7—储液器　8—电磁阀Ⅱ　9—电磁阀Ⅲ　10—驱动车轮制动器

ASR 不起作用时，电磁阀Ⅰ不通电。在 ABS 起作用时，通过控制电磁阀Ⅱ和电磁阀Ⅲ来调节制动压力。

当驱动车轮出现滑转时，ASR电子控制单元使电磁阀Ⅰ通电，电磁阀移至左侧位置；电磁阀Ⅱ和电磁阀Ⅲ不通电，电磁阀处于右侧位置，蓄压器的高压制动液进入驱动车轮制动轮缸，形成制动压力。制动压力的调节是靠电磁阀Ⅱ和电磁阀Ⅲ的工作来完成的。

（3）副节气门装置

副节气门装置的主要作用是在驱动防滑转控制的过程中调节副节气门的开度，进而调整发动机的进气量，达到控制发动机输出转矩的目的。

副节气门（或辅助节气门）设置在发动机节气门体主节气门的前方，如图2-6所示。

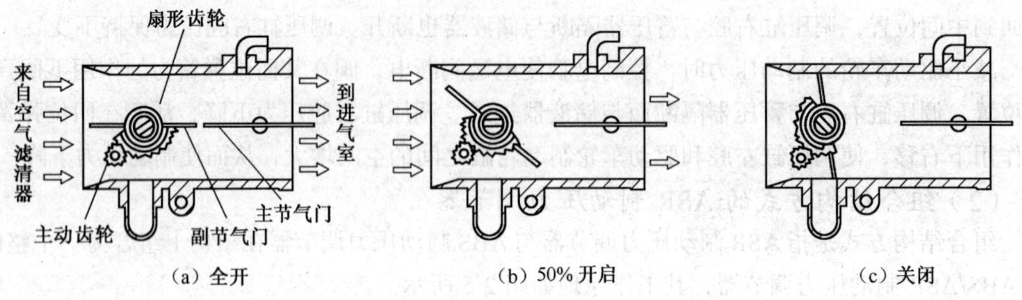

图2-6　副节气门的各种位置

副节气门是由步进电动机根据ABS/TRC ECU的指令进行控制的。步进电动机旋转轴的末端固定有一个齿轮，步进电动机转动时由该齿轮带动副节气门轴端的扇形齿轮旋转以控制副节气门的开度。TRC不工作时，步进电动机不通电，副节气门处于完全打开位置，此时发动机的进气量由主节气门进行控制；TRC工作时，副节气门的开度由步进电动机根据ABS/TRC ECU的指令进行控制，使副节气门处于开启一个适当的位置，实现进气量的自动调整，控制发动机的输出功率。节气门体上设有主、副节气门开度传感器，信号传给发动机的ECU和变速器的ECU，发动机的ECU再将此信号传递给ABS/TRC ECU以实现闭环控制，如图2-7所示。

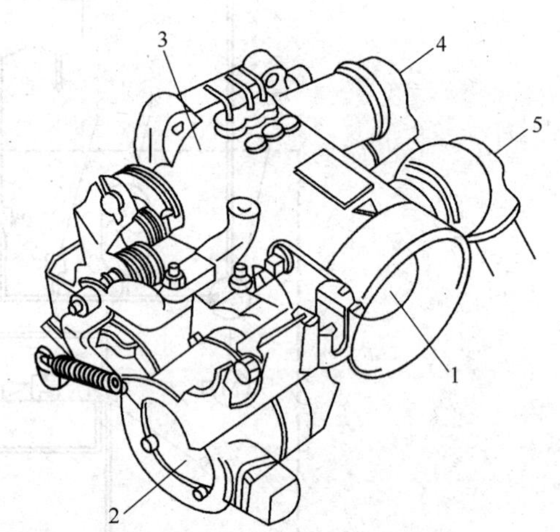

图2-7　节气门总成

1—副节气门　2—步进电动机　3—节气门体
4—主节气门位置传感器　5—副节气门位置传感器

5. ASR电子控制单元

ASR电子控制单元（ECU）也是以微处理器为核心，配以输入输出电路及电源等组成。ASR与ABS的一些信号输入和处理是相同的，为减少电子器件的应用数量，ASR控制器与ABS电控单元常组合在一起。典型的ABS/ASR系统示意图如图2-8所示，其结构图如图2-9所示。从图中可看出，4个轮速传感器为ABS和ASR所共有，ABS和ASR的ECU组合为一体，称为ABS/ASR ECU。另外，增设了一些ASR的相关部件，主要有ASR制动执行器、步进电动机控制的发动机副节气门装置，以及一些ASR的控制开关和显示灯等。该系统不但可执行ABS的任务，而且可以实现 ASR 的控制功能。

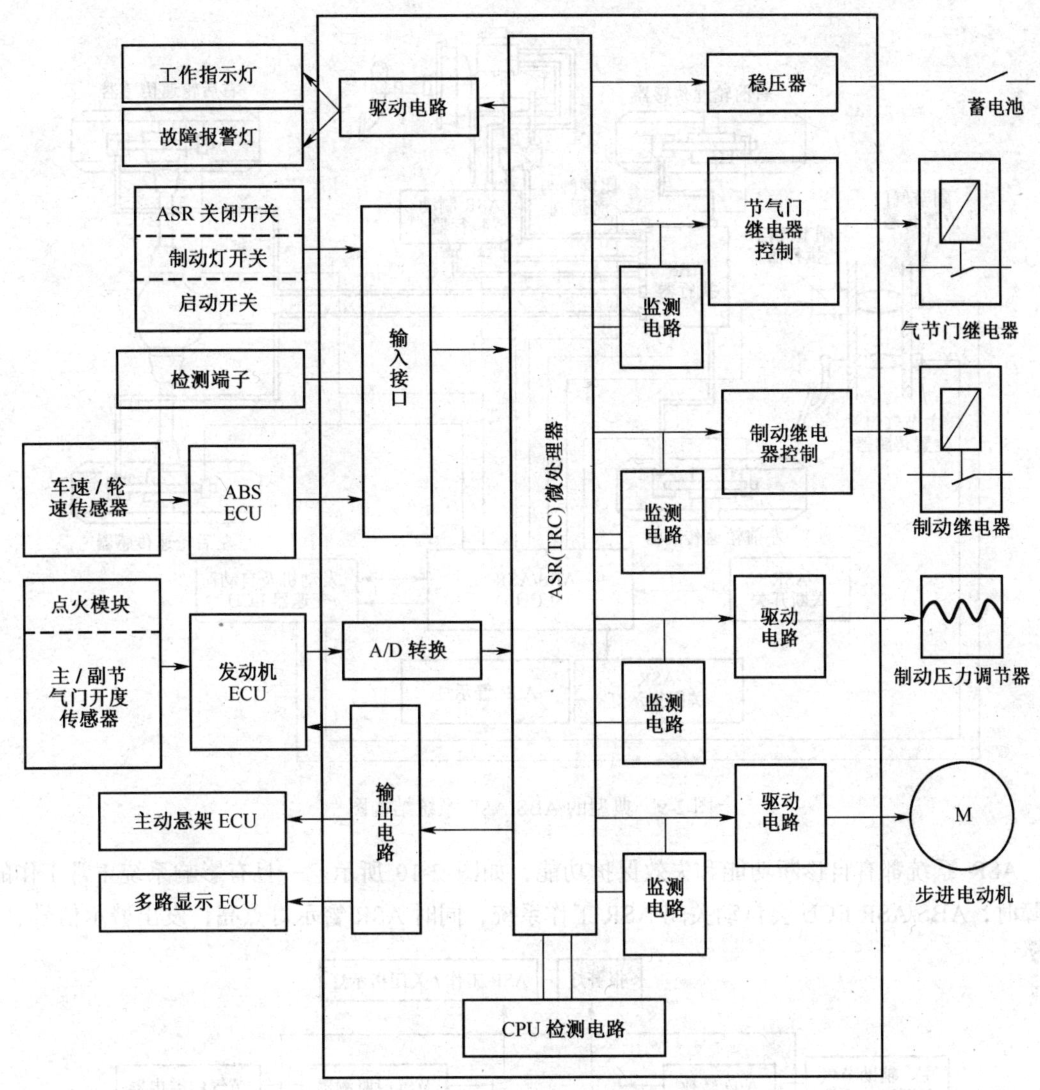

图 2-8　典型的 ABS/ASR 系统示意图

ABS/ASR ECU 根据车轮转速信号和汽车参考车速等确定驱动车轮的滑移率。当 ABS/ASR ECU 判定驱动车轮的滑移率超过设定的门限值时，就使控制副节气门的步进电动机转动，减小节气门的开度。主节气门的开度即使不变，发动机的进气量也会因副节气门开度的减小而减小，从而使发动机的输出转矩减小，驱动力随之下降。若驱动车轮的滑移率仍未降到设定的控制范围内，ABS/ASR ECU 会控制 ASR 的制动压力调节装置，对驱动车轮施加一定的制动力，进一步降低驱动车轮的滑移率，以达到防止驱动车轮滑转的目的。一些进口的高级轿车，如日本的丰田凌志 LS300、LS400，美国的凯迪拉克、别克，德国的奔驰、宝马等，都装有 ASR 系统。

在 ASR 处于防滑转控制过程中，驾驶员踩下制动踏板制动时，ASR 会自动退出控制，而不影响正常的制动过程。

装有 ASR 的汽车上，在仪表板上一般都装有 ASR 控制开关，驾驶员可通过按压 ASR 控制开关对是否进入 ASR 工作进行选择。关闭 ASR 控制开关，ASR 将不起作用，ASR 控制开关指示灯会自动点亮；打开 ASR 控制开关，在 ASR 进行防滑转控制时，ASR 警示灯会闪亮。

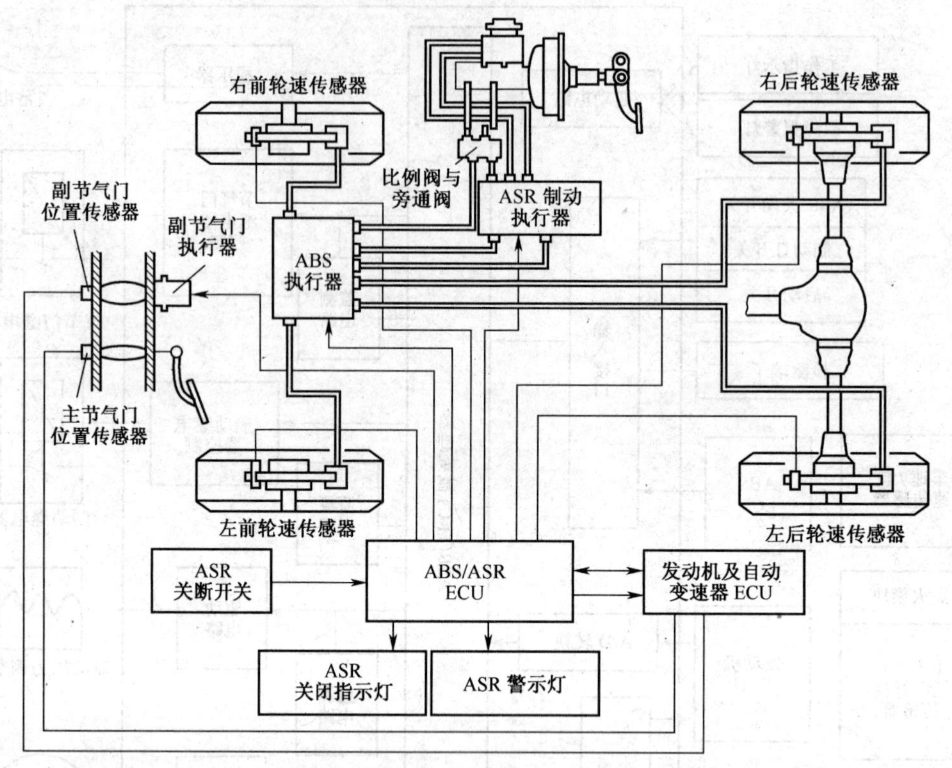

图 2-9　典型的 ABS/ASR 系统结构图

ASR 系统都有自诊断功能和失效保护功能，如图 2-10 所示。一旦有影响系统正常工作的故障时，ABS/ASR ECU 会自动关闭 ASR 工作系统，同时 ASR 警示灯点亮，发出警示信号。

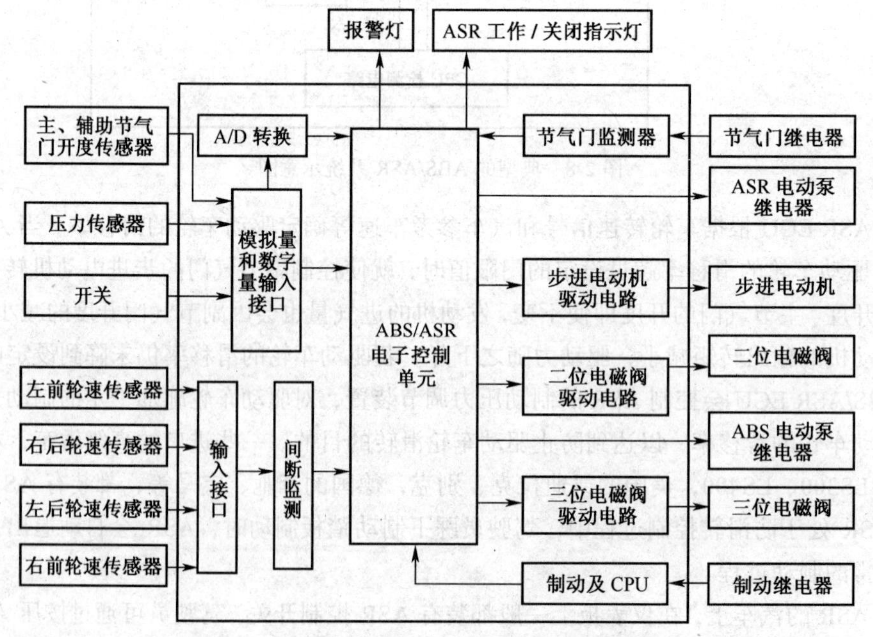

图 2-10　ASR 系统的自诊断功能和失效保护功能

三、项目实施

（一）项目实施环境

所需的仪器设备：凌志 LS400 汽车。

（二）凌志 LS400 ASR 系统简介

凌志 LS400 汽车的 ASR 系统又称为 TRC（牵引力控制）系统，其组成和元件位置如图 2-11 所示，控制原理如图 2-12 所示，结构如图 2-13 所示，电子控制单元连接器的端口如表 2-1 所示。

表 2-1　ASR 电子控制单元连接器的端口

A-18　A-19　A-20

SFL ACM BM $\overline{A}$ A TTR TMR SR MR TSR R- SRC SMC　WT TR2 WA VTH NEO TC PKB BAT　IG PR ML- MT E1 FL- RR+ FR- RL+ GND SFR
SRR GND BCM $\overline{B}$ B MTT IDL_2 PL IDL_1 NL AST VC SAC　IND D/G VSH CSW LBL_1 TRS　STP ML+ TS E1 E2 FL+ RR- FR+ RL- GND SRL

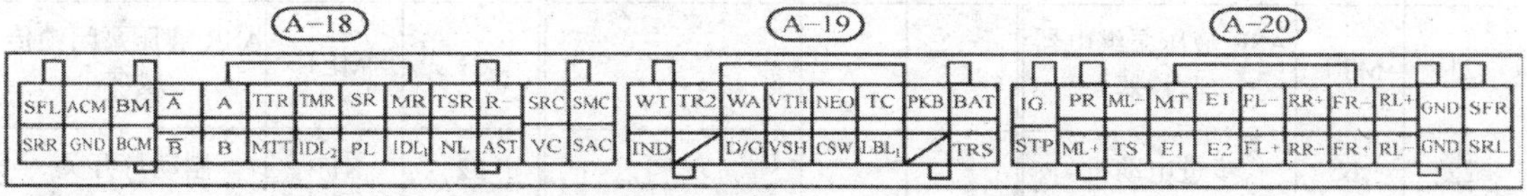

端子号 A—18	符号	端子名称	端子号 A—19	符号	端子名称	端子号 A—20	符号	端子名称
1	SMC	主缸隔离电磁阀	1	BAT	备用电脑	1	SFR	右前电磁阀
2	SRC	储液器隔离电磁阀	2	PKB	驻车制动开关	2	GND	搭铁
3	R-	继电器搭铁线	3	TC	诊断	3	RL+	左后轮速传感器
4	TSR	TRC 电磁阀继电器	4	NEO	Ne 信号	4	FR-	右前轮速传感器
5	MR	ABS 液压泵继电器	5	VTH	主节气门位置传感器	5	RR+	右后轮速传感器
6	SR	ABS 电磁阀继电器	6	WA	ABS 故障指示灯	6	FL-	左前轮速传感器
7	TMR	TRC 液压泵继电器	7	TR2	发动机通信	7	E1	搭铁
8	TTR	TRC 节气门继电器	8	WT	ASR 关闭指示灯	8	MT	ABS 液压泵继电器
9	A	步进电动机	9	TRS	发动机检查灯	9	ML-	ASR 液压泵闭锁继电器
10	$\overline{A}$	步进电动机	10			10	PR	蓄压器压力开关
11	BM	步进电动机	11	LBL_1	制动液液面警报灯开关	11	IG	电源
12	ACM	步进电动机	12	CSW	TRC 关闭开关	12	SRL	左后电磁阀
13	SFL	左前电磁阀	13	VSH	辅助节气门位置传感器	13	GND	搭铁
14	SAC	蓄压器隔离电磁阀	14	D/G	诊断	14	RL-	左后轮速传感器

续表

端子号 A—18	符号	端子名称	端子号 A—19	符号	端子名称	端子号 A—20	符号	端子名称
15	VC	蓄压器压力开关	15			15	FR+	右前轮速传感器
16	AST	ABS 电磁阀继电器监控器	16	IND	ASR 指示灯	16	RR−	右后轮速传感器
17	NL	空挡开关				17	FL+	左前轮速传感器
18	IDL_1	主节气门怠速开关				18	E2	搭铁
19	PL	空挡开关				19	E1	搭铁
20	IDL_2	辅助节气门怠速开关				20	TS	轮速传感器检查用
21	MTT	ASR 液压泵继电器监控器				21	ML+	ASR 液压泵闭锁传感器
22	B	步进电动机				22	STP	制动灯开关
23	$\overline{B}$	步进电动机						
24	BCM	步进电动机						
25	GND	搭铁						
26	SRR	右后电磁阀						

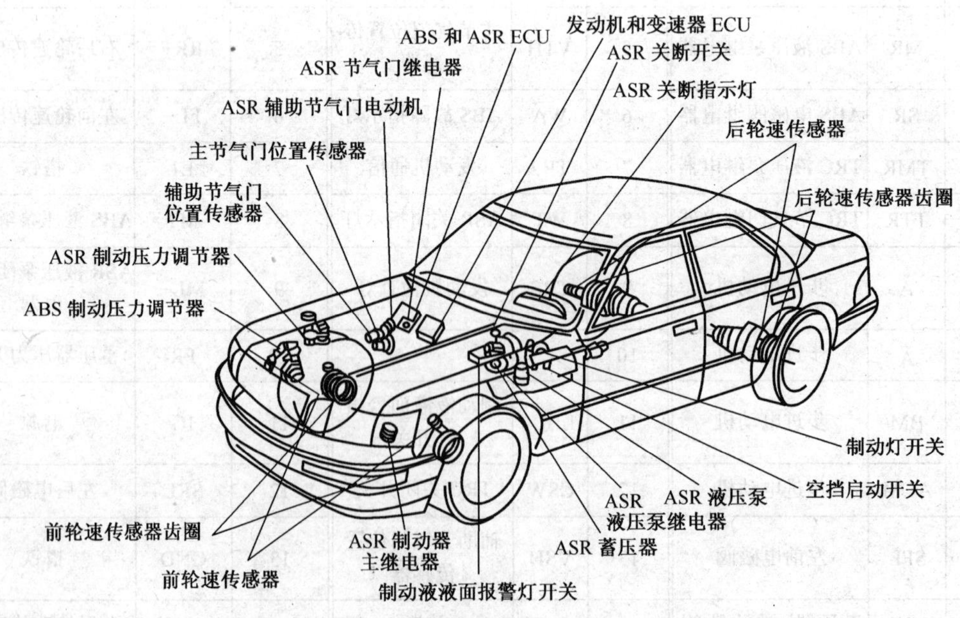

图 2-11　凌志 LS400 汽车防滑控制系统的组成和元件位置

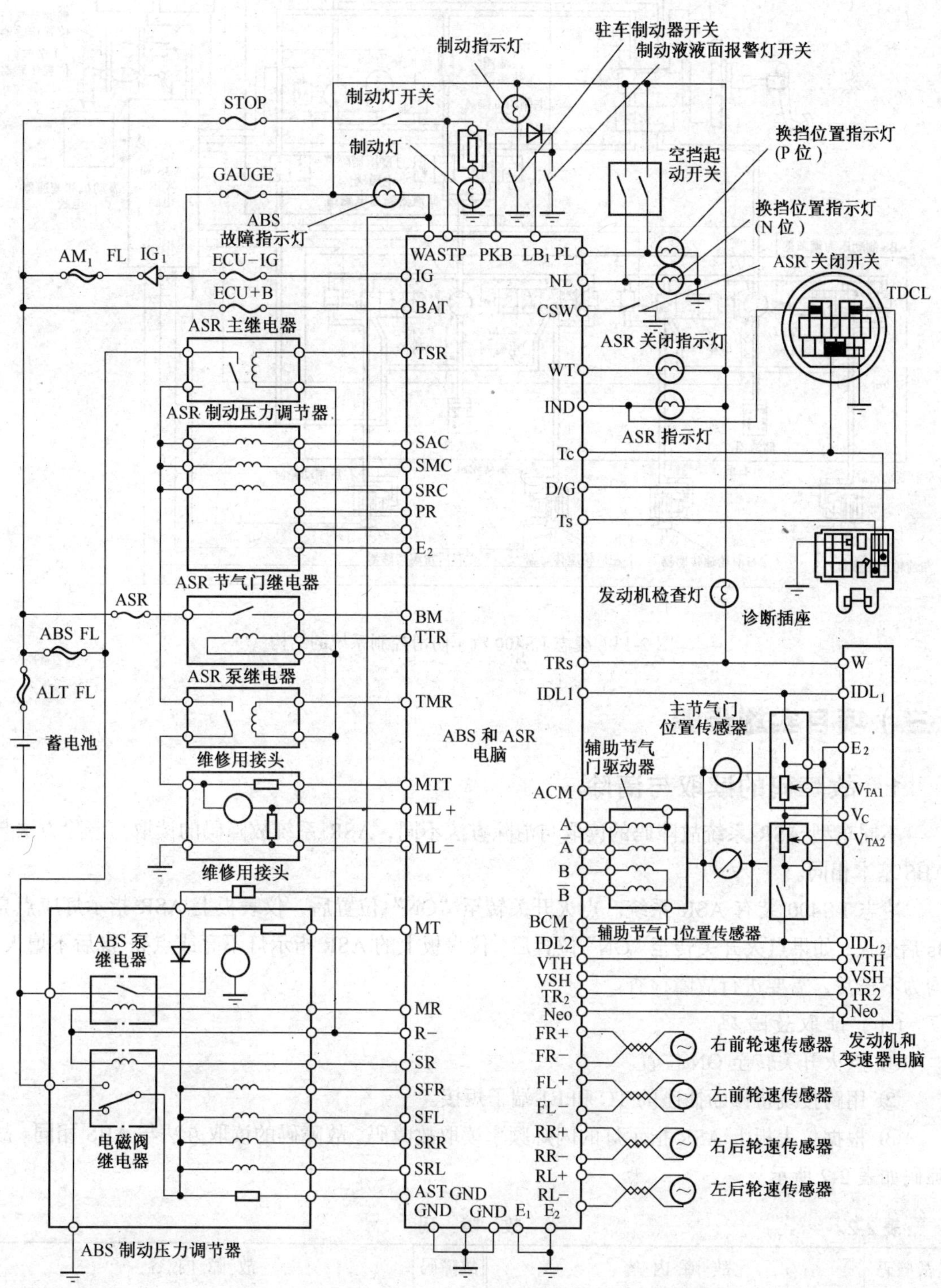

图 2-12　凌志 LS400 汽车防滑控制系统的控制原理

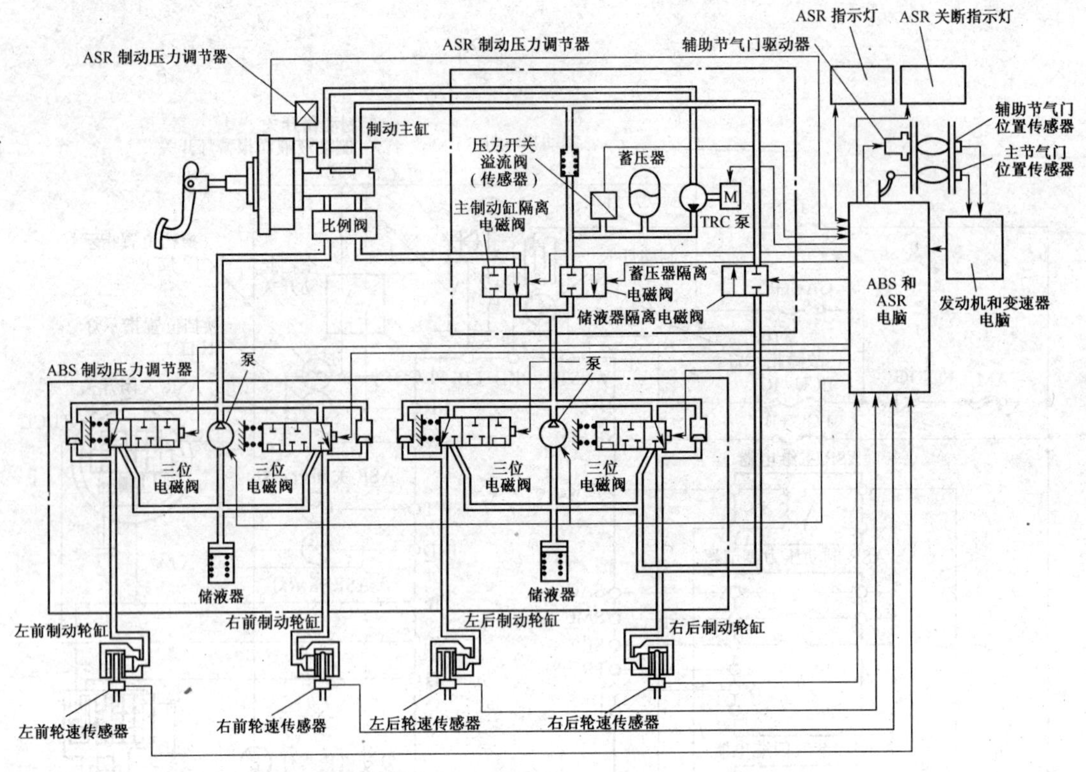

图 2-13　凌志 LS400 汽车防滑控制系统的结构

（三）项目实施步骤

1. 故障码的读取与清除

不同车型 ASR 系统故障码的读取与清除方法不同，ASR 系统故障码的读取与清除方法与 ABS 基本相同。

凌志 LS400 装有 ASR 系统。点火开关转至“ON”位置后，仪表板上 ASR 指示灯应点亮 3s 后熄灭；如果点火开关转至“ON”位置后，仪表板上的 ASR 指示灯不亮或点亮 3s 后不熄灭，均为不正常，需要进行故障检查。

（1）读取故障码

① 点火开关转至 ON 位置。

② 用跨接线将诊断插座的 TC 和 E1 端子短接。

③ 根据仪表板上 ASR 指示灯的闪烁频率读取故障码。故障码的读取方法与 ABS 相同。故障码如表 2-2 所示。

表 2-2　　故障码

故障码	故障内容	故障码	故障内容
11	ASR（TRC）主继电器电路断路	26	电脑控制辅助节气门全开，但辅助节气门不动作
12	ASR（TRC）主继电器电路短路	27	停止向步进电动机供电时，辅助节气门未能到达全开的位置

续表

故障码	故障内容	故障码	故障内容
13	ASR（TRC）节气门继电器电路断路	44	ASR（TRC）工作时，Ne 信号未送入电脑
14	ASR（TRC）节气门继电器电路短路	45	主节气门位置传感器 IDL_1 信号故障
15	ASR（TRC）液压泵电动机通电时间过长	46	主节气门位置传感器 VTA_1 信号故障
16	压力开关电路断路	47	辅助节气门位置传感器 IDL_2 信号故障
17	压力开关一直关闭	48	辅助节气门位置传感器 VTA_2 信号故障
19	ASR 液压泵电动机开和关的次数比正常多	49	ASR 输入发动机或变速器信号电路断路或短路
21	制动主缸隔离电磁阀电路断路或短路	51	发动机控制系统发生故障
22	蓄压器隔离电磁阀电路断路或短路	52	制动液液面警报灯开关接通，液位报警灯点亮
23	储液器隔离电磁阀电路断路或短路	54	ASR 液压泵继电器电路断路
24	辅助节气门驱动器电路断路或短路	55	ASR 液压泵继电器电路短路
25	辅助节气门步进电动机供电时，辅助节气门未能到达全开的位置	56	ASR 液压泵电动机锁死或开路

（2）清除故障码

故障排除后，点火开关转至“ON”位置，在诊断插座端子 TC 和 E1 短接的状态下，在 3s 内连续踩制动踏板 8 次以上，即可清除故障码。

2. 主继电器电路和节气门继电器电路的故障诊断

（1）主继电器电路的故障诊断

故障码 11、12 说明凌志 LS400 ASR 主继电器电路出现断路或短路故障。

① 故障码 11 故障分析。

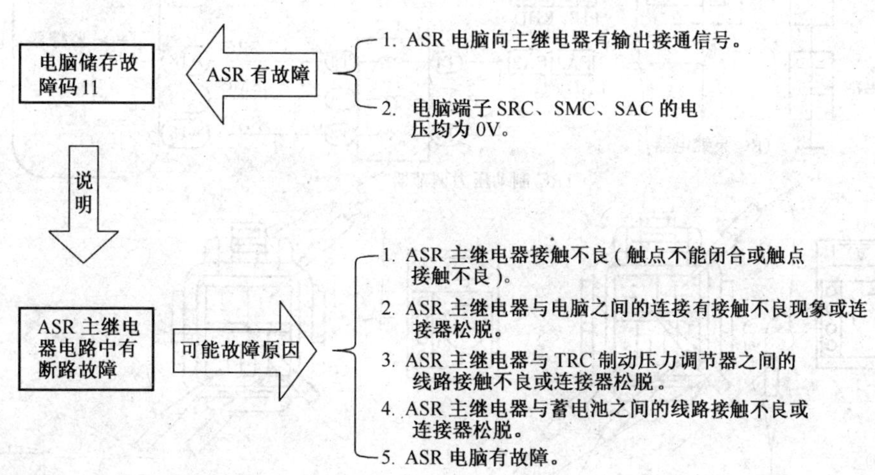

② 故障码 12 故障分析。

③ 故障诊断。

ASR 主继电器电路及检测方法如图 2-14 所示。检查方法如下。

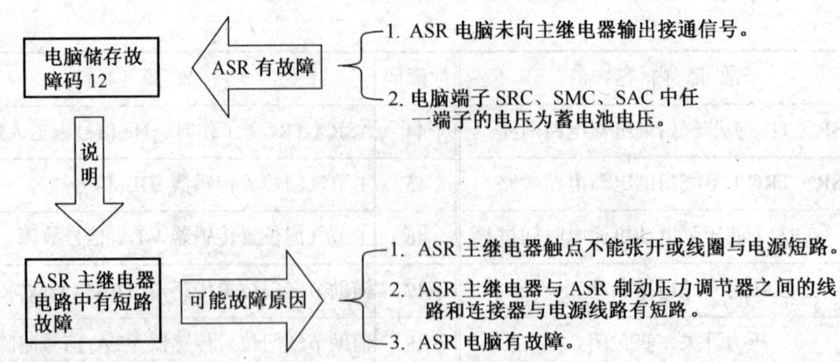

- 检查 ASR 主继电器电源端子的电压。

a. 断开 ASR 主继电器连接器，点火开关接通。

b. 用直流电压表测量 ASR 主继电器连接器（线束侧）1 号端子与搭铁之间的电压。电压正常值应为蓄电池电压。

- 检查 ASR 主继电器。

a. 检测 ASR 主继电器连接器各端子之间的导通情况：1—2 端子之间不导通，3—4 端子之间导通（电阻≤0.5Ω）。

b. 给继电器 3—4 端子之间施加蓄电池电压，继电器 1—2 端子间应导通。

若上述检查结果不正常，应更换导线或 ASR 主继电器。若检查结果正常，应检查 ASR 主继电器的有关线路和连接器；如果线路和连接器均良好，则应检查或更换 ASR/ABS 电脑。

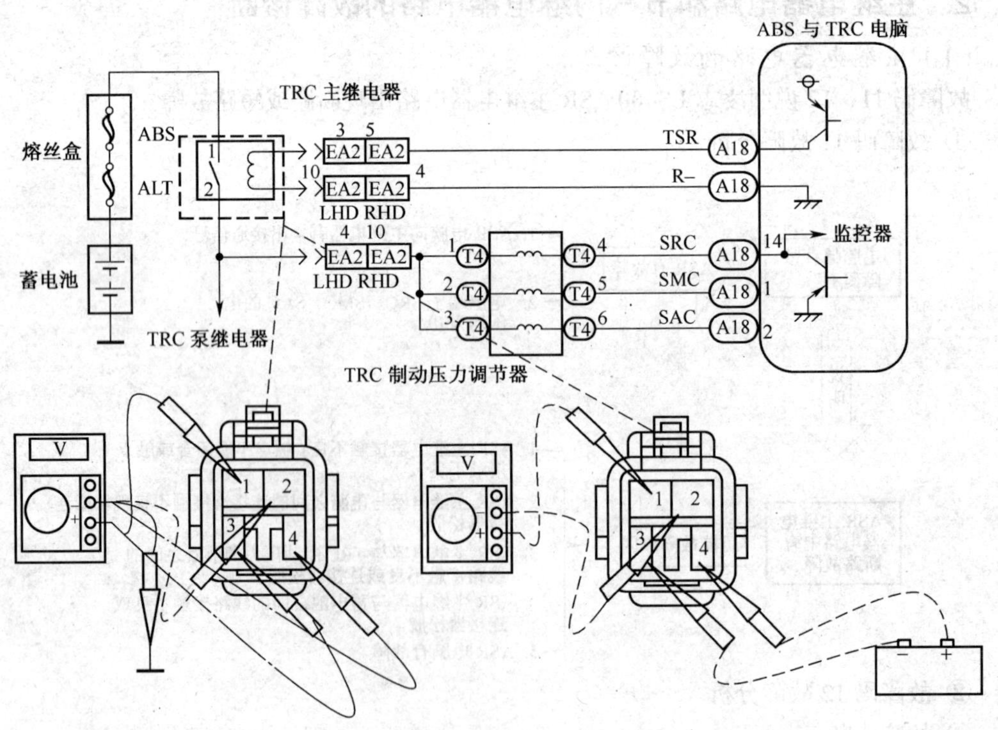

图 2-14　ASR 主继电器电路及检测方法

(2) 节气门继电器电路的故障诊断

故障码 13、14 说明 ASR 系统节气门继电器电路出现断路或短路故障。

① 故障码 13 故障分析。

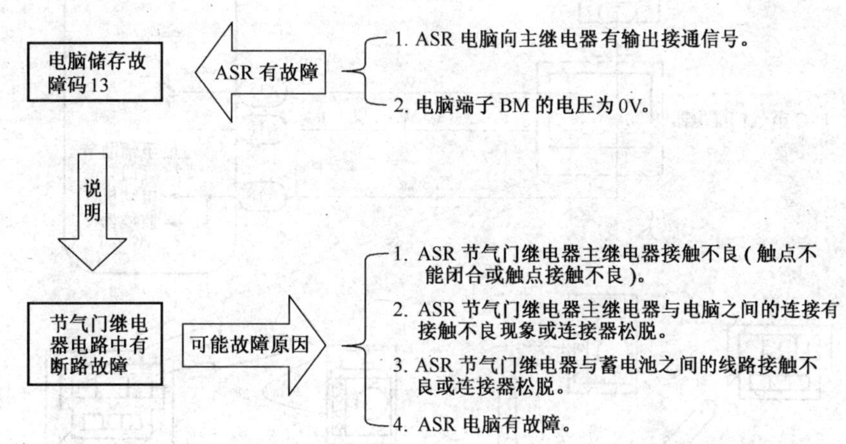

② 故障码 14 故障分析。

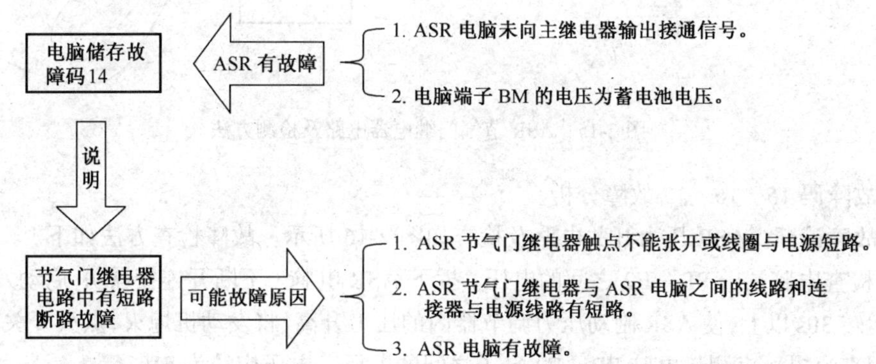

③ 故障诊断。

ASR 节气门继电器电路及检测方法如图 2-15 所示。

ASR 节气门继电器电源端子电压的检查方法如下。

- 拆下 ASR 节气门继电器连接器，点火开关接通。
- 用直流电压表测量 ASR 节气门继电器连接器（线束侧）2 号端子与搭铁间的电压，正常电压应为蓄电池电压。
- 检查 ASR 节气门继电器。检测 ASR 节气门继电器连接器各端子之间的导通情况：正常应为 1—2 端子之间不导通（电阻∞），3—4 端子之间导通（电阻≤0.5Ω）。
- 给节气门继电器 3—4 端子之间施加蓄电池电压，1—2 端子之间应导通。

若上述检查结果不正常，应更换 ASR 节气门继电器，若检查结果正常，应检查 ASR 节气门继电器的有关线路和连接器。如果线路和连接器均良好，则应检查或更换 ASR/ABS 电脑。

3. 压力开关和调节器电磁阀电路的故障诊断

(1) 压力开关的故障诊断

故障码 15、16 或 17 说明 ASR 压力开关传感器或其电路出现故障。

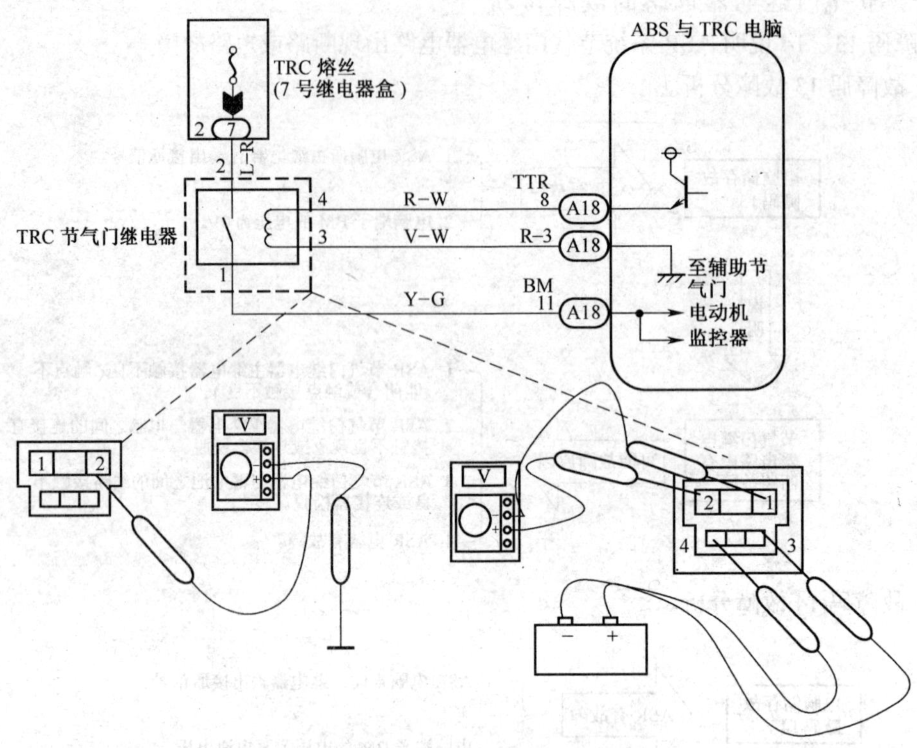

图 2-15　ASR 节气门继电器电路及检测方法

① 故障码 15、16、17 故障分析。

② 故障诊断。ASR 压力开关电路及检查如图 2-16 所示。故障检查方法如下。

- 检查电脑端子 PR—E2 之间的电压。拆下 ASR 电脑（不断开连接器）；启动发动机并维持怠速运转 30s 以上，使 ASR 制动压力调节器内的压力升高；将发动机熄火，点火开关转至“ON”位置，用直流电压表测量电脑 PR—E2 端子之间的电压，电压应约为 5V。

放出 ASR 制动压力调节器内的制动液，调节器内部的压力降低，再测量 PR—E2 端子之间的电压，正常电压应为 0V。

若上述两次测量结果有一次不正常，应对压力开关进行检查，若上述两次测量电压均正常，则应检查或更换 ASR/ABS 电脑。

- 压力开关的检查。断开压力开关连接器，测量连接器两端子之间的电阻，正常电阻值为∞；连接压力开关连接器，并启动发动机怠速运转 30s，升高 ASR 制动压力调节器内的压力，将发动机熄火后，使点火开关转至“ON”位置，再测量压力开关两端子之间的电阻，正常阻值约为 1.5Ω。

若检查结果不正确，应更换压力开关；若结果正常，应检查与其相关的连接线；如没有问题，应检查或更换 ASR/ABS 电脑。

（2）ASR 调节器电磁阀电路的故障诊断

故障码 21、22、23 说明 ASR 制动压力调节器的电磁阀线圈电路出现断路或短路故障。

① 故障码故障分析。

② 故障诊断。凌志 LS400 车型 ASR 制动压力调节器电磁阀电路及检查如图 2-17 所示。检

查方法如下。

● 检查ASR电脑端子SRC、SMC、SAC与搭铁之间的电压。拆下ASR电脑，连接器不断开，点火开关转至“ON”位置，分别测量ASR电脑的SRC、SMC、SAC端子与搭铁之间的电压，正常电压值均应为蓄电池电压。

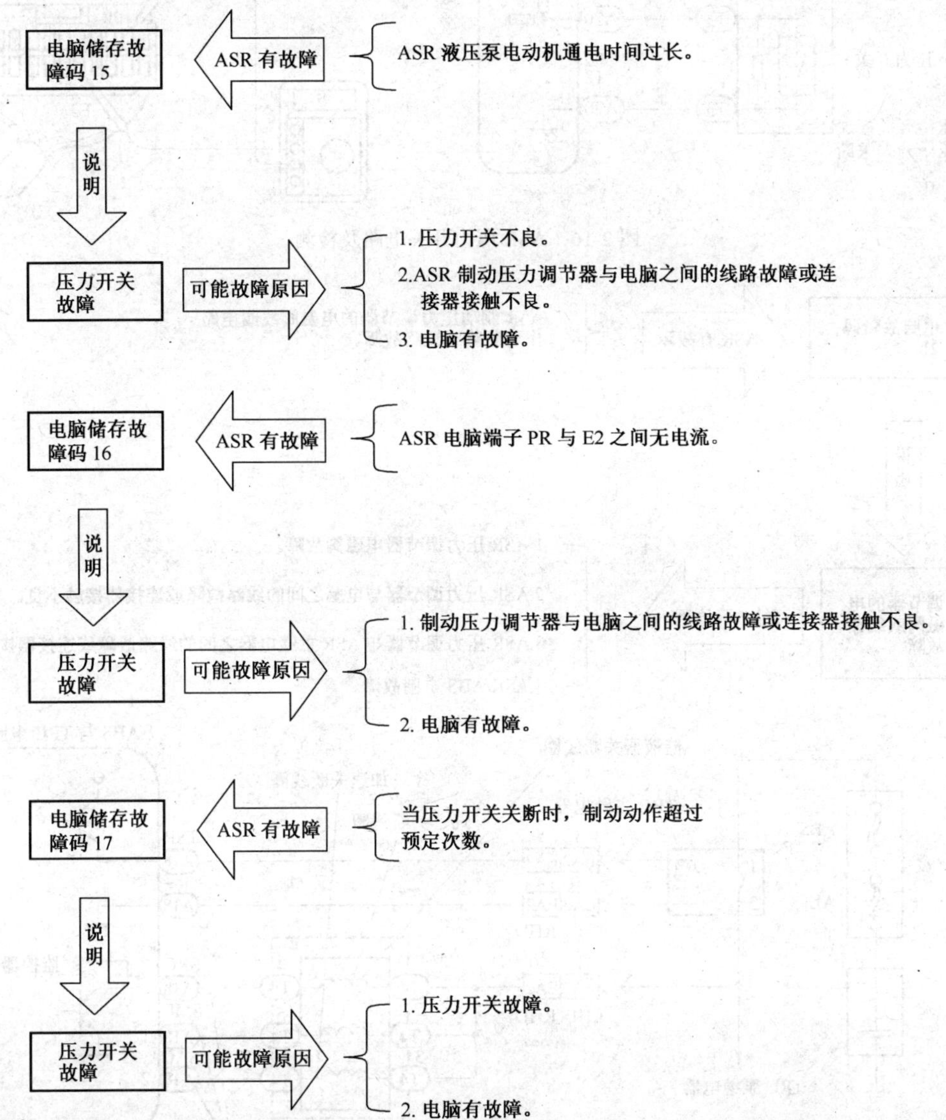

如果上述检查有一端子电压不正常，应对电磁阀线圈进行检查。如果各端子电压均正常，则应检查或更换ASR电脑。

● 检查ASR制动压力调节器电磁阀线圈。断开ASR制动压力调节器连接器，检查各端子之间的导通情况，1—4、2—5、3—6端子之间应导通（电阻≤0.5Ω）。

若检查结果不正常，应更换制动压力调节器；正常应检查或更换ASR电脑。

4. 辅助节气门驱动器电路、辅助节气门及其位置传感器的故障诊断

（1）辅助节气门驱动器电路的故障诊断

凌志LS400 ASR辅助节气门驱动器电路出现故障时，电脑会储存故障码24。

① 故障码 24 故障分析。

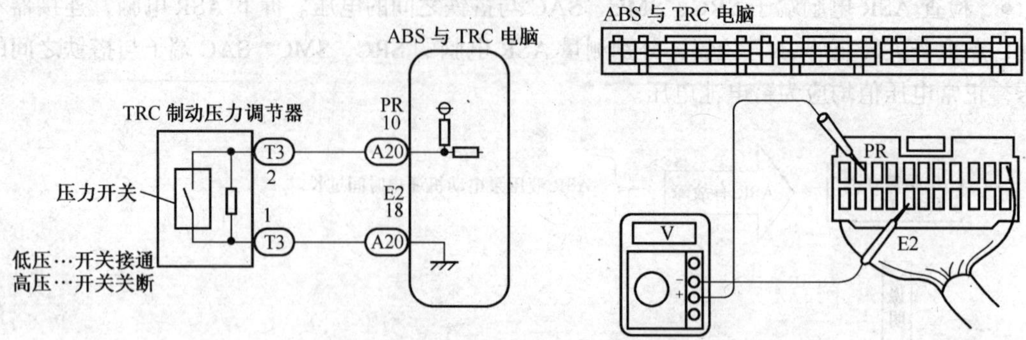

图 2-16 ASR 压力开关电路及检测

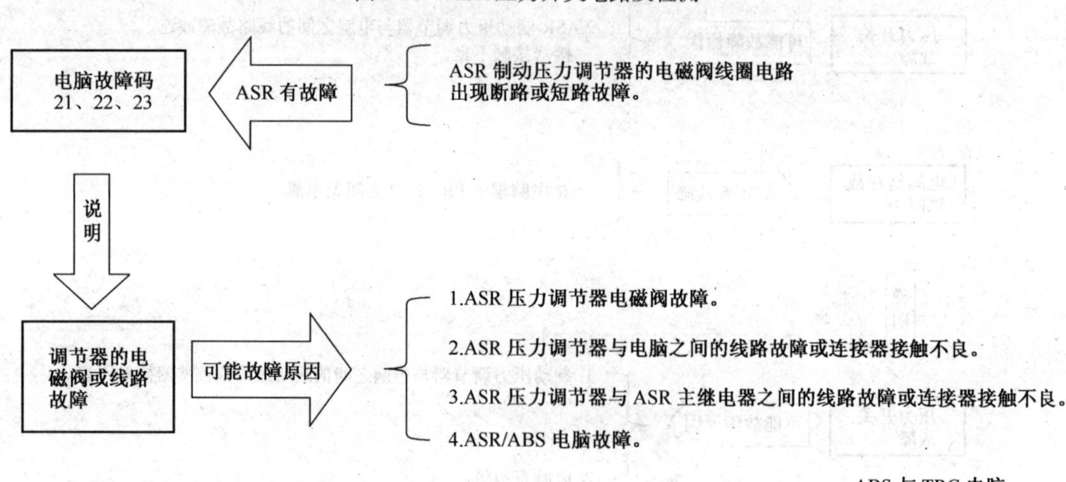

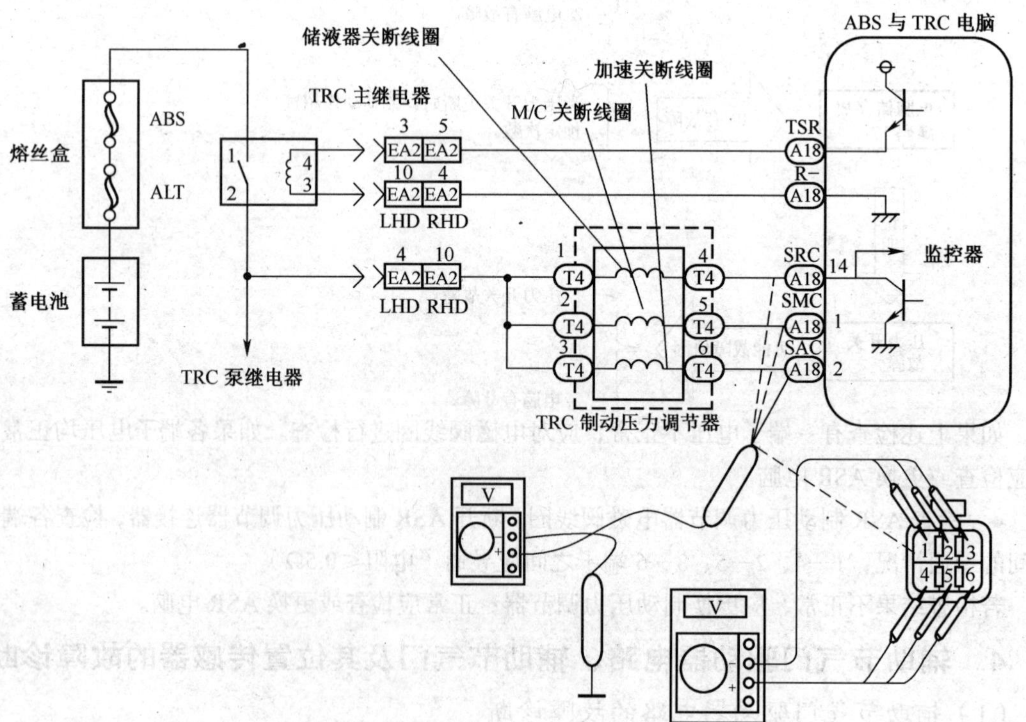

图 2-17 压力调节器电磁阀电路及检查

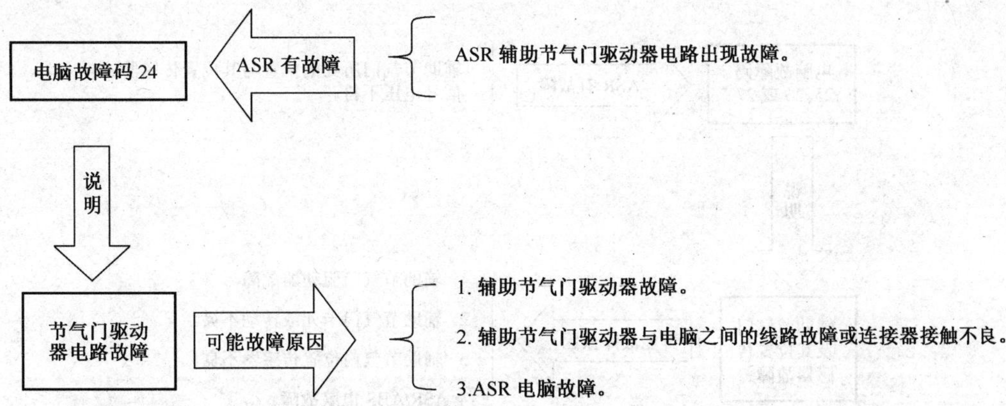

② 故障诊断。凌志 LS400 车型 ASR 辅助节气门驱动器电路及其检测如图 2-18 所示。

- 断开 ASR 辅助节气门驱动连接器。
- 检查连接器各端子之间的导通情况：1—2—3 端子之间应导通；4—5—6 端子之间应导通。

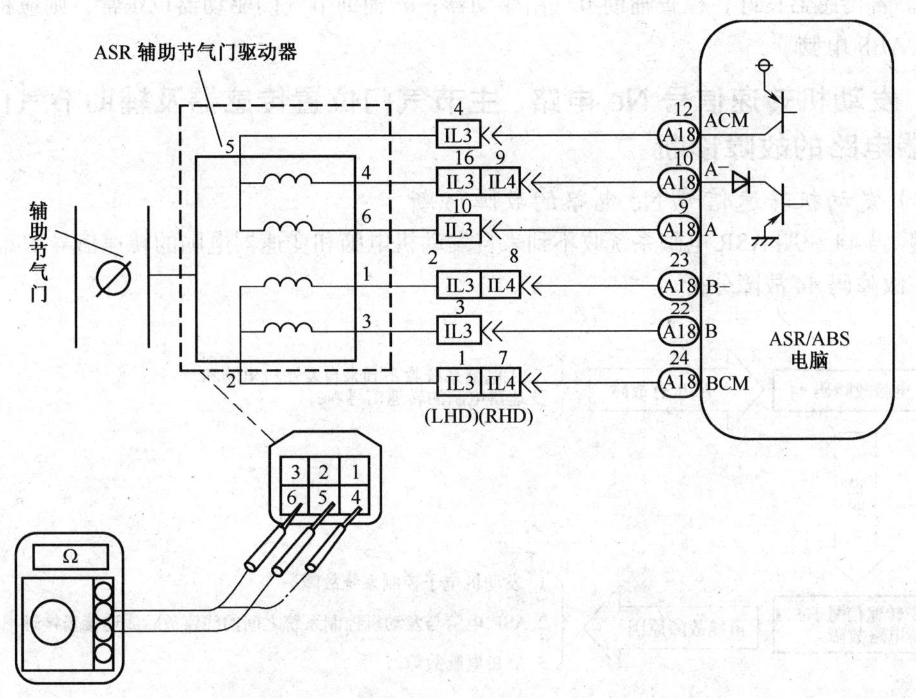

图 2-18　ASR 辅助节气门驱动器电路及其检测

若检查结果不正常，应更换 ASR（TRC）辅助节气门驱动器；若检查结果正常，应进一步检查 ASR（TRC）辅助节气门驱动器与电脑之间的线路和连接器接触状况；如果线路和连接器均良好，则应检查或更换 ASR/ABS 电脑。

（2）辅助节气门及其位置传感器的故障诊断

故障码 25、26 或 27 说明辅助节气门及其位置传感器故障。

① 故障码 25、26 或 27 故障分析。

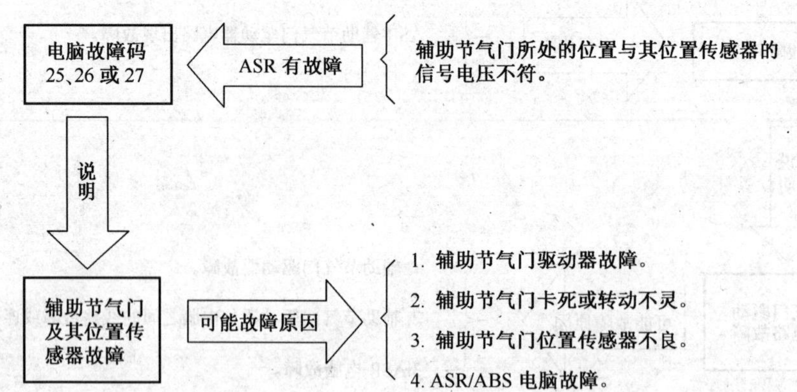

② 故障诊断。

● 检查辅助节气门。拆下进气管道，用手转动辅助节气门开关检查其是否灵活：如果卡滞或已卡死，应更换节气门体；如无异常，则进一步检查辅助节气门位置传感器。

● 检查辅助节气门位置传感器。辅助节气门位置传感器的检查——参考故障码 47 和 48 的检测。若传感器良好，检查辅助节气门驱动器；若辅助节气门驱动器也正常，则应检查或更换 ASR/ABS 电脑。

5. 发动机转速信号 Ne 电路、主节气门位置传感器及辅助节气门位置传感器电路的故障诊断

（1）发动机转速信号 Ne 电路的故障诊断

故障码 44 说明 ASR 电脑系统收不到来自发动机电脑和变速器电脑的转速信号 Ne。

① 故障码 44 故障分析。

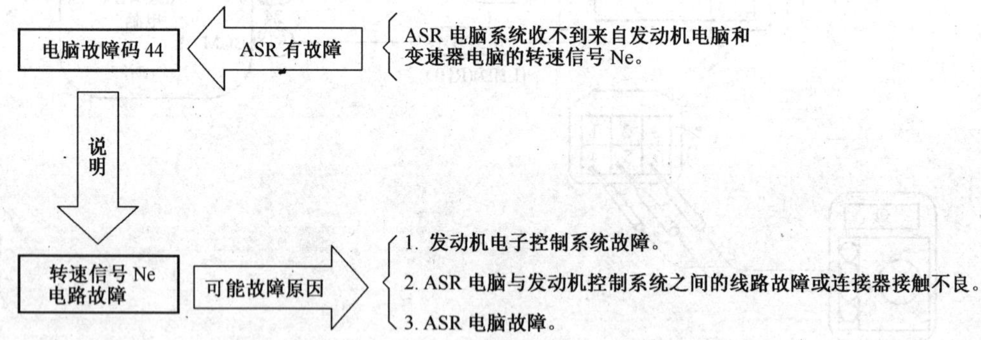

② 故障诊断。

● 检查 ASR 电脑 NEO 端子与搭铁之间的电压如图 2-19 所示。拆下 ASR 电脑，断开连接器，点火开关位于“ON”位置，ASR 电脑 NEO 端与搭铁之间的电压应约为 5V；发动机怠速下测量 ASR 电脑 NEO 端与搭铁之间的电压应约为 2.5V。

● 检查发动机控制电脑 NEO 端子与搭铁之间的电压如图 2-19 所示。断开发动机控制连接器，点火开关转至“ON”位置，测量电脑连接器（线束侧）NEO 端子与搭铁间的电压，正常电压应为 5V 左右。

若电压检查正常，应检查或更换发动机控制电脑；若电压检查不正常，应检查 ASR 电脑与

发动机控制电脑之间的线路和连接器接触状况。如果线路和连接器均良好，则应检查或更换ASR电脑。

（2）主节气门位置传感器电路的故障诊断

故障码45和46说明主节气门位置传感器电路故障。主节气门位置传感器信号不正常时，ASR系统将会停止工作。

① 故障码45和46故障分析。

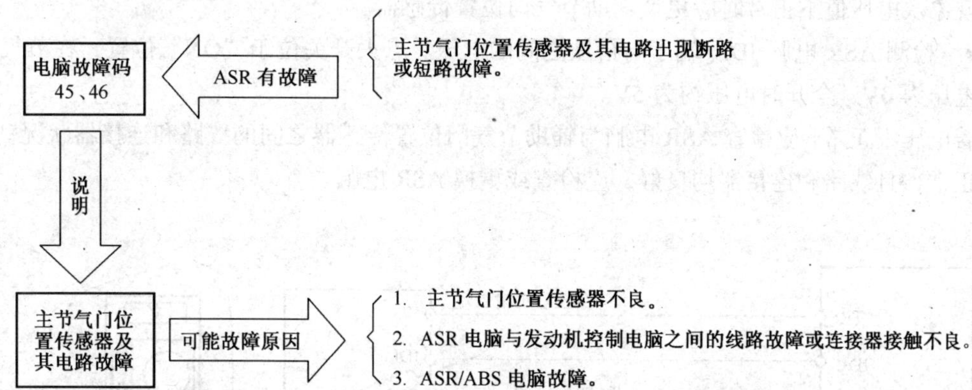

② 故障诊断。主节气门位置传感器电路如图2-19所示。检查方法如下。

- 读取发动机控制系统故障码。如有故障码，按故障码检修发动机控制系统；若无故障码，则进行下一步检查。
- 检测ASR电脑VTH端子与搭铁之间的电压。拆下ASR电脑，断开连接器，拆下进气管道，在节气门转动过程中测量ASR电脑VTH端与搭铁之间的电压，正常电压值应为节气门全闭时0.6V左右，节气门全开时3.8V左右，节气门转动时电压逐渐增加或逐渐下降，不出现跃变现象。电压值不正常时应更换节气门位置传感器。
- 检测ASR电脑IDL_1端子与搭铁之间的电压。点火开关位于“ON”位置，在节气门全闭时电压为0V，全开时电压约为5V。

若电压不正常，应检查ASR电脑与节气门位置传感器之间的线路和连接器状况。如果电压正常，且线路和连接器均良好，应检查或更换ASR电脑。

（3）辅助节气门位置传感器电路的故障诊断

故障码47和48说明辅助节气门位置传感器电路故障。

① 故障码47和48故障分析。

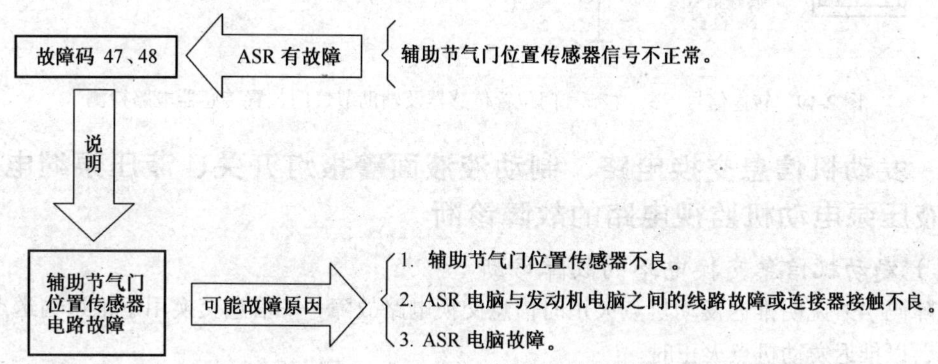

② 故障诊断。辅助节气门传感器电路及检测如图 2-19 所示。检查方法如下。

- 读取发动机控制系统故障码。如有故障码，按故障码检修发动机控制系统；若无故障码，则进行下一步检查。
- 检测 ASR 电脑 VSH 端子与搭铁之间的电压。拆下 ASR 电脑，断开连接器，拆下进气管道，在节气门转动过程中测量 ASR 电脑 VSH 端与搭铁之间的电压，正常电压值应为节气门全闭时 0.6V 左右，节气门全开时 3.8V 左右，节气门转动时电压逐渐增加或逐渐下降，不出现跃变现象。电压值不正常时应更换辅助节气门位置传感器。
- 检测 ASR 电脑 IDL_2 端子与搭铁之间的电压。点火开关位于“ON”位置，在节气门全闭时电压为 0V，全开时电压约为 5V。

若电压不正常，应检查 ASR 电脑与辅助节气门位置传感器之间的线路和连接器状况。如果电压正常，且线路和连接器均良好，应检查或更换 ASR 电脑。

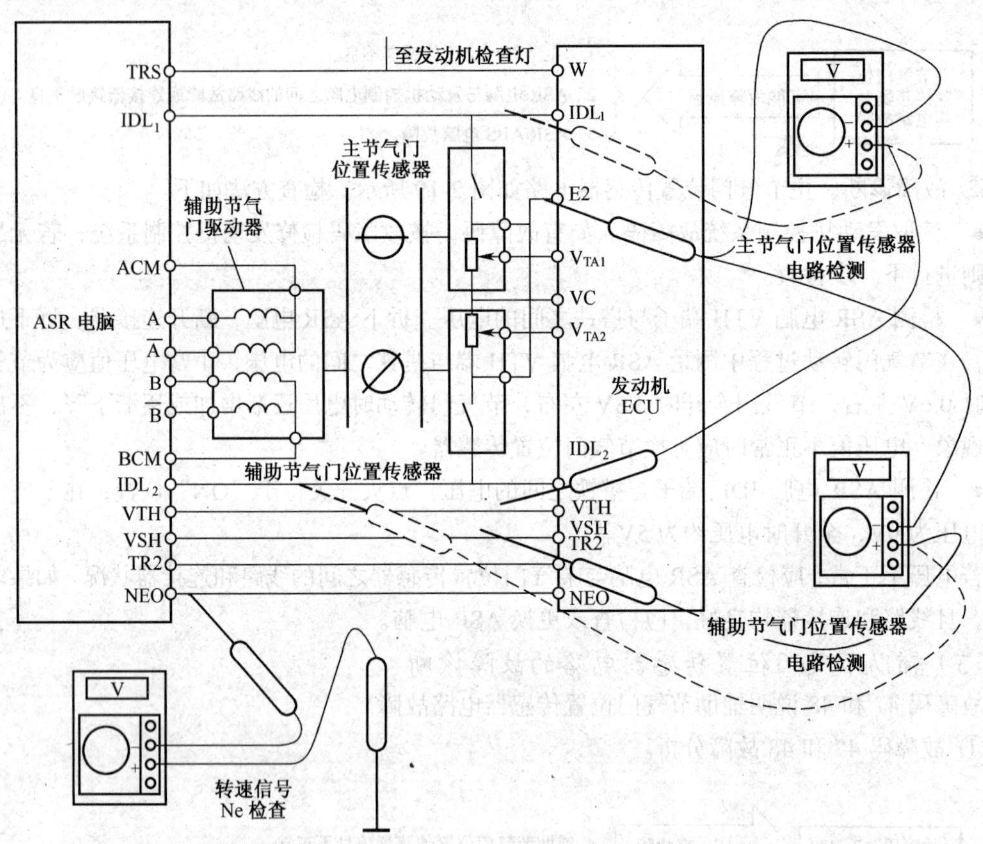

图 2-19 转速信号 Ne、主节气门位置传感器及辅助节气门位置传感器电路检测

6. 发动机信息交换电路、制动液液面警报灯开关、液压泵继电器电路、液压泵电动机监视电路的故障诊断

(1) 发动机信息交换电路的故障诊断

故障码 49 说明推迟发动机点火正时信息交换电路故障——信息交换用于推迟输送点火正时信号，以推迟发动机点火正时。

① 故障码 49 故障分析。

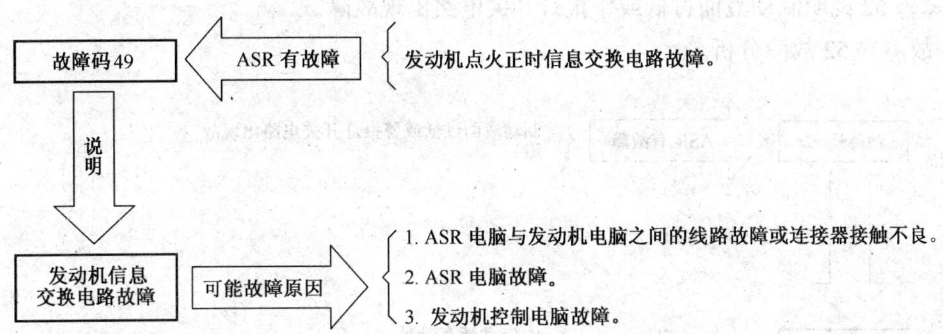

② 故障诊断。凌志 LS400 发动机信息交换电路如图 2-20 所示。检查方法如下。

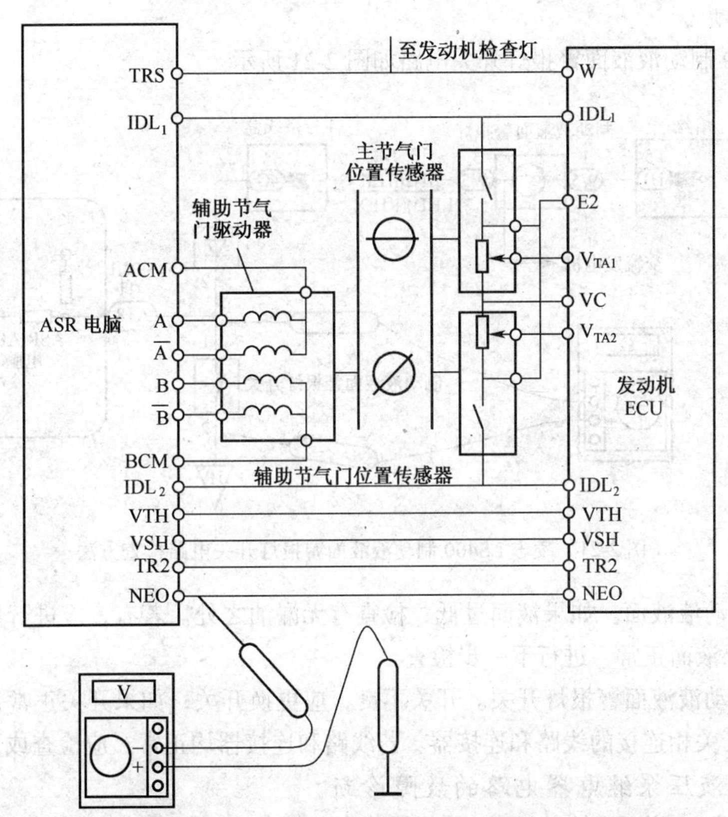

图 2-20　凌志 LS400 发动机信息交换电路检查方法

- 检测 ASR 电脑 TR2 端子与搭铁之间的电压。拆开 ASR 电脑连接器，点火开关转至"ON"位置，测量 ASR 电脑连接器（线束侧）TR2 端子与搭铁之间的电压，正常电压值应为 5V。

若电压正常，应检查或更换 ASR 电脑。

- 检测 ASR 电脑与发动机控制电脑之间的线路连接状况。如果线路或连接器有松脱或接触不良，应进行修理或更换。如果线路和连接器均正常，则应检查或更换发动机控制系统电脑。

（2）制动液液面警报灯开关电路的故障诊断

故障码 52 说明制动液面过低或警报灯开关电路出现故障。

① 故障码 52 故障分析。

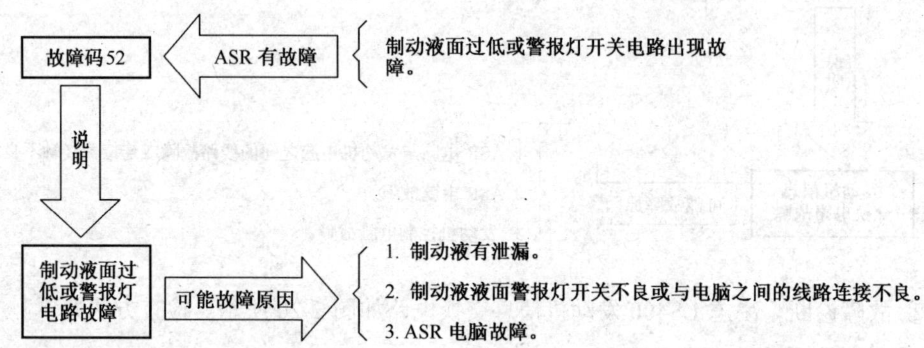

② 故障诊断。

凌志 LS400 制动液液面警报灯开关电路如图 2-21 所示。

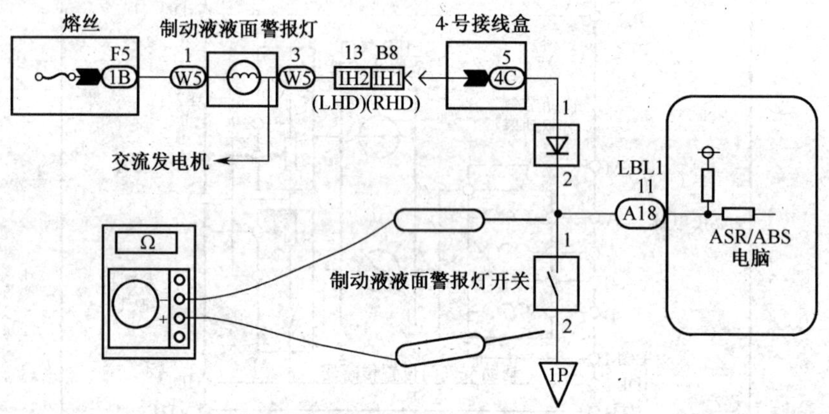

图 2-21　凌志 LS400 制动液液面警报灯开关电路检查方法

- 检查制动液液面。如果液面过低，检查有无漏油之处。若有，应进行修理或更换并加足制动液；如果液面正常，进行下一步检查。
- 检查制动液液面警报灯开关。开关不良，应更换开关；如果开关正常，应检查与制动液液面警报灯开关相连接的线路和连接器。若线路和连接器均正常，应检查或更换 ASR 电脑。

（3）ASR 液压泵继电器电路的故障诊断

故障码 54 或 55 说明凌志 LS400 ASR 液压泵电动机继电器电路出现故障。

① 故障码 54 或 55 故障分析。

② 故障诊断。凌志 LS400 ASR 液压泵继电器电路如图 2-22 所示。检查方法如下。

- 检测 ASR 液压泵电动机继电器的电源电压。拆下 ASR 液压泵继电器，将点火开关置于“ON”位置，测量继电器连接器线束侧 1 号端子与搭铁之间的电压，电压值应为蓄电池电压。

若电压不正常，检查继电器与蓄电池之间的线路和连接器。

- 检测 ASR 液压泵继电器。检查 ASR 液压泵继电器各端子之间的导通情况，3—4 端子之间应导通，1—2 端子之间应不导通；在 3—4 端子之间加上蓄电池电压时，1—2 端子之间应导通。

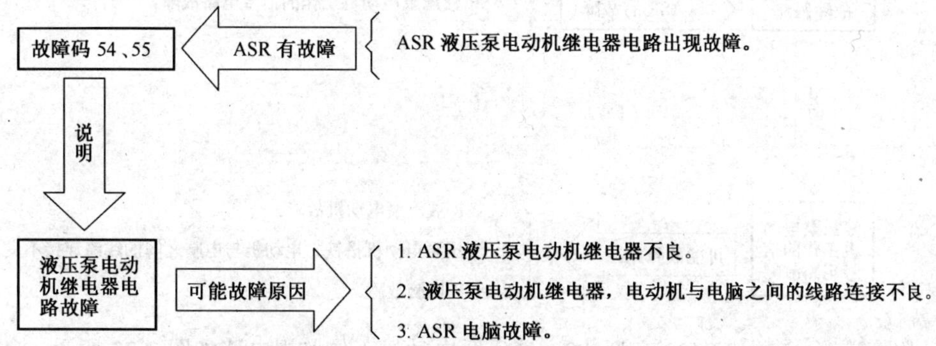

若上述检查有不正常，应更换 ASR 液压泵继电器。

● 检查 ASR 液压泵电动机。断开 ASR 液压泵电动机连接器，2—3 端子之间应导通。若不导通，应更换 ASR 液压泵及电动机总成。若正常，应检查 ASR 液压泵电动机、ASR 液压泵继电器与 ASR 电脑之间的线路和连接器，如果线路和连接器均良好，则应检查或更换 ASR 电脑。

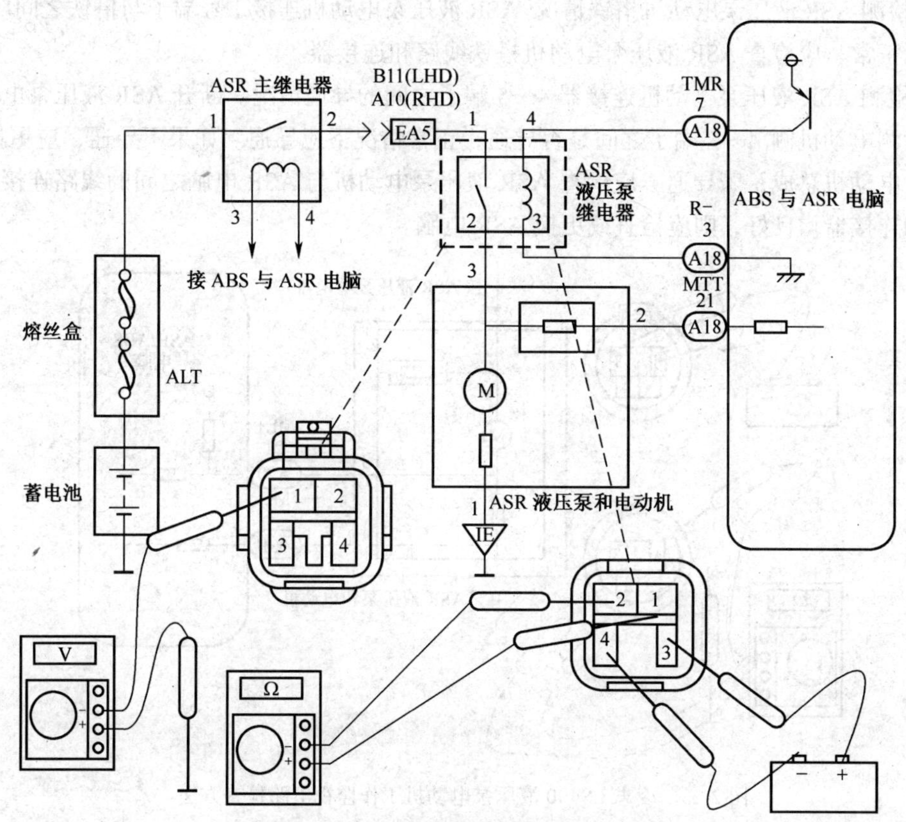

图 2-22　凌志 LS400 液压泵继电器电路检查方法

(4) ASR 液压泵电动机监视电路的故障诊断

故障码 56 说明 ASR 液压泵电动机工作的信号电路故障。此电路用于向 ASR 电脑提供 ASR 液压泵电动机工作的信号，当电路出现故障时，ASR 控制功能被取消。

① 故障码 56 故障分析。

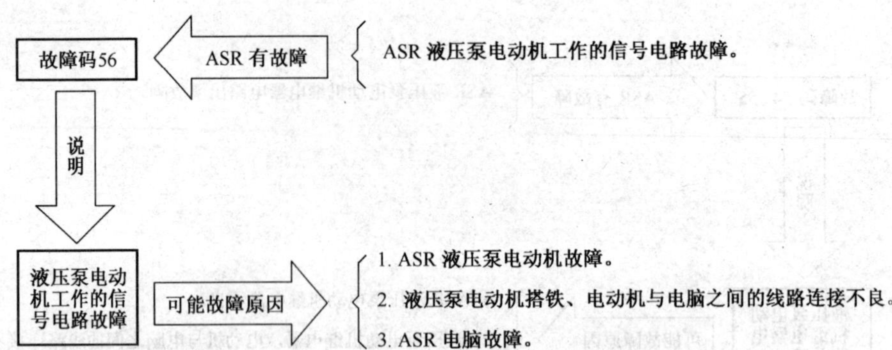

② 故障诊断。凌志 LS400 车型 ASR 液压泵电动机工作监视电路如图 2-23 所示。检查方法如下。

- 检测 ASR 液压泵电动机的工作情况。断开 ASR 液压泵电动机连接器，给液压泵电动机供电端接上蓄电池电压，蓄电池正极接 3 号端子，蓄电池负极接 1 号端子，ASR 液压泵电动机应运转。否则应更换 ASR 液压泵电动机总成。
- 检测 ASR 液压泵电动机搭铁情况。ASR 液压泵电动机连接 1 号端子与搭铁之间应导通。若搭铁不正常，应检查 ASR 液压泵电动机搭铁线路和连接器。
- 检测 ASR 液压泵电动机连接器 4—5 端子之间的导通情况。断开 ASR 液压泵电动机连接器，检测电动机侧 4—5 端子之间是否导通，正常情况下应导通。如果不导通，应更换 ASR 液压泵及电动机总成；若导通，应检查 ASR 液压泵电动机与 ASR 电脑之间的线路连接情况。若线路和连接器均良好，则应检查或更换 ASR 电脑。

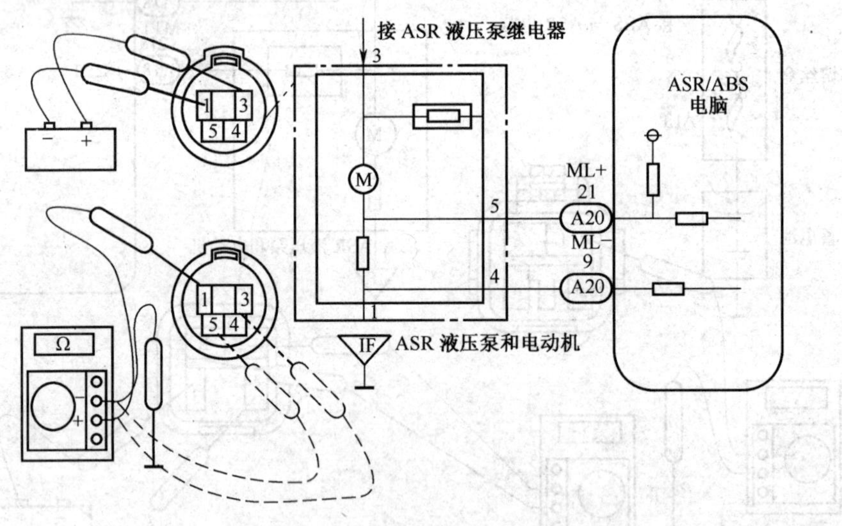

图 2-23　凌志 LS400 液压泵电动机工作监视电路检查方法

小　结

本项目主要介绍了 ASR 系统的组成、结构、工作原理以及常见故障的检修和维修方法。介绍了丰田凌志 LS400 轿车 ASR 系统的基本检测方法，具体阐述了 ASR 故障码的读取与清除，根据故障码排除故障的方法等内容。

习题及思考题

1. 简述为什么要采用 ASR 系统。
2. ABS 与 ASR 系统的区别是什么?
3. 简述 ASR 的基本组成。
4. 副节气门装置的主要作用是什么?
5. 凌志 LS400 ASR 系统如何读取故障码?
6. 简述凌志 LS400 ASR 主继电器电路及检测方法。
7. 凌志 LS400 ASR 调节器电磁阀电路故障如何诊断?
8. 凌志 LS400 ASR 液压泵电动机工作监视电路故障如何检测?

项目三

汽车电控悬架系统检修

一、项目要求

汽车电控悬架系统，（Electronic Controlled Suspension System，ECSS）又称为电子调节悬架系统（Electronic Modulated Suspension System，EMS）。

传统的悬架只能保证在一种特定的道路状态和速度下达到最优性能，而不能主动地适应汽车行驶中不断变化的路面要求，使悬架性能的进一步提高受到很大限制。随着人们对汽车操纵性和舒适性要求的不断提高，以及电子技术的飞速发展，以微型计算机为核心的电子控制技术被有效地应用于现代汽车悬架系统，使对汽车悬架系统实行控制成为可能。于是现代各种悬架控制技术和方案得到了长足的发展，各种形式的电控悬架系统相继在一些高级轿车上采用，它不仅使汽车的乘坐舒适性达到令人满意的效果，而且也使汽车的操纵稳定性达到最佳状态。

【知识要求】

1. 熟悉电控悬架系统的功能和类型
2. 掌握电控悬架系统的组成与工作原理
3. 掌握电控悬架系统的结构与工作过程
4. 掌握典型电控悬架系统的结构与工作原理
5. 掌握电控悬架系统常见故障及分析
6. 掌握电控悬架系统检修注意事项
7. 掌握电控悬架系统的维修与故障诊断的步骤
8. 掌握解码器的使用

重点掌握内容：电控悬架系统的基本结构及工作原理，电控悬架系统基本故障的检测方法和步骤。

【能力要求】

1. 能正确拆装电控悬架系统并进行正确调整
2. 能正确检查电控悬架系统的基本故障，并能对常见故障进行检修

二、相关知识

（一）电控悬架系统的功能和类型

1. 电控悬架系统的功能

电控悬架系统的基本目的是通过控制调节悬架的刚度和阻尼力，使汽车的悬架特性与道路状况和行驶状态相适应，从而使汽车的乘坐舒适性和操纵稳定性都得到满足。电控悬架系统具有以下3个基本功能。

（1）车高调节功能

不管车辆负载在规定范围内如何变化，都可以保持汽车高度一定，车身保持水平，可大大减少汽车在转向时产生的侧倾。当车辆在凸凹不平的道路上行驶时可提高车身高度，当车辆高速行驶时又可使车身高度降低，以减少风阻并提高车辆的操纵稳定性。具体表现在以下几个方面。

① 自动高度控制。不管乘客和行李重量如何变化，操作高度控制开关能使汽车的目标高度变为“正常”或“高”的状态，使汽车始终保持一个恒定的高度。

② 高速控制。当汽车在良好的路面上高速行驶时，车速超过90km/h，若汽车高度控制开关选择在“HIGH”上，汽车高度将自动转换为“NORM”，以降低车身高度，减少空气阻力，提高汽车行驶的稳定性；当汽车在连续差路面上行驶时，车速在40～90km/h，则提高车身高度，以提高汽车的通过性。

③ 点火开关“OFF”控制。驻车时，点火开关断开后，乘客和行李重量的变化使汽车高度高于目标高度时，能使汽车高度降低到目标高度。即能改善汽车驻车时的姿势（汽车高度降低），减小空间占据量，且更加安全，也便于乘客的乘降。

（2）车速与路面感应控制

当车速高时，提高弹簧刚度和减震器阻尼力，以提高汽车高速行驶时的操纵稳定性。当前轮遇到突起时，减小后轮悬架弹簧刚度和减震器阻尼力，以减小车身的震动和冲击。当路面差时，提高弹簧刚度和减震器阻尼力，以抑制车身的震动。

（3）车身姿态控制

转向时侧倾控制：急转向时，提高弹簧刚度和减震器阻尼力，以抑制车身的侧倾。制动时点头控制：紧急制动时，提高弹簧刚度和减震器阻尼力，以抑制车身的点头。加速时后坐控制：急加速时，提高弹簧刚度和减震器阻尼力，以抑制车身的后坐。

对弹簧刚度、减震器阻尼力的控制主要有以下几个方面。

① 防侧倾控制。侧倾发生于汽车在横向坡道高速行驶和汽车高速转弯时。电控悬架能根据汽车的行驶速度和转向角度，使减震力和弹簧刚度转换为“坚硬”状态，抑制转弯期间的侧倾（使汽车转向时的姿势变化尽量小），改善汽车的操纵性。这种控制持续时间大约为2s，然后恢复到最初的减震力和弹簧刚度。

② 防车头点头控制。电控悬架能根据汽车的行驶速度、制动开关信号和汽车高度的变化，

将减震力和弹簧刚度转换为“坚硬”状态，使汽车制动时的姿势变化尽量小，抑制制动期间的车头点头。

③ 防车尾下坐控制。电控悬架能根据汽车速度、节气门开启角度和速度的变化，将减震力和弹簧刚度转换为“坚硬”状态，用来抑制汽车起步和急加速时的后部下坐。在2s后或当汽车速度达到一定水平时，恢复最初的状态。

④ 高速控制。当汽车行驶速度超过一定设置水平时，电控悬架使弹簧刚度变成“坚硬”状态，减震力变成“中等”状态，以提高汽车高速行驶时直线行驶的稳定性和操纵性。

⑤ 不平道路控制。根据道路的不平整性，电控悬架使弹簧刚度和减震力转换为“中等”或“坚硬”状态，以抑制汽车车身在悬架上下垂，从而改善汽车在不平道路上行驶时的乘坐舒适性（抑制汽车在不平道路上行驶时的颠簸或上下跳动）。实施不平道路控制时，能分别精确地对前、后轮发令执行，当汽车行驶速度低于10km/h时，不能进行调整。

表3-1所示为电控悬架系统的控制功能综述。

表3-1　电控悬架系统控制功能表

控制项目	功能
防侧倾控制	使弹簧刚度和减震力变成“坚硬”状态，能抑制侧倾而使汽车的姿势变化减至最小
防点头控制	使弹簧刚度和减震力能抑制汽车制动时的点头而使汽车的姿势变化减至最小
防下坐控制	使弹簧刚度和减震力变成“坚硬”状态，能抑制汽车加速时的后部下坐而使汽车的姿势变化减至最小
高车速控制	使弹簧刚度变成“坚硬”状态或使减震力变成“中等”状态，能改善汽车高速行驶时的稳定性和操纵性
不平整路面控制	使弹簧刚度和减震力视需要变成“中等”或“坚硬”状态，以抑制车身在悬架上下垂，从而改善汽车在不平坦路面上行驶时的乘坐舒适性
颠动控制	使弹簧刚度和减震力变成“中等”或“坚硬”状态，抑制汽车在不平整路面上行驶时的颠动
跳振控制	使弹簧刚度和减震力视需要变成“中等”或“坚硬”状态，能抑制汽车在不平整路面上行驶时的上下跳动
自动高度控制	不管乘客和行李的质量情况如何变化，使汽车保持某一恒定的高度位置，操作高度控制开关使汽车的目标高度变为“正常”或“高”的状态
点火开关off控制	当点火开关关闭后，因乘客和行李的质量变化而使汽车高度变为高于目标高度时，能使汽车高度降低至目标高度，从而改善汽车驻车时的姿态

2. 电控悬架系统的类型

现代汽车装用的电控悬架系统种类很多。根据控制目的不同，可分为车高控制系统、刚度控制系统、阻尼控制系统、综合控制系统等形式；根据刚度和阻尼系数是否可调，悬架分为主动悬架和被动悬架；根据传力介质的不同，分为电控空气悬架系统和电控液压悬架系统；根据控制系统有源或无源，可分为半主动悬架和全主动悬架，其中全主动悬架的各种性能都明显优于半主动悬架和被动悬架。

（二）电控悬架系统的组成与工作原理

虽然电控悬架系统的结构形式多种多样，但它们的基本组成基本相同，一般由传感器、电子控制单元、执行机构等组成。传感器主要有车身高度传感器、车身加速度传感器、车速传感器、方向盘转角传感器以及一些控制开关等。电子控制单元一般由微机和信号放大电路组成。执行元件由电磁阀、步进电机和气泵电动机等组成。常用传感器的名称及用途见表 3-2。

表 3-2　常用传感器

传感器名称	传感器用途
车身加速度传感器	检测车身的摆动，可间接反映汽车行驶的路面情况
车身高度传感器	检测车身相对车桥的位移，可反映车身的平顺性和车身的高度
车速传感器	检测车轮的速度，可反映车速和用于计算车身的侧倾程度
方向盘转角传感器	检测方向盘转角，用于计算车身的侧倾程度
制动压力开关	检测制动管路的制动液压力，提供汽车制动信号
制动灯开关	检测制动灯电路的通断，提供汽车制动信号
节气门位置传感器	检测节气门的开度，提供汽车加速度信号
加速踏板传感器	检测加速度踏板的动作，提供汽车加速度信号

电控悬架系统的工作原理：传感器将汽车行驶的路面情况和车速及启动、加速、转向、制动等状况转变为电信号，输送给电子控制单元，电子控制单元将传感器送入的电信号进行综合处理，输出对悬架的刚度和阻尼系数及车身高度进行调节的控制信号，执行机构按照电子控制单元的控制信号准确地动作，及时地调节悬架的刚度和阻尼系数及车身的高度。其工作原理如图 3-1 所示。

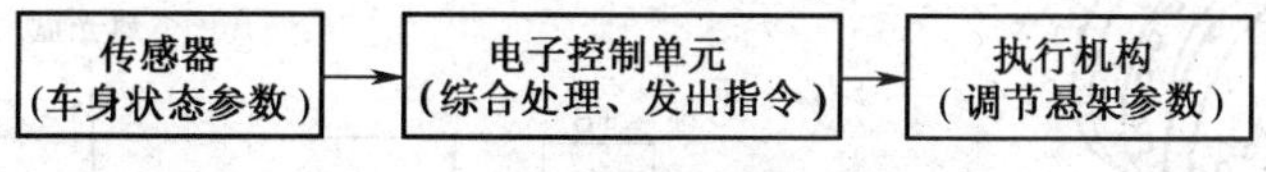

图 3-1　电控悬架系统的工作原理

（三）电控悬架系统的结构与工作过程

1. 电控空气悬架系统的结构与工作过程

电控空气悬架系统中储有起弹簧作用的压缩空气，弹簧刚度和汽车高度控制可根据驾驶条件自动控制。减震器的减震力也由电子控制，以抑制车辆侧倾、制动时前部点头和高速行驶后部下坐时汽车姿势发生变化，因此，能明显保持乘坐的舒适性及操纵性。

（1）传感器的结构与工作过程

① 方向盘转角传感器。方向盘转角传感器的功用是检测方向盘的转角信号，并将这些信号传给电控单元，电控单元从而间接得到汽车的转向状态信息（快慢、大小等），电控单元根据该信号和其他信号等综合判断汽车此时的侧向力大小、方向，以控制车身的侧倾。方向盘转角传感器安装在转向轴上。

方向盘转角有很多种，常用的是光电式转角传感器，下面介绍它的基本结构。光电式转角传感器的结构如图 3-2 所示，工作原理如图 3-3 所示，电路原理如图 3-4 所示。在转向轴上装有一个带等距窄缝的圆盘形成遮光盘，遮光盘的两面分别有两个发光二极管和两个光敏三极管，组成两组光电耦合器。当遮光盘随转向轴转动时，带窄缝的遮光盘使光电耦合器之间产生的光束发生通、断变化，从而两个光电耦合器的输出端即可进行 ON/OFF 变换，形成脉冲信号。电子控制单元根据两个光电耦合器输出端 ON/OFF 信号变换的速度，检测出转向轴的转动速度，同时由于两个光电耦合器 ON/OFF 信号变换的相位错开约 90°，通过判断哪个遮光器首先转变为“ON”状态即可检测出转向轴的转动方向。

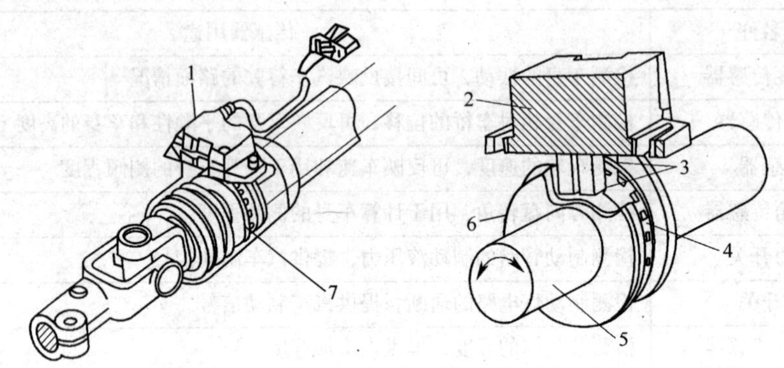

图 3-2 光电式转角传感器的安装位置与结构

1、2—转角传感器 3—光电元件 4—遮光盘 5—转向轴 6、7—传感器圆盘

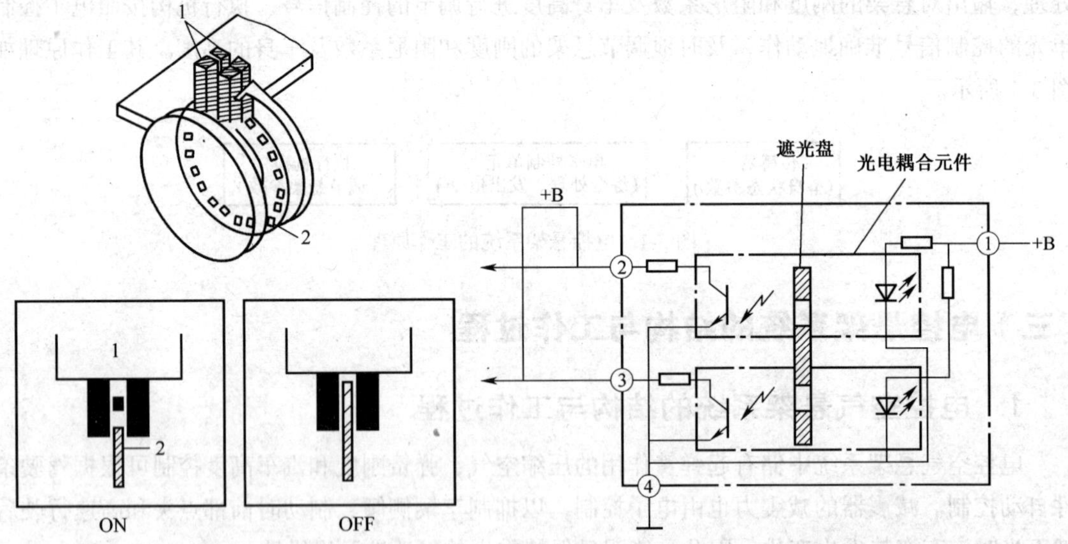

图 3-3 光电式转角传感器的工作原理

1—光电元件 2—遮光盘

图 3-4 光电式转角传感器的电路原理

② 车身高度传感器。车身高度传感器的功用是将车身与车桥之间的相对高度变化（悬架变形量的变化）转换为电信号并送给电控单元。车身高度传感器常用的有片簧开关式、霍尔式和光电式传感器，其中前两种是接触式传感器，在使用中存在由于磨损而影响检测精度的缺点；后一种是光电式传感器即非接触式传感器，不存在上述缺点，因而应用广泛。

● 片簧开关式车身高度传感器。片簧开关式车身高度传感器有 4 组触点式开关，它们分别与相应的 2 个三极管相连接，构成 4 个检测回路，如图 3-5 所示。该传感器将车身高度划分为低、正常、高、超高 4 个检测区域。

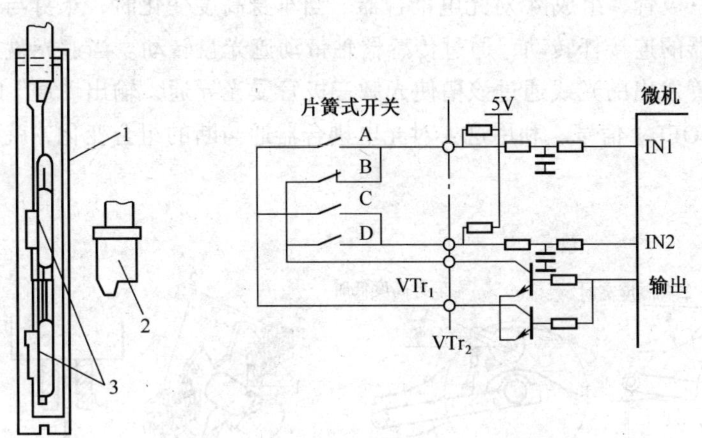

图 3-5 片簧开关式车身高度传感器

1—车身高度传感器 2—磁体 3—片簧开关

当车身高度调到正常高度时，如果车身高度偏离正常高度，如车辆乘员增加使车身高度降低时，这时片簧开关式车身高度传感器就会有一对触点接触，将产生的将车身高度降低的电信号输送给电控单元，电控单元根据得到的信号进行处理后，输出指令到执行器，执行器控制相关元件使车身高度恢复到正常高度。

● 霍尔式车身高度传感器。霍尔式车身高度传感器一般由两个霍尔集成电路、磁体等组成，其结构如图 3-6 所示。当车身高度发生变化时，两个磁体就会产生相对位移，在两个霍尔集成电路上就会产生相应的霍尔电压信号，电控单元根据接收到的信号就可以判定车身高度状态，从而发出指令控制执行器做出相关调整。

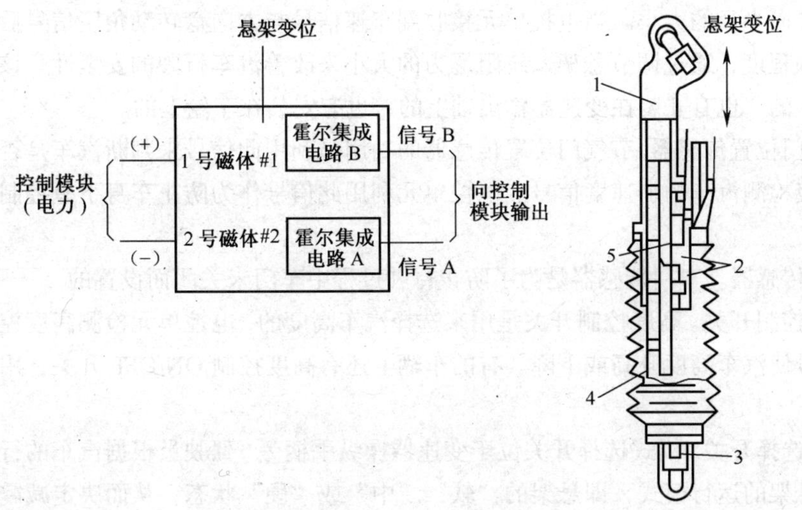

图 3-6 霍尔式车身高度传感器

1—传感器体 2—霍尔式集成电路 3—弹簧夹 4—滑动轴 5—窗孔

● 光电式车身高度传感器。光电式车身高度传感器应用比较广泛，该传感器一般安装在车身与车桥之间，其安装位置和工作原理如图 3-7 所示。在传感器内部有由连接杆 4 带动的传感器轴 1，轴 1 上固定一个开有许多等距窄槽的遮光盘 3。遮光盘 3 两侧对称安装有 4 组发光二极管和光敏三极管，组成 4 对光电耦合器。当车身高度变化时，车身与车轮的相对运动使车身高度传感器的连接杆转动，通过传感器轴带动遮光盘转动。当遮光盘上的槽对准耦合器时，发光二极管发出的光线通过该槽使光敏三极管受光导通，输出“通”（ON）信号，反之则输出“断”（OFF）信号。利用这 4 对光电耦合器通与断的组合变化，就可以对车身高度的变化进行检测。

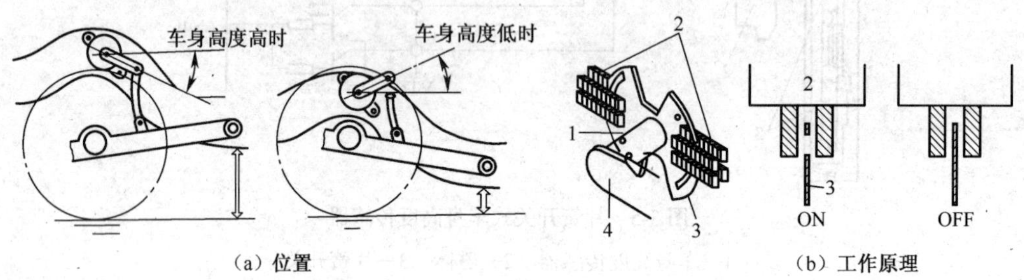

图 3-7 光电式车身高度传感器安装位置和工作原理

1—传感器轴 2—光电耦合器 3—遮光盘 4—连接杆

③ 车身加速度传感器。当车轮打滑时，不能以转向角和汽车车速正确判断车身侧向力的大小，这时可以利用车身加速度传感器检测出车身的横向加速度和纵向加速度，从而判断车身侧向力的状况。横向加速度传感器主要用于检测汽车转向时，汽车因离心力的作用而产生的横向加速度，并将产生的电信号输出给电控单元，电控单元根据输送来的信号可以判断悬架系统阻尼力改变的大小以及空气弹簧中空气压力的调节情况，调整车身至最佳姿态。

④ 车速传感器。车速传感器的功用是检测出车轮的转速信号。汽车车身的倾斜程度取决于车速和汽车转向半径的大小。当电控单元接收到车速信号与方向盘转动角度信号后，就可计算出车身的侧倾程度，通过调节悬架系统阻尼力的大小来改善汽车行驶的安全性。该传感器有安装在仪表板上的，也有安装在变速器输出轴上的，也有安装在车轮上的。

⑤ 节气门位置传感器。节气门位置传感器的功用是利用此信号来判断汽车是否在进行急加速，可以间接检测汽车的加速度信号。电控单元利用此信号作为防止车身下坐控制的一个工作状态参数。

⑥ 车门传感器。车门传感器是为了防止行驶过程中车门未关闭而设置的。

⑦ 高度控制开关。高度控制开关是用来选择汽车高度的，电控单元检测高度控制开关的状态和相应信号使汽车高度升高或下降。有的车辆上还有高度控制 ON/OFF 开关，用于停止车高控制。

⑧ 模式选择开关。模式选择开关位于变速器操纵手柄旁，驾驶员根据汽车的行驶状况和路面情况选择悬架的运行模式，即悬架的“软”、“中”或“硬”状态，从而决定减震器的阻尼力大小。模式选择开关的位置如图 3-8 所示。

驾驶员通过控制模式选择开关，可使悬架系统工作在 4 种运行模式：自动、标准；自动、运动；手动、标准；手动、运动。当选择自动挡时，悬架系统可以根据汽车的行驶状态自动调节减震器的阻尼力，以保证汽车的乘坐舒适性和操纵稳定性。当选择手动挡时，悬架系统的阻尼力只有标准（中等）和运动（硬）两种状态的转换。

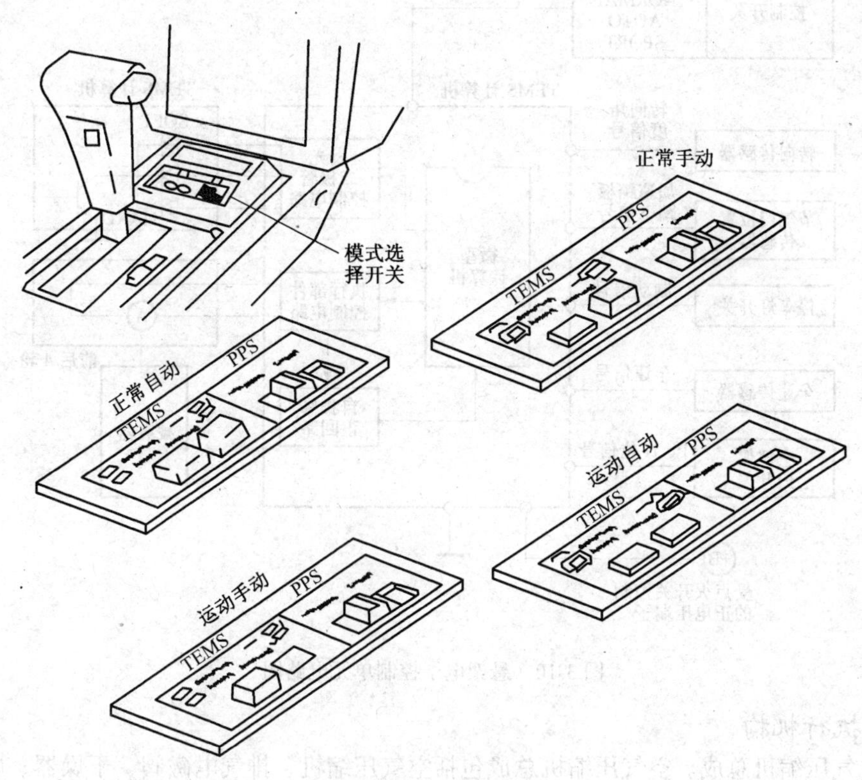

图 3-8　模式选择开关

⑨ 制动灯开关。制动灯开关的功用是当踩下制动踏板时，停车灯开关便接通，电控单元接收这个信号作为防点头控制用的一个起始状态。制动灯开关的安装位置如图 3-9 所示。

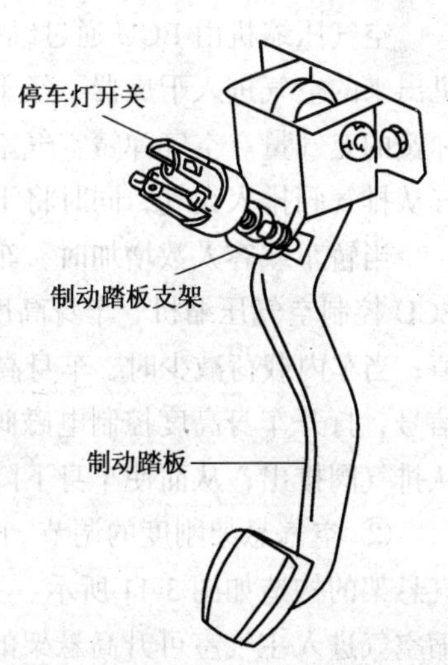

图 3-9　制动灯开关的安装位置

（2）电子控制单元

电子控制单元是电控悬架系统的控制中枢，它实际上是一台微型计算机。它由数字电路构成，各传感器传来的信号经输入电路整形变换后，以数字信号的形式通过输入电路送入悬架 ECU，ECU 对这些信号进行分析、比较和判断处理，经精确计算后输出控制信号。控制信号有变换减震器阻尼力和空气弹簧刚度的执行器信号及表示阻尼力和空气弹簧刚度状态的指示器驱动信号，这些信号从悬架 ECU 经输出电路输出。悬架 ECU 根据各种传感器的信号和悬架模式选择开关所确定的工作模式，控制减震器的阻尼力、悬架刚度和车身高度。

ECU 还具有故障自诊断功能，当电子控制系统出现故障时，ECU 将以故障代码的形式存储故障，并使指示灯点亮。ECU 还具有对系统的保护功能，即在控制系统出现故障时暂时切断对悬架的控制。

悬架电子控制单元电路如图 3-10 所示。

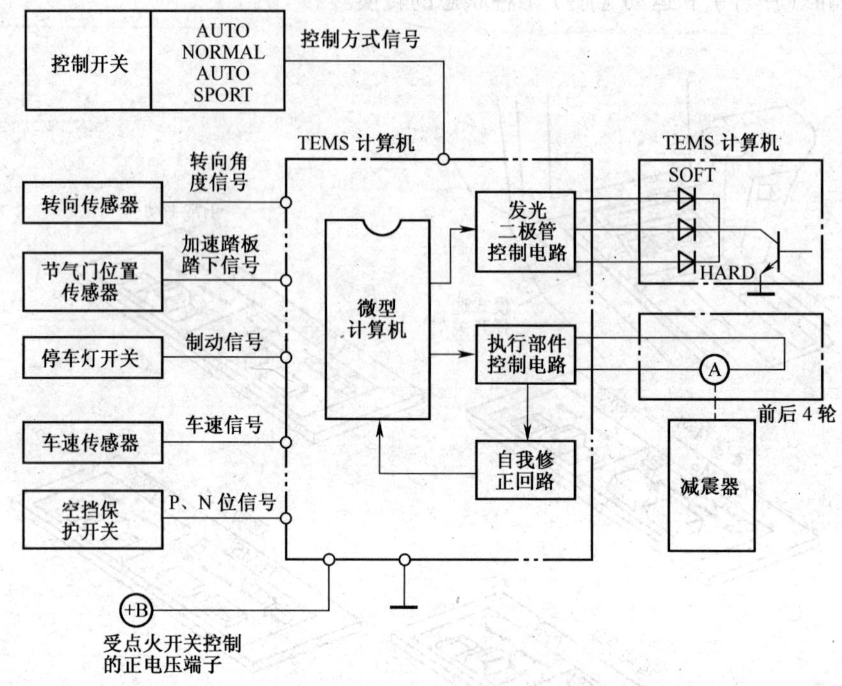

图 3-10 悬架电子控制单元电路图

（3）执行机构

① 空气压缩机总成。空气压缩机总成包括空气压缩机、排气电磁阀、干燥器、电动机等。除干燥器总成外，压缩机和排气电磁阀均不可维修，只能进行总成互换。

空气压缩机由 ECU 通过继电器进行控制，用来提供车身高度调节所需的压缩空气。从压缩机出来的空气进入干燥器，经干燥吸湿后被送入高度控制电磁阀，由高度控制电磁阀控制空气弹簧的充气量。空气弹簧空气室的压力由调节阀控制，当排气阀打开时，空气弹簧内的压缩空气从排气阀排入大气，同时将干燥器内的水分一起带走。

当轿车载客人数增加时，车身高度会下降，车身高度传感器将这一信号传送给悬架 ECU，ECU 控制空气压缩机、车身高度电磁阀工作，向空气弹簧主气室充气，直至车身高度达到规定值；当车内载荷减少时，车身高度上升，此时，ECU 根据车身高度传感器传来的信号发出控制信号，打开车身高度控制电磁阀，使空气弹簧主气室的空气通过高度控制电磁阀、空气管路，从排气阀排出，从而使车身下降。

② 空气悬架刚度的调节。电控悬架是用空气弹簧代替传统悬架的螺旋弹簧或钢板弹簧，空气悬架的构造如图 3-11 所示。主气室是可变容积的，在它的下部有一个可伸缩的橡皮隔膜，压缩空气进入主气室可升高悬架的高度，反之使悬架高度下降。主、副气室设计成一体既节省空间，又减轻了重量。悬架的上端与车架相连，下端与车桥相连。主气室与副气室之间有一个通道供气体相互流动。改变主、副气室气体通道的大小，就可以改变空气悬架的刚度。主、副气室之间的气体通道通过使空气阀阀芯处于不同的位置，可实现空气弹簧低、中、高 3 种状态的刚度调节。

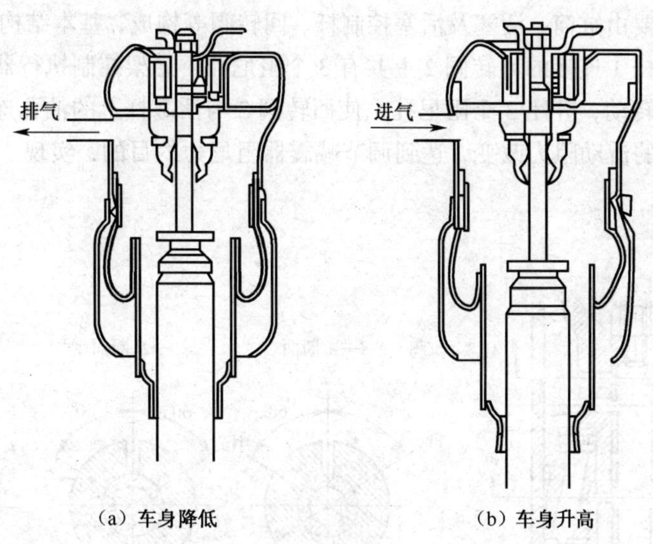

图 3-11 空气悬架的基本构造

悬架刚度的调节过程如图 3-12 所示。主、副气室之间的气阀体 6 上有大小两个气体通道。由悬架控制执行器（步进电动机）带动空气阀控制杆 2 转动，使空气阀阀芯 8 转过一个角度，从而改变气体通道的大小，就可以改变主、副气室之间的气体流量，使悬架刚度发生变化。

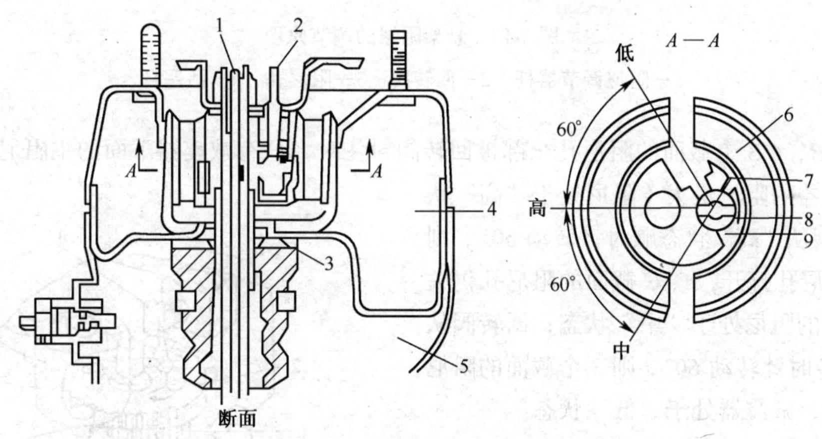

图 3-12 悬架刚度调节原理

1—阻尼调节杆 2—空气阀控制杆 3—主、副气室通道 4—副气室 5—主气室
6—气阀体 7—气体通道 8—阀芯 9—大气通道

当阀芯的开口转到对准如图 3-12 所示的“低”位置时，主、副气室气体通道的大孔被打开，主、副气室气体相通，两气室之间的气体流量变大，相当于参与工作的气体容积增大，悬架刚度处于“低”状态。当阀芯开口转到对准图示“中”位置时，气体通道大孔被关闭、小孔被打开，主、副气室的气体流量变小，悬架刚度处于“中”状态。当阀芯开口转到图示“高”位置时，主、副气室的通道被切断，两气室之间的气体不能相互流动，压缩空气只能进入主气室，悬架在工作过程中主气室单独承担缓冲任务，悬架刚度处于“高”状态。

③ 悬架阻尼的调节。悬架阻尼的调节是通过改变减震器阻尼孔截面积的大小来实现的。可

调阻尼力减震器主要由缸筒、活塞及活塞控制杆、回转阀等构成，基本结构如图 3-13 所示。与减震器阻尼调节器杆 1 连接的回转阀 2 上共有 3 个阻尼孔，悬架控制执行器驱动阻尼调节杆转动，从而使回转阀转动，开闭 3 个阻尼孔，使回转阀 2 与活塞杆上的油孔连通或切断，改变油路截面积，使油液的流动阻力改变，达到调节减震器阻尼力的目的，实现“高”、“中”、“低”3 种状态的调节。

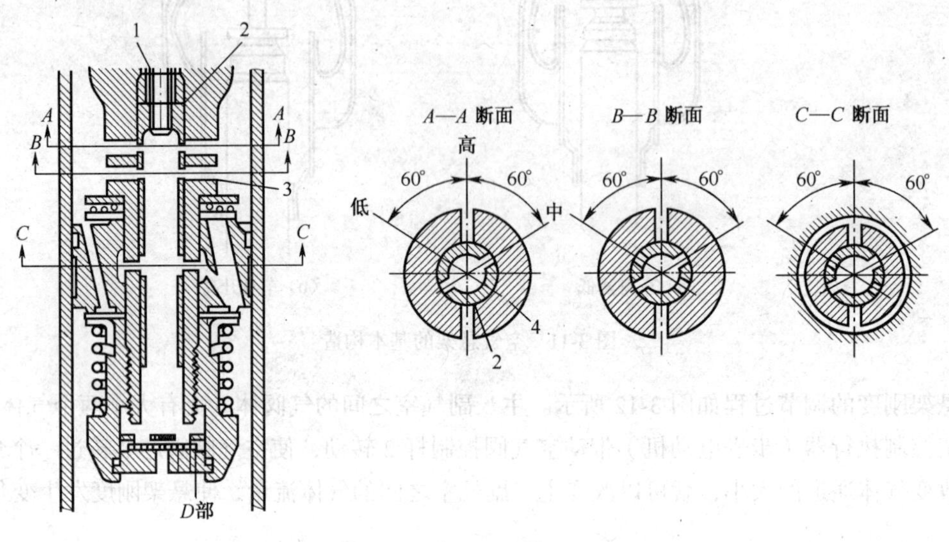

图 3-13　悬架阻尼的调节原理

1—阻尼调节器杆　2—回转阀　3—阻尼孔　4—活塞杆

当 *A*、*B*、*C* 3 个截面的阻尼孔全部被回转阀封住时，只有减震器下面的主阻尼孔（*D* 部）工作，减震器的阻尼最大（阻尼处于“高”状态）；回转阀从“高”状态顺时针转动 60°，则 *B* 截面的阻尼孔打开，*A*、*C* 截面的阻尼孔仍关闭，减震器的阻尼处于“中”状态；回转阀从“高”状态逆时针转动 60°，则 3 个截面的阻尼孔全部打开，减震器处于“低”状态。

④ 悬架控制执行器。悬架控制执行器的功用是通过步进电动机驱动主、副气室的空气阀阀芯和减震器阻尼孔的回转阀转动，使悬架的各参数保持在稳定的状态。控制装置的基本结构如图 3-14 所示。

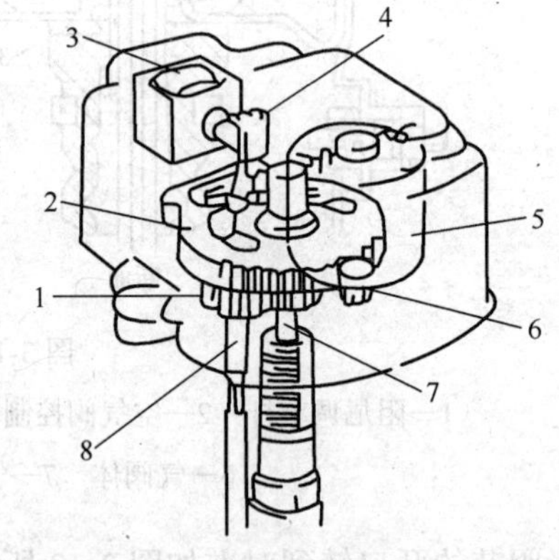

图 3-14　悬架控制执行器的基本结构

1—空气阀驱动齿轮　2—扇形齿轮　3—电磁线圈　4—制动杆　5—电动机　6—小齿轮　7—阻尼调节杆　8—空气阀控制杆

当步进电动机带动小齿轮驱动扇形齿轮转动时，与扇形齿轮同轴的阻尼调节杆带动回转阀转动，使阻尼孔开闭的数量变化，从而可以调节减震器阻尼力；同时阻尼调节杆驱动齿轮带动空气阀驱动齿轮转动，空气阀控制杆转动，随着阀芯角度的改变，悬架的刚度也得到调节。

当电磁线圈 3 控制的电磁制动开关松开时，制动杆处于扇形齿轮的滑槽内，扇形齿轮可以转动。当电磁制动开关吸合时，制动杆往回拉，各齿轮处于锁止状态，各转阀均不能转动，使悬架的参数保持稳定状态。

⑤ 车身高度的控制。车身高度的控制装置通过向空气弹簧的主气室内充放气体来实现车身高度的调节。它一般由空气压缩机、直流电动机、高度控制电磁阀、排气电磁阀、空气干燥器等组成，如图 3-15 所示。空气压缩机由直流电动机驱动，根据需要向主气室内提供升高车身所必需的压缩空气。空气干燥器可以将空气中的水分过滤掉。排气电磁阀可以从系统中放出压缩空气，同时排掉空气干燥器滤出的水分。

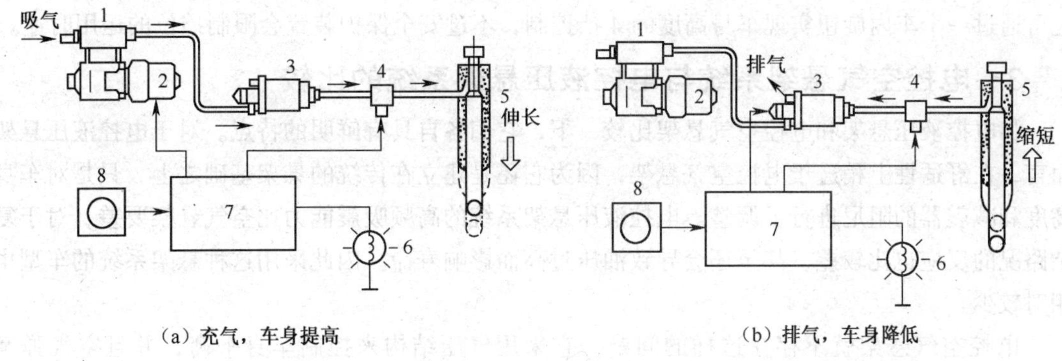

图 3-15　车身高度控制调节原理

1—压缩机　2—电动机　3—干燥器及排气阀　4—控制电磁阀

5—空气悬架　6—指示灯　7—悬架 ECU　8—车身高度传感器

悬架 ECU 根据车高传感器送来的信号来判断车身的高度状况。当判定车身需要升高时，向高度控制阀发出指令，高度控制阀打开，压缩空气进入空气弹簧的主气室，车身升高；当判定车身需要降低时，发出指令，控制高度控制阀和排气阀同时通电打开，悬架的主气室中的空气通过高度控制阀、管路，最后由排气阀排出，车身高度下降；当车身达到规定高度时，高度控制阀关闭，空气弹簧的主气室中的空气量保持不变，车身维持一定高度不变。

2. 电控液压悬架系统

电控液压悬架系统属于主动悬架系统。其中的油气弹簧以氮气作为弹性介质，用油液作为传力介质。油气弹簧一般由气体弹簧和相当于液力减震器的液压缸组成。它通过油液压缩气室中的空气实现变刚度特性，通过电磁阀控制油液管路中的小孔节流实现变阻尼特性。

油气弹簧的形式主要有带隔膜式、不带隔膜式和带反压气室式 3 种。电控液压悬架系统的最大特点在于可手动调节悬架高度，并能自动调节减震器的刚度和阻尼。

雪铁龙 XM 轿车采用了电子控制油气弹簧悬架系统，该系统主要由悬架 ECU、转向传感器、加速度传感器、制动压力传感器、车速传感器、车身高度传感器、油气弹簧刚度调节器和电磁阀等部件组成。其中，电子液压集成模块是整个系统的核心部分，它的作用是采集车速、减震器震动频率等数据信息来决定液压球是增高还是降低车身。而遍布全车的多个纵向、横向加速度以及横摆陀螺仪传感器，还监控着车身跳动、高度、倾斜状态和加速度，然后这些信号传向 ECU 电子控制单元，根据预设程序来控制液压减震器中的油缸是增压还是泄压，以保持合适的减震器阻尼和足够的支撑力。

加速度传感器与加速踏板相连接，将测得的加速动作信号传送给 ECU；制动压力传感器安装于制动管路中，当汽车制动时，它向 ECU 发送一个阶跃信号来表示制动，使 ECU 输出抑制汽车点头的信号；车速传感器安装在车轮上，用于产生与转速成正比的脉冲信号，ECU 利用车速传感器和转向传感器的转角信号，可以计算出车身的侧倾程度。车身高度传感器的变化频率和幅度可反映车身的平顺性，同时还用于车身高度的自动调节。

例如，当车辆的车速超过 110km/h 后，电控液压集成模块就会使前悬降低 15mm，后悬降低 11mm，以此缩小离地间隙、降低车身重心，增加行驶的稳定性。同时，前低后高的车身也降低了迎风阻力。如果当车速逐渐减慢到 90km/h，车身则自动恢复到标准高度。当然，驾驶者也可通过一个车内旋钮实现车身高度的 4 挡控制，不过安全保护装置会限制挡位的运用时速。

3. 电控空气悬架系统与电控液压悬架系统的比较

将电控液压悬架和电控空气悬架比较一下，它们各自具有鲜明的特点。对于电控液压悬架而言，在舒适性上稍逊于电控空气悬架，因为它还是建立在传统的悬架基础之上，只是对车身高度和减震器的阻尼进行了调整。电控液压悬架系统的高频吸震能力比空气悬架要差，对于复杂路况的反应也比较差，甚至还会导致油压过高而影响寿命。因此采用这种悬架系统的车型也相对较少。

电控空气悬架就不存在这样的问题，它采用气压结构来控制车身平衡，并且空气弹簧和减震器能抵消大部分路面传递的短波和长波震动，这也是电控液压悬架所不具备的。不过两者的共同特性是都能为高速行驶的车辆提供足够的稳定性，当车辆在不平的路面上行驶时，又能提高车身和增加通过能力。但电控主动空气悬架的缺点也很明显，成本高昂、维护保养成本高。

从两种悬架的结构来看，电控液压悬架由于结构相对简单，前麦弗逊、后拖曳臂结构就能胜任。相对而言，电控主动空气悬架所要求的悬架结构就要复杂一些，因为空气弹簧是独立安装的，并要连接悬架的上下控制臂，所以它常匹配于前双叉臂、后多连杆的悬架结构中。

（四）典型电控悬架系统——丰田车型

丰田凌志 LS400 轿车电控空气悬架系统为主动式空气弹簧悬架。它可以对车身高度、弹簧刚度及减震器阻尼力进行综合控制，可以抑制车辆侧倾、制动时前部点头和高速行驶时后部下沉等汽车行驶状态变化，因此，具有良好的乘坐舒适性和操纵稳定性。下面对它进行介绍。

1. 系统组成和工作原理

电控悬架系统由空气压缩机、干燥器、排气阀、高度控制阀、高度控制继电器、高度传感器、悬架控制执行器、转向传感器、悬架 ECU、悬架刚度调节装置和减震器阻尼力调节装置等组成。悬架系统零部件在车上的位置如图 3-16 所示。

（1）汽车高度控制

汽车高度控制系统由空气压缩机、干燥器、排气阀、No.1 号高度控制阀、No.2 号高度控制阀、No.1 号高度控制继电器、No.2 号高度控制继电器、前后左右 4 个气压缸、4 个车身高度传感器、悬架 ECU 等组成，如图 3-17 所示。

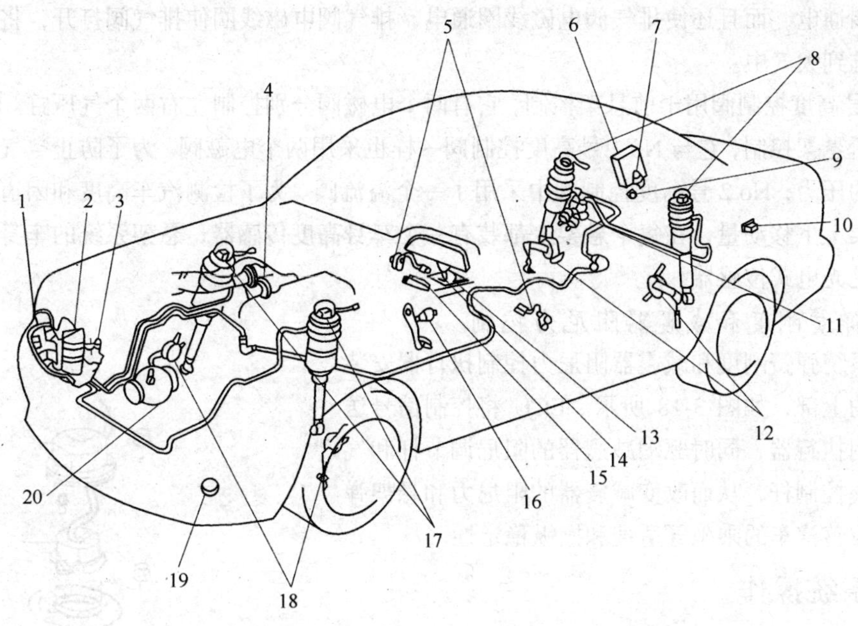

图 3-16　丰田凌志 LS400 轿车电控空气悬架系统的基本组成

1—干燥器与排气阀　2—空气压缩机　3—No.1 高度控制阀　4—主节气门位置传感器　5—门控开关
6—EMS ECU　7—No.2 高度控制电磁阀　8—后悬架控制执行器　9—高度控制连接器
10—高度控制自动切断开关　11—No.2 高度控制阀与溢流阀　12—后高度传感器
13—驾驶模式选择开关　14—高度控制开关　15—方向盘转向与转角传感器　16—制动灯开关
17—前悬架控制执行器　18—前高度传感器　19—No.1 高度控制继电器　20—储气筒与调节阀

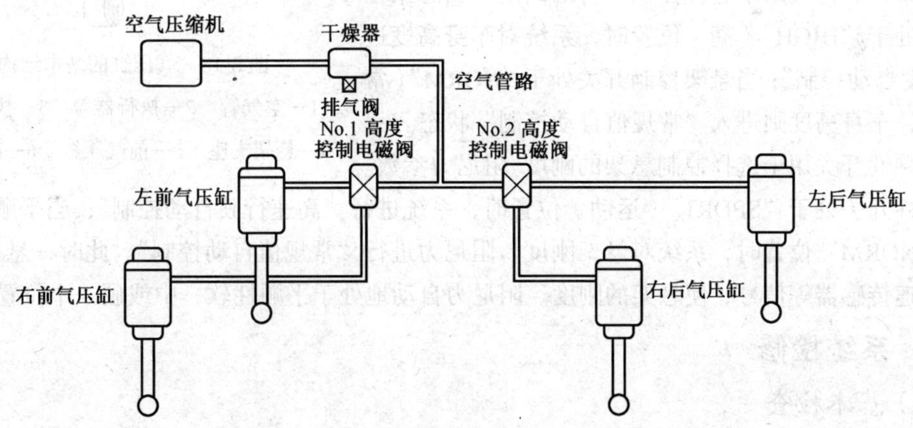

图 3-17　汽车高度控制系统的基本组成

当点火开关接通时，悬架 ECU 使 No.2 号高度控制继电器线圈通电，No.2 号高度控制继电器触点闭合，使前、后、左、右 4 个高度传感器接通蓄电池电源。当检测到车身高度需要上升时，则从 ECU 输送出一个信号，使 No.1 号高度控制继电器接通，触点闭合，压缩机控制电路接通产生压缩空气。当 ECU 使高度控制电磁阀通电后，电磁线圈将高度控制阀打开，并将压缩空气引向气压缸，从而使车身高度上升。当检测到车身高度需要下降时，ECU 不仅使高度控制阀电磁线圈通电，而且还使排气阀电磁线圈通电，排气阀电磁线圈使排气阀打开，将气缸中的压缩空气排到大气中。

No.1 号高度控制阀用于前悬架控制，它有两个电磁阀分别控制左右两个气压缸。No.2 号控制阀用于后悬架控制，它与 No.1 号高度控制阀一样也采用两个电磁阀。为了防止空气管路中产生不正常的压力，No.2 号高度控制阀中采用了一个溢流阀。为了检测汽车高度和因道路不平而引起的悬架上下移动量，在每个悬架上都装有一个车身高度传感器，悬架系统的车身高度传感器采用的是光电式传感器。

（2）弹簧刚度和减震器阻尼力控制

悬架系统弹簧刚度和减震器阻尼力控制执行器安装在气压缸的上部，如图 3-18 所示。ECU 将控制信号送至悬架控制执行器，同时驱动减震器的阻尼调节杆和气压缸的气阀控制杆，从而改变减震器的阻尼力和悬架弹簧刚度，改善汽车的乘坐舒适性和操纵稳定性。

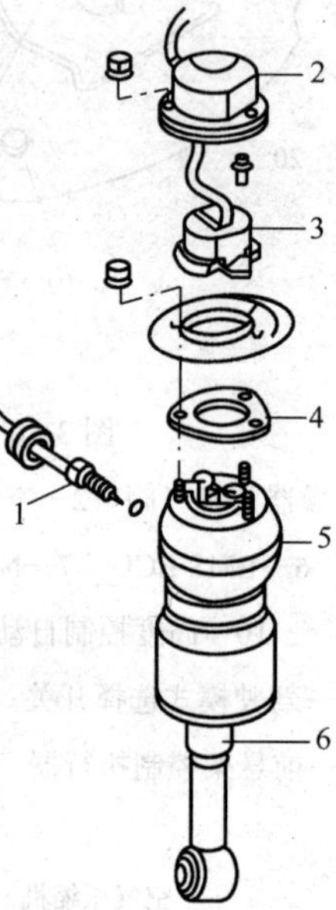

图 3-18　气压缸的基本结构

1—空气管　2—执行器盖　3—执行器　4—悬架支座　5—前气压缸　6—减震器

2. 系统操作

电控空气悬架系统有 3 个操作选择开关：平顺性开关、悬架控制开关和高度控制 ON/OFF 开关。

高度控制 ON/OFF 开关安装在汽车行李箱的工具箱内。当高度控制 ON/OFF 开关扳至“ON”位置时，系统可按所选择的方式进行车身高度的自动控制；当该开关处于“OFF”位置时，系统不执行车身高度控制。悬架控制开关和平顺性开关安装在驾驶室内变速器操纵杆的旁边。

悬架控制开关用于选择控制车身的高度。当悬架控制开关处于“HIGH”（高）位置时，系统对车身高度进行“高度自动控制”；当悬架控制开关处于“NORM”（常规）时，车身高度则进入“常规值自动控制”状态。

平顺性开关用于选择控制悬架的刚度、阻尼力参数。当平顺性开关处于“SPORT”（运动）位置时，系统进行“高速行驶自动控制”；当平顺性开关处于“NORM”位置时，系统对悬架刚度、阻尼力进行“常规值自动控制”。此时，悬架 ECU 根据车速传感器等信号，使悬架的刚度、阻尼力自动地处于平顺性软、中或硬 3 个位置。

3. 系统检修

（1）基本检查

① 车身高度调节功能检查。通过操作高度控制开关来检查汽车车身高度的变化，步骤如下。

- 检查轮胎充气压力是否正确。
- 检查汽车高度。
- 启动发动机，将高度控制开关从“NORM”位置切换到“HIGH”位置。检查完成高度调整所需的时间和汽车车身高度的变化量。
- 在汽车处于“HIGH”高度时，启动发动机并将高度控制开关从“HIGH”位置切换至“NORM”位置。检查完成高度调整所需的时间和汽车车身高度的变化量。

② 减压阀检查。迫使压缩机工作以检查减压阀的动作，方法如下。

- 将点火开关转到“ON”位置，连接高度控制连接器的端子 3 和 6，使压缩机工作。

连接时间不能超过 15s。

- 压缩机工作一段时间后，检查减压阀应有空气逸出，如图 3-19 所示。
- 将点火开关转至“OFF”位置。
- 清除故障代码。

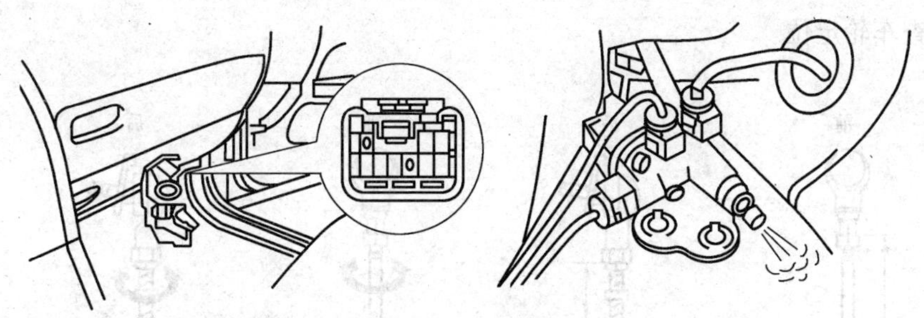

图 3-19　减压阀检查

③ 漏气检查。检查空气悬架系统的软管、硬管及其连接处是否漏气，步骤如下。

- 将高度控制开关切换至“HIGH”位置，升高车身。
- 发动机熄灭。
- 在软、硬管连接处涂抹肥皂水检查是否有漏气，如图 3-20 所示。

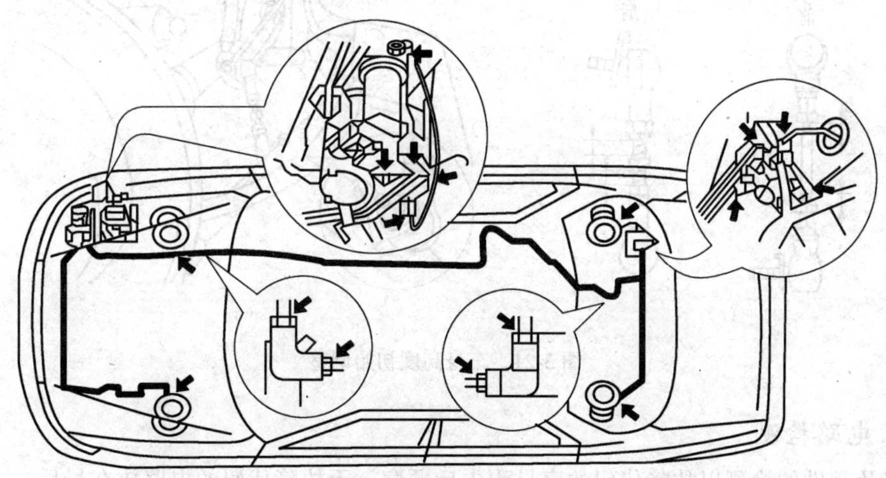

图 3-20　漏气检查

④ 车身高度初始调整。此项调整是使车身初始高度处于标准范围内。调整时，高度控制开关必须在“NORM”位置，汽车要停在平坦的路面上。

- 检查车身高度。
- 测量高度传感器控制杆的长度，如图 3-21 所示。

标准值为：（前）59.3mm；（后）35.0mm。

若测量值不符，则按下一步进行调整。

● 调整车身高度。

a. 拧松高度传感器控制杆上的 2 个锁紧螺母。

b. 转动高度传感器控制杆螺栓以调节长度，如图 3-21（b）所示。螺栓每转一圈，车身高度的改变量约为 5mm。

c. 检查如图 3-21（c）所示的长度，应小于：（前）10mm；（后）14mm。

d. 暂时拧紧 2 个锁紧螺母。

e. 再次检查车身高度。

f. 拧紧锁紧螺母。注意：在拧紧锁紧螺母时应确保球节与托架平行。

● 检查车轮定位。

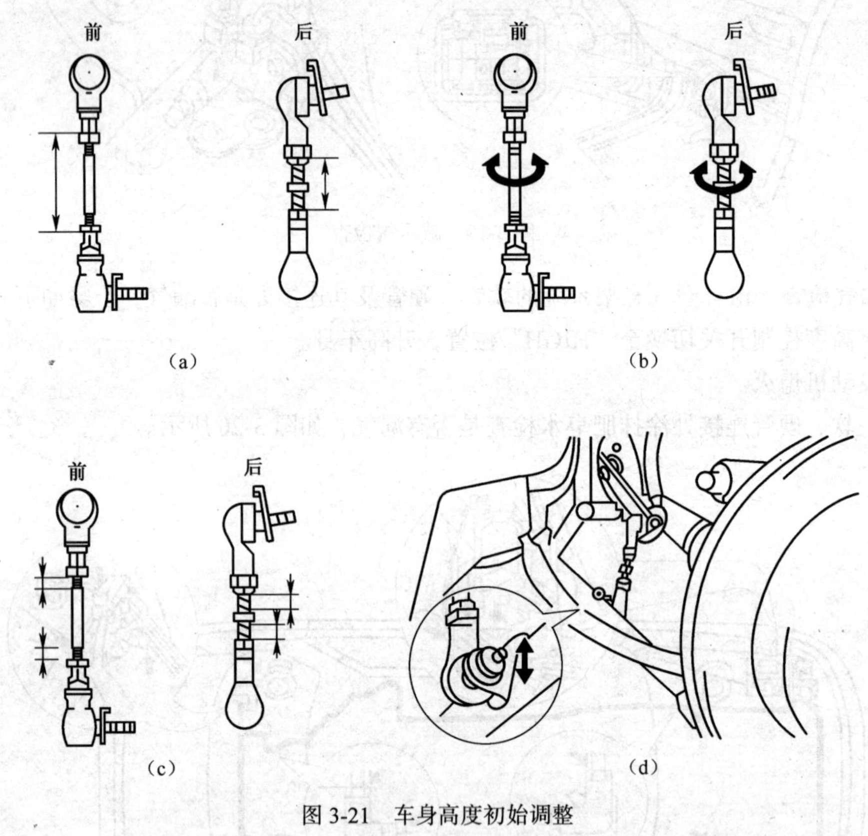

图 3-21 车身高度初始调整

（2）电路检测

电路及元件的检测以故障代码的序号为先后顺序，无故障代码的电路放在最后。

① 高度传感器电路。各传感器内部有一只与传感器转子轴结合在一起的电刷，该电刷在电阻器上方移动，产生线性输出。电刷和电阻器端子之间的电阻值，与转子轴的转动角呈正比例变化。因此，传感器将悬架 ECU 施加在电阻器上的固定电压加以调整，然后再作为表示转子轴转动角的电压输至悬架 ECU。

检查高度传感器，如图 3-22 所示。

准备：拆卸前轮；拆出前翼子板衬里；脱开高度传感器连接器；拆下高度传感器。

检查：将 3 只 1.5V 的干电池串联起来；将端子 2 与干电池正极连接，端子 3 与干电池负极连接，在端子 2 与 3 之间施加约 4.5V 的电压；使控制杆缓慢地上、下移动，同时检查端子 1、3 之间的电压：在正常位置为 2.3V，低位置电压值为 0.5～2.3V，高位置电压值为 2.3～4.1V。

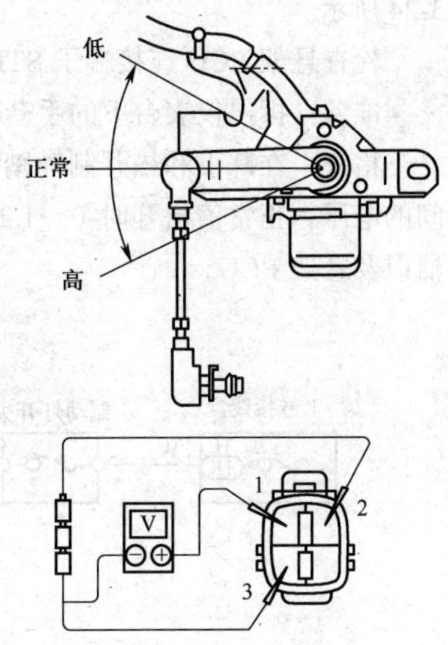

图 3-22　高度传感器检查

② 转向传感器电路。转向传感器装在转向信号开关总成上，用于检测转弯方向和转向角。传感器由一个与方向盘一起转动的有缝信号盘和一对遮光器组成。每个遮光器中都对应地装有一个发光二极管（LED）和一个光敏三极管。遮光器将这两个元件之间光线照射的变化转换为通/断信号。信号盘在这对遮光器的发光二极管和光电晶体管之间旋转。操作方向盘时，信号盘也随之旋转，使这两个元件之间的光线隔断或通过。由于这对遮光器具有不同的相位，根据每次输出的变化，悬架 ECU 便能检测出转弯方向和转向角。当转向传感器断定方向盘的最大转向角过大，而车速又高于预定值时，悬架 ECU 便会使减震力增大。转向传感器电路如图 3-23 所示。

检测程序如下。

- 检查悬架 ECU 连接器端子 SS1 和 SS2 与车身接地之间的电压。

准备：拆出仪表台下的手套箱；接通点火开关。

检查：慢慢转动方向盘，测量悬架 ECU 连接器端子 SS1 和 SS2 与车身接地之间的电压；正常值在 0～5V 之间变化。

- 检测转向传感器连接端子电压。

准备：拆下方向盘；脱开转向传感器连接器；接通点火开关。

检查：测量转向传感器连接器端子 1、2 之间的电压；正常值在 9～14V。

- 检查转向传感器。

准备：拆下方向盘；脱开转向传感器连接器；在端子间施加蓄电池电压。

检查：在转向传感器旋转部分慢慢转动的同时，测量转向传感器连接器端子 7、8 与 2 之间的电压；正常值在 0～∞之间变化。

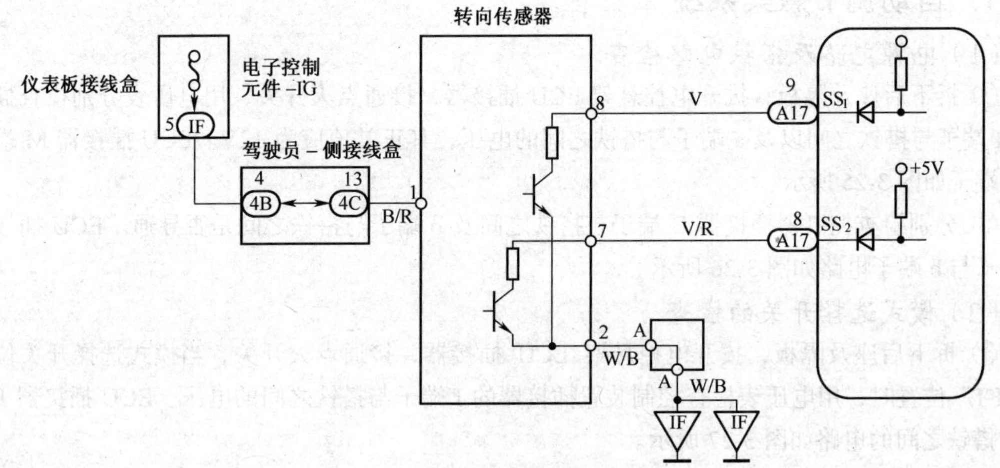

图 3-23　转向传感器电路

③ 制动灯开关电路。踩下制动踏板时，制动灯开关接通，蓄电池正极电压施加在悬架 ECU 的端子 STP 上。悬架 ECU 还将该信号作为防点头控制的启动条件之一。制动灯开关电路如图 3-24 所示。

检查悬架 ECU 连接端子 STP 与车身接地之间的电压。

准备：拆出仪表台下的手套箱；接通点火开关。

检查：在踩下和松开制动踏板的同时，分别测量悬架 ECU 连接器端子 STP 与车身接地之间的电压；正常值松开时 0～1.2 V，踩下时 9～14 V；若不正常，则需要进一步检查配线连接器以及悬架 ECU。

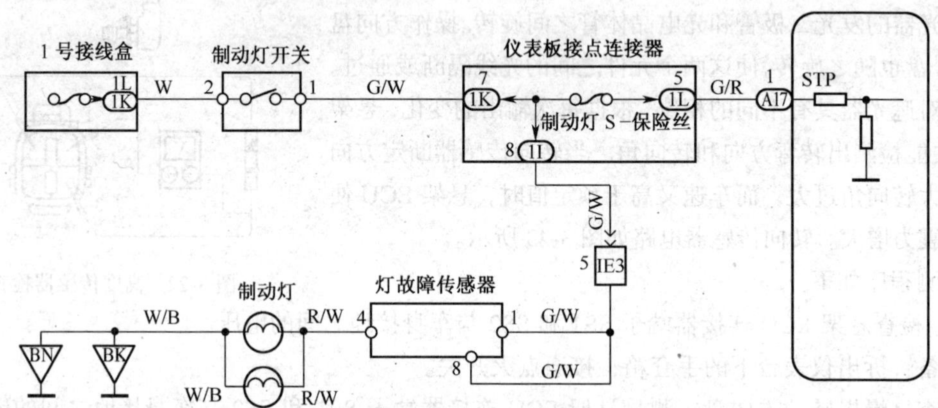

图 3-24　制动灯开关电路

（五）典型电控悬架系统——马自达车型

马自达 929 轿车、MX—6 轿车和 M—7 轿车上装用的自动调节悬架能根据行驶条件和运行状况自动调节减震器阻尼力，使汽车具有良好的乘坐舒适性和操纵稳定性。它属于半主动悬架系统。在 MPV 轿车上装用了车身高度控制悬架系统。下面简要介绍马自达车系电控悬架系统的检修。

1. 自动调节悬架系统

（1）电源电路及搭铁电路检查

① 拆下后座及隔板，拔开电控悬架 ECU 插接器，接通点火开关，用电压表分别检查插接器 M 端子与搭铁之间以及 a 端子与搭铁之间的电压，其正常值应为 12V。ECU 插接器 M 端子与 a 端子如图 3-25 所示。

② 分别检查控制器插接器 B 端子与搭铁之间及 b 端子与搭铁之间是否导通。ECU 插接器 B 端子与 b 端子电路如图 3-26 所示。

（2）模式选择开关的检查

① 拆下后座及隔板，拔开电控悬架 ECU 插接器，接通点火开关，当模式选择开关位于“SOFT”位置时，用电压表检查控制装置插接器的 I 端子与搭铁之间的电压。ECU 插接器 I 端子与搭铁之间的电路如图 3-27 所示。

② 当模式选择开关位于“SOFT”位置时，用电压表检查 ECU 插接器的 J 端子与搭铁之间

的电压。ECU 插接器 J 端子与搭铁之间的电路如图 3-28 所示。

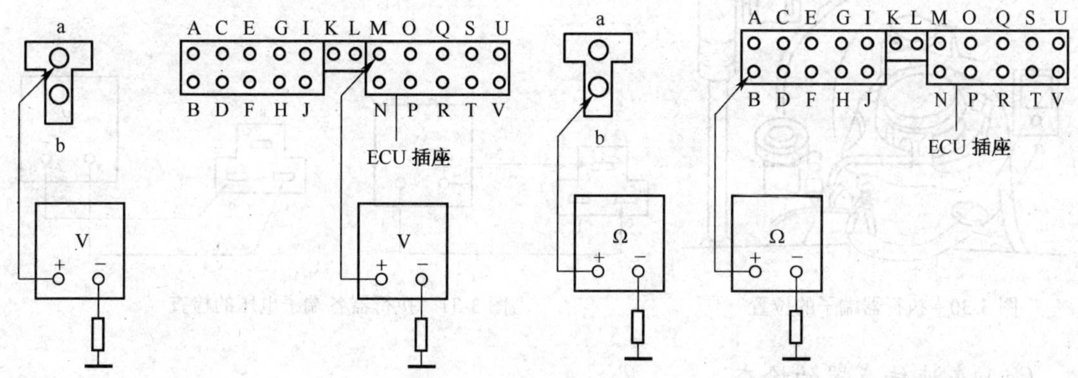

图 3-25　ECU 插接器 M 端子与 a 端子电路检查　　图 3-26　ECU 插接器 B 端子与 b 端子电路检查

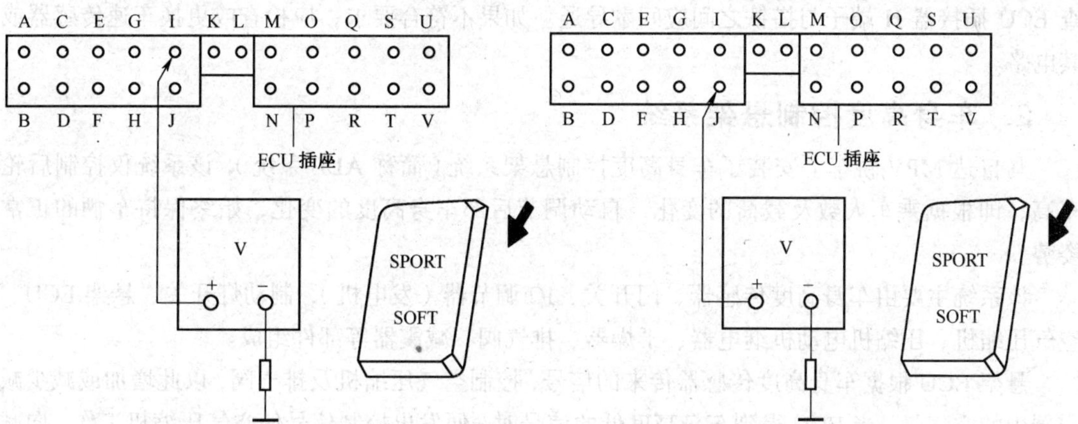

图 3-27　ECU 插接器 I 端子与搭铁之间的电路检查　　图 3-28　ECU 插接器 J 端子与搭铁之间的电路检查

（3）执行器的检查

① 接通点火开关，将模式选择开关从“SPORT”位置转换到“SOFT”位置，检查前执行器驱动轴是否转动并听诊后减震器是否工作。执行器驱动轴转动情况如图 3-29 所示。

② 如果执行器轴不转动，则应拔开执行器插接器，将一电压表正极连接到插接器 a 端子上，负极连接到插接器 c 端子上，将模式选择开关置于“SPORT”位置，电压表应指示 12V（检测时间为 1s）。执行器端子的位置如图 3-30 所示。执行器各端子电压的检查如图 3-31 所示。

③ 将电压表正极与插接器 c 端子相连，负极与 b 端子相连，将模式选择开关置于“SOFT”位置，电压表应指示 12V（检测时间为 1s）。如果不符合要求，则应更换执行器。

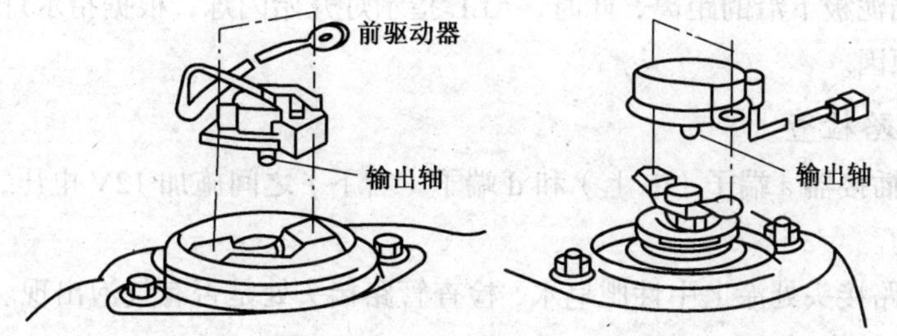

图 3-29　执行器驱动轴转动情况检查

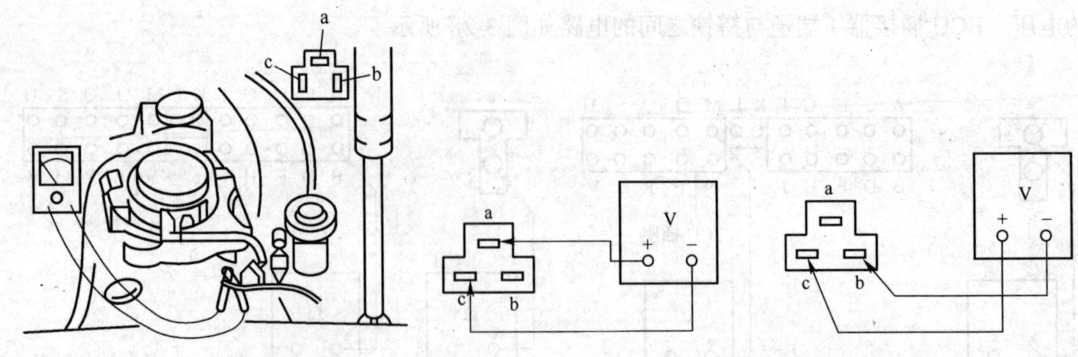

图 3-30　执行器端子的位置　　　　图 3-31　执行器各端子电压的检查

（4）车速传感器的检查

拆下后座及隔板，拔开 ECU 插接器。安全地顶起汽车，缓慢转动后轮，用万用表电阻挡检查 ECU 插接器 H 端子与搭铁之间应间歇导通。如果不符合要求，应检查或更换车速传感器或其电路。

2. 车身高度控制悬架系统

马自达 MPV 轿车上安装了车身高度控制悬架系统（简称 ALL 系统），该系统仅控制后轮车高，即根据乘车人数及载荷的变化，自动调节后部车身高度的变化，始终保持车辆的正常姿势。

该系统主要由车身高度传感器、门开关、IC 调节器（发电机）、制动灯开关、悬架 ECU、空气压缩机、压缩机电动机继电器、干燥器、排气阀、减震器等部件组成。

悬架 ECU 根据车身高度传感器传来的信号，控制空气压缩机及排气阀，以此增加或减少减震器内的空气量。当 ECU 得到车身高度低的信号时，便发出控制信号使空气压缩机工作，向减震器输送压缩空气，使减震器伸长，车身高度上升；当 ECU 得到车身高度高的信号时，便向排气阀发出控制信号使其打开，减震器内的压缩空气排放到大气中，使车身高度降低，从而保持车身高度为一定值。

该系统具有自诊断功能，它可以自动检测进气系统、排气系统和车身高度传感器的故障，只要将检查插接器的诊断端子接地（搭铁）并接通点火开关，系统就会自动进入自诊断模式，位于仪表板上的 ALL 指示灯开始闪烁。

进行系统自诊断前，应先保证轮胎气压正常，使汽车空载，停在水平路面上，将发动机室继电器盒内的检查插接器搭铁，接通点火开关，但不启动发动机，此时车身高度应返回标准高度：2WD（两轮驱动）车型为 390～410mm，4WD 车型为 392～412mm，测量位置是从后轮中心到车轮最上端挡泥板下沿的距离，此时，ALL 指示灯开始闪烁，根据指示灯的闪烁情况可以确定发生故障的原因。

（1）空气管路检查

① 在压缩机插接器 a 端子（右上）和 d 端子（右下）之间施加 12V 电压，使压缩机运转，使空气管路有压力。

② 在空气管路接头处涂上中性肥皂水，检查管路接头处是否有气泡出现。如果有气泡，则漏气，应进行必要的修理。

（2）车身高度传感器的检查

拆下车身高度插接器，用电压表检查插接器 a 端子与搭铁之间的电压应为 5V。在①～⑤位置之间移动高度传感器控制杆时，检查插接器 c 与 a、d 与 e、b 与 d 之间的电压。车身高度传感器的检查如图 3-32 所示。

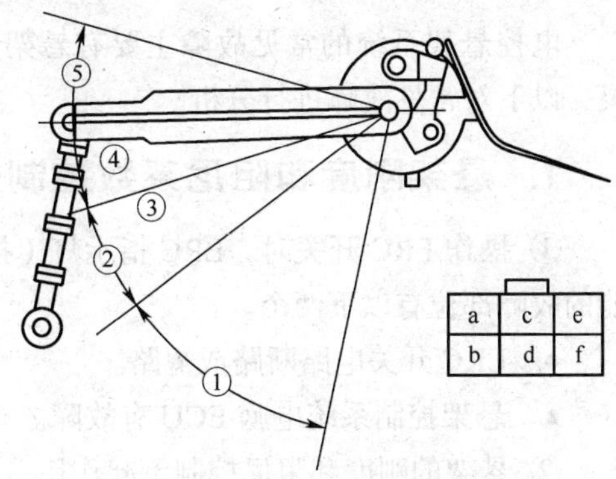

图 3-32　车身高度传感器的检查

（3）后减震器的检查

检查空气减震器橡胶囊应无损坏，如果怀疑减震器漏气，应拆下减震器并向减震器中施加 489kPa 的压缩空气，将减震器浸入水中，如有气泡，表明减震器漏气，应予以更换。

（4）空气压缩机的检查

① 顶起汽车，拔下减震器上的空气管并连接压力表。

② 在压缩机插接器 a 端子和 b 端子之间施加 12V 的电压，使空气压缩机转动，关闭压力表上的截止阀，检查压缩机的输出压力应为 1MPa～1.3MPa。空气压缩机电路如图 3-33 所示。

③ 使压缩机停止转动并保持上述压力不变，在压缩机插接器 c 端子和 d 端子之间施加 12V 的电压，检查排气阀是否打开，压力是否逐渐下降，压力表最终压力应为 19.3kPa～758kPa，如果系统压力不符合要求，则应修理或更换空气压缩机。

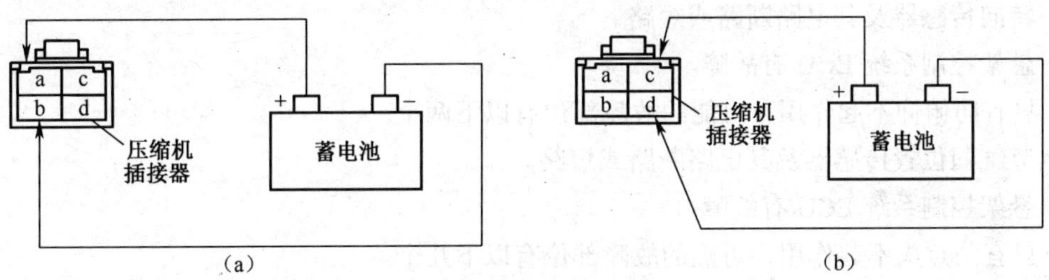

图 3-33　空气压缩机电路的检查

（5）空气压缩机继电器的检查

① 从发动机室内的继电器盒上拆下压缩机继电器，在继电器 b 端子和 a 端子之间施加 12V 的电压，检查继电器 c 和 d 之间应接通。空气压缩机继电器电路如图 3-34 所示。

② 撤掉继电器 b 端子和 a 端子之间的电压，继电器 c 和 d 之间应断开。

③ 如果不符合上述要求，则应更换压缩机继电器。

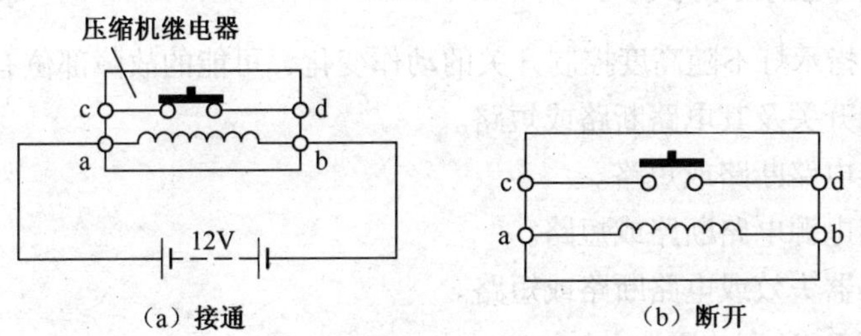

图 3-34　空气压缩机继电器电路的检查

（六）电控悬架系统常见故障及分析

电控悬架系统的常见故障主要有悬架刚度和阻尼系数控制失灵以及汽车车身高度控制失灵，以下对常见故障进行分析。

1. 悬架刚度和阻尼系数控制失灵

① 操作 LRC 开关时，LRC 指示灯（指示减震器和空气弹簧的工作模式）的状态不变，可能的故障部位有以下两个。

- LRC 开关电路断路或短路。
- 悬架控制系统电脑 ECU 有故障。

② 悬架的刚度和阻尼控制不起作用，可能的故障部位有以下几个。

- 悬架控制执行器及电路断路或短路。
- 连接检查器 TC 端子电路断路或短路。
- 连接检查器 TS 端子电路断路或短路。
- TRC 开关电路断路或短路。
- 气压缸或减震器漏气失效。
- 悬架控制系统 ECU 有故障。

③ 只有防侧倾控制不起作用，可能的故障部位有以下两个。

- 转向传感器及其电路断路或短路。
- 悬架控制系统 ECU 有故障。

④ 只有防俯仰不起作用，可能的故障部位有以下两个。

- 节气门位置传感器及其电路断路或短路。
- 悬架控制系统 ECU 有故障。

⑤ 只有防点头不起作用，可能的故障部位有以下几个。

- 车速传感器及其电路断路或短路。
- 制动灯开关及其电路断路或短路 。
- 悬架控制系统 ECU 有故障。

⑥ 只有在高速时不起作用，可能的故障部位有以下两个。

- 车速传感器及其电路断路或短路。
- 悬架控制系统 ECU 有故障。

2. 汽车车身高度控制失灵

① 车身高度控制指示灯不随高度控制开关的动作变化，可能的故障部位有以下几个。

- 车身悬架控制开关及其电路断路或短路。
- 发电机调节器电路断路或短路。
- 车身高度控制电源电路断路或短路。
- 车身位移传感器失效或电路断路或短路。
- 悬架控制系统 ECU 有故障。

② 汽车悬架控制不起作用，可能的故障部位有以下几个。

- 发电机调节器电路断路或短路。
- 汽车悬架控制电源电路断路或短路。
- 汽车悬架控制开关及其电路断路或短路。
- 车身位移传感器失效或其电路断路或短路。
- 汽车高度控制 ON/OFF 开关及其电路断路或短路。
- 悬架控制系统 ECU 有故障。

③ 只有高速时不起作用，可能的故障部位有以下两个。

- 车速传感器及其电路断路或短路。
- 悬架控制系统 ECU 有故障。

④ 汽车车身高度出现不规则变化，可能的故障部位有以下几个。

- 有空气泄漏。
- 车身位移传感器失效或电路断路或短路。
- 悬架控制系统 ECU 有故障。

⑤ 汽车悬架控制能起作用，但汽车高度变化不均匀，可能的故障部位有以下两个。

- 高度控制阀、排气阀及其电路断路或短路。
- 车身位移传感器连接杆有故障。

⑥ 汽车悬架控制能起作用，但汽车悬架控制在常规（NORM）状态时，汽车高度与标准值不符，可能的故障部位是汽车车身位移传感器连接杆有故障。

⑦ 在汽车高度调整时，汽车高度超高或超低，可能的故障部位是汽车车身位移传感器有故障。

⑧ 汽车高度控制 ON/OFF 位置时，汽车悬架控制仍起作用，可能的故障部位有以下两个。

- 高度控制 ON/OFF 开关及其电路断路或短路。
- 悬架控制系统 ECU 有故障。

⑨ 点火开关 OFF 控制不起作用，可能的故障部位有以下几个。

- 门控灯开关及其电路断路或短路。
- 汽车悬架控制电源电路断路或短路。
- 悬架控制系统 ECU 有故障。

⑩ 在车门打开时，点火开关“OFF”控制仍起作用，可能的故障部位有以下两个。

- 门控灯开关及其电路断路或短路。
- 悬架控制系统 ECU 有故障。

⑪ 汽车停车时车身高度很低，可能的故障部位有以下两个。

- 有空气泄漏。
- 气压缸或减震器失效。

⑫ 压缩机电动机持续运转，可能的故障部位有以下几个。

- 有空气泄漏。
- 1 号汽车高度控制继电器及其电路断路或短路。
- 压缩机电动机电路断路或短路。
- 悬架控制系统 ECU 有故障。

三、项目实施

（一）项目实施环境

所需设备：具有电控悬架系统的车辆，丰田凌志 LS400 轿车、马自达 929 轿车，或者是试验台，数量要足够多，适合教学工作的进行；电脑综合检测仪或解码器、汽车万用表，电脑综合检测仪或解码器（要有检测电控悬架系统的功能），电脑综合检测仪或解码器的数量要足够适合教学工作的进行。实践场地要足够大，适合教学工作的进行。

（二）检修注意事项

在检修汽车电子控制空气悬架时，应注意以下事项。

① 维修过程中，当点火开关在打开状态下时，不要随意断开蓄电池接线，否则会丢失控制模块中存储的信息，也不要拆卸或安装控制模块及其电子插头。

② 吊起、支起或拖动汽车之前，应该将高度控制 ON/OFF 开关置于“OFF”位置或断开蓄电池负极。如果在高度控制 ON/OFF 开关置于“ON”位置的情况下吊起或支起汽车，ECU 会记忆一个故障代码。

③ 在放下千斤顶或将汽车从支架上放下之前，应将汽车下面的所有物体挪走。因为在维修过程中可能对悬架进行了放气，汽车落地后，车身高度会降低，将下面的物体压住。

④ 在开动汽车之前，必须启动发动机使汽车高度调整到正常状态。因为在维修过程中悬架中的空气可能被放掉，这时车身高度会很低，如果这时汽车起步，就会造成车身与悬架或轮胎等的相互摩擦或碰撞。

⑤ 如果汽车装有安全气囊系统，在维修电控悬架前，应先将安全气囊系统断开。因为一些汽车的前安全气囊碰撞传感器安装在空气压缩机和 1 号车身高度控制阀上面，除非必要，一般不要碰撞该传感器，否则可能造成人身伤害或财产损失。

⑥ 在控制系统的检测中，必须使用生产厂家在维修手册中要求的检测工具，否则可能损坏控制系统的零部件。

⑦ 如果汽车生产厂家的维修手册没有指明，不要将系统的任何电路或元件加电压或接地。

（三）项目实施步骤

在对电控悬架系统进行维修与故障诊断时，一般首先要进行自诊断系统检测，然后进行功能检查与调整。

1. 自诊断系统

（1）自诊断系统的功能

① 监测系统的工作状况。如果系统发生了故障，装在仪表板上的车高控制指示灯将被通电闪亮，以提醒驾驶员立即检修。

② 存储故障码。当系统发生故障时，系统能够将故障以故障代码的形式存放在悬架 ECU 中。在检修汽车时，维修人员可以采用一定的方法读取故障码及有关参数，以便迅速诊断出故

障部位或查找出产生故障的原因。

③ 失效保护。当某一个传感器或执行器发生故障时，自诊断系统将以预先设定的参数取代有故障的传感器或执行器工作，即自诊断系统具有失效保护功能。

（2）进入自诊断的方法

当维修人员需要进行电控悬架系统的故障自诊断测试，读取ECU中存储的故障码时，首先要进入故障自诊断测试状态。不同汽车进入故障自诊断的方法有所不同，主要有以下几种。

① 专用诊断开关法。在有些汽车上，设置有“按钮式诊断开关”，或在悬架ECU上设置有“旋钮式诊断模式选择开关”，按下或旋转这些专用开关，即可进入故障自诊断测试状态，进行故障代码的读取。

② 空调面板法。在林肯·大陆和凯迪拉克等轿车上，空调控制面板上的相关控制开关，可兼作故障诊断开关，一般是将空调控制面板上的“WARM”和“OFF”两个按键同时按下一段时间，即可使故障自诊断系统进入故障自诊断状态，读取ECU随机存储器中存储的故障码。

③ 加速踏板法。有的汽车在规定的时间内将加速踏板连续踩下5次，即可使ECU故障自诊断系统进入故障自诊断状态。

④ 点火开关法。在规定的时间内将点火开关进行“ON-OFF-ON-OFF-ON”循环，即可使ECU故障自诊断系统进入故障自诊断状态，如美国克莱斯勒公司生产的电子控制悬架系统就采用这种方法。

⑤ 跨接导线法。利用ECU故障自诊断系统读取故障码时，需要用跨接导线将高度控制连接器和发动机室检查插接器的“诊断输入端子”和“搭铁端子”进行跨接，方可进入故障自诊断状态和读取存储的故障码，如丰田汽车电子控制悬架系统即采用该方法读取故障码。

⑥ 解码器诊断法。利用解码器与汽车电子控制系统故障检查插接器相连接，便可以直接进入故障自诊断测试状态和读取故障码。

（3）指示灯的检查

电控悬架系统的指示灯一般有两个：一个是悬架控制指示灯“NORM”，另一个是刚度阻尼指示灯“LRC”。还有一个悬架控制照明灯“HEIGHT”。悬架系统的指示灯如图3-35所示。

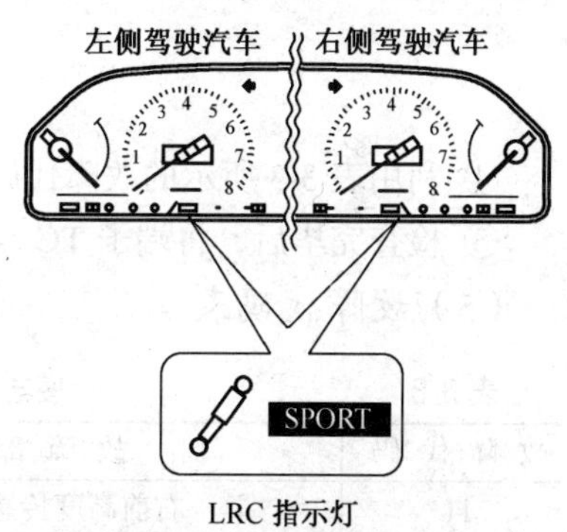

LRC 指示灯

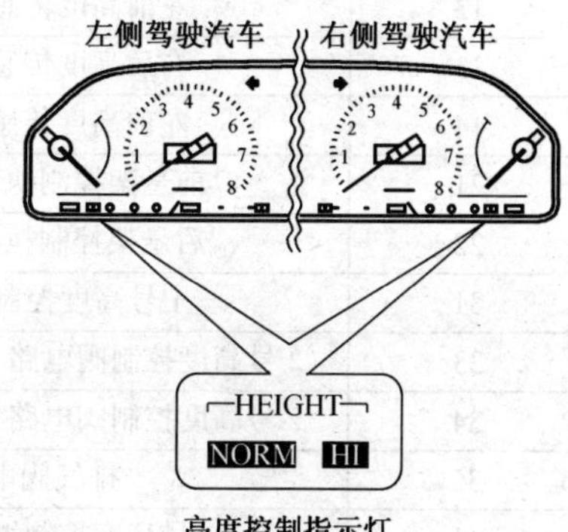

高度控制指示灯

图3-35 指示灯

当点火开关在“ON”位置时，仪表板上的“LRC”指示灯和悬架控制指示灯应亮2s左右，2s后，各指示灯的亮灭则取决于其控制开关的位置。

（4）故障代码的读取

① 接通点火开关。

② 用跨接线将TDCL或检查连接器的端子TC与E1连接，TDCL与检查连接器如图3-36所示。

③ 根据仪表板悬架控制"NORM"指示灯的闪烁情况读取故障码，正常故障代码如图 3-37 所示，故障代码 11、31 的显示方式如图 3-38 所示。

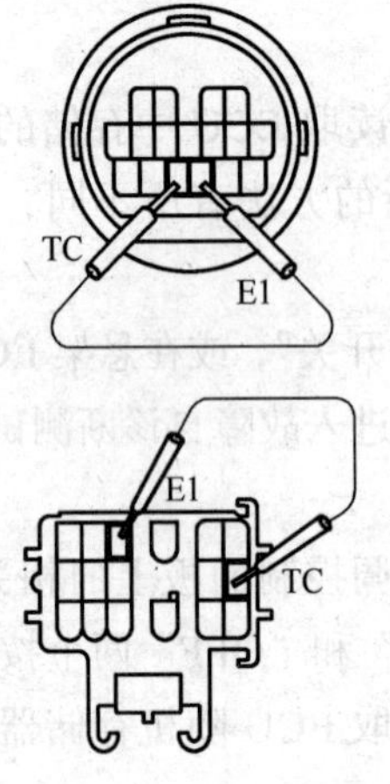

图 3-36　TDCL 与检查连接器

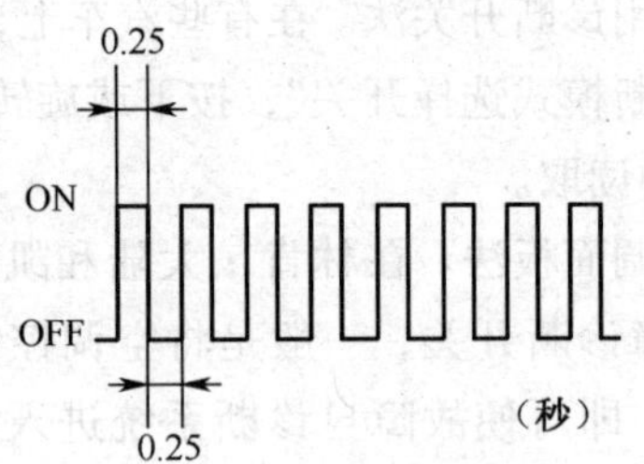

图 3-37　正常故障代码（无故障）

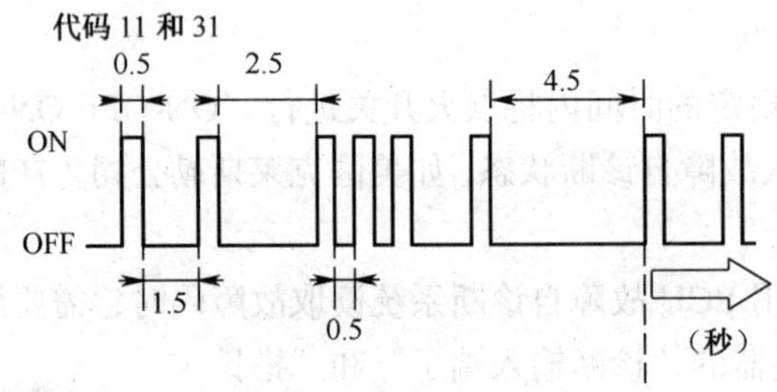

图 3-38　故障代码 11、31

④ 利用表 3-3 所示的故障代码表检查故障情况。

⑤ 检查完毕后，将端子 TC 与 E1 跨接线脱开。

（5）故障代码表

表 3-3　凌志 LS400 电控悬架系统故障代码表

故障代码	故障部位	故障原因
11	右前高度传感器电路	高度传感器电路短路或断路
12	左前高度传感器电路	
13	右后高度传感器电路	
14	左前高度传感器电路	
21	前悬架控制执行器电路	悬架控制执行器电路短路或断路
22	后悬架控制执行器电路	
31	1 号高度控制阀电路	高度控制阀电路短路或断路
33	2 号高度控制阀电路（用于后悬架）	
34	2 号高度控制阀电路（用于左悬架）	
35	排气阀电路	排气阀电路短路或断路
41	1 号高度控制继电器电路	1 号高度控制继电器电路短路或断路
42	压缩机电动机电路	压缩机电动机电路短路或断路

续表

故障代码	故障部位	故障原因
51	至1号高度控制继电器的持续电流	供至1号高度控制继电器的通电约8.5min以上
52	至排气阀的持续电流	供至排气阀的持续电流通电约6min以上
61	悬架控制信号	电控单元失灵
71	悬架控制执行器电源电路	悬架控制执行器电源电路断路：AIRSUS熔丝烧断
72	高度控制ON/OFF开关电路	高度控制ON/OFF开关在OFF位置 高度控制ON/OFF开关电路断路

（6）故障代码的清除

系统故障排除后要将故障码清除，清除方法有以下两种。

① 关闭点火开关，拆下2号接线盒中的ECU-B熔丝10s以上，即可清除故障代码。

② 关闭点火开关，用跨接线将悬架控制连接器的端子9（端子CLE）与端子8（端子E）连接，同时使检查连接器的端子TS和E1连接。保持在这一状态10s以上，然后接通点火开关，并脱开以上各端子，即可以清除故障代码。接线盒如图3-39所示，悬架控制连接器与检查连接器如图3-40所示。

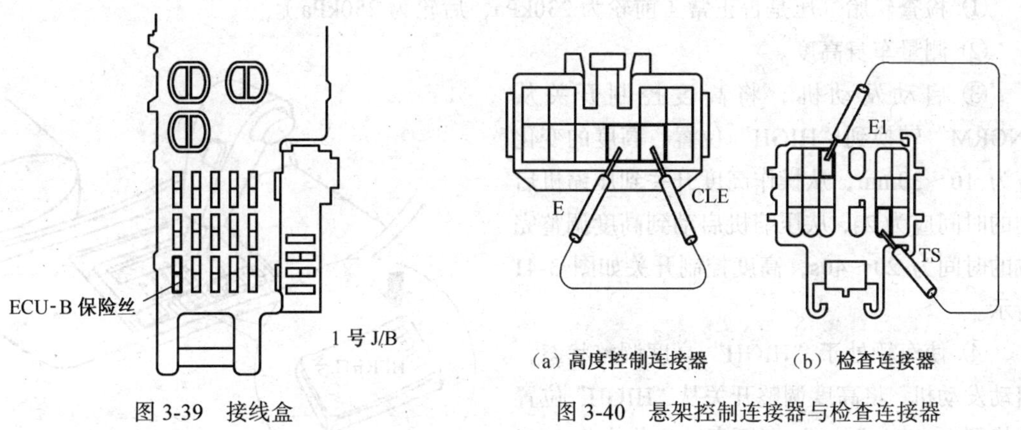

图3-39 接线盒

图3-40 悬架控制连接器与检查连接器

（7）ECU输入信号的检查

ECU输入信号的检查主要是检查输入的转向传感器和停车开关的信号是否正常，具体操作如下。

① 将点火开关转到“ON”位置，按检查项目和操作内容操作。

② 短接检查连接器的端子TS和E1，观察悬架控制指示灯“NORM”状态。正常状态如表3-4所示。闪烁是指“NORM”指示灯以0.25s的间隔正常闪烁，常亮是指“NORM”指示灯不闪烁一直亮。

表3-4 ECU输入信号检查

检查项目	操作内容	发动机状态（停机）	发动机状态（运转）	操作内容	发动机状态（停机）	发动机状态（运转）
转向传感器	车向前摆正直行	闪烁	常亮	转向角45° 以上	常亮	闪烁
停车灯开关	OFF（不踩制动踏板）	闪烁	常亮	ON（踩下制动踏板）	常亮	闪烁

续表

检查项目	操作内容	发动机状态(停机)	发动机状态(运转)	操作内容	发动机状态(停机)	发动机状态(运转)
门控灯开关	OFF（所有车门关闭）	闪烁	常亮	ON（所有车门打开）	常亮	闪烁
节气门位置传感器	不踩加速踏板	闪烁	常亮	加速踏板踩到底	常亮	闪烁
1号车速传感器	车速低于20km/h	闪烁	常亮	车速高于20km/h	常亮	闪烁
高度控制开关	“NORM”位置	闪烁	常亮	“HIGH”位置	常亮	闪烁
开关	“NORM”位置	闪烁	常亮	“SPORT”位置	常亮	闪烁
高度控制ON/OFF开关	“ON”位置	闪烁	常亮	“OFF”位置	常亮	闪烁

2. 功能检查与调整

（1）车辆高度功能的检查

操作悬架控制开关检查汽车高度的变化。

① 检查轮胎气压是否正常（前轮为230kPa，后轮为250kPa）。

② 测量车身高度。

③ 启动发动机，将高度控制开关从“NORM”转换到“HIGH”位置，高度的变化应为10～30mm，从操作高度开关到压缩机启动的时间应为2s，从压缩机启动到高度调整完成的时间为20～40s，高度控制开关如图3-41所示。

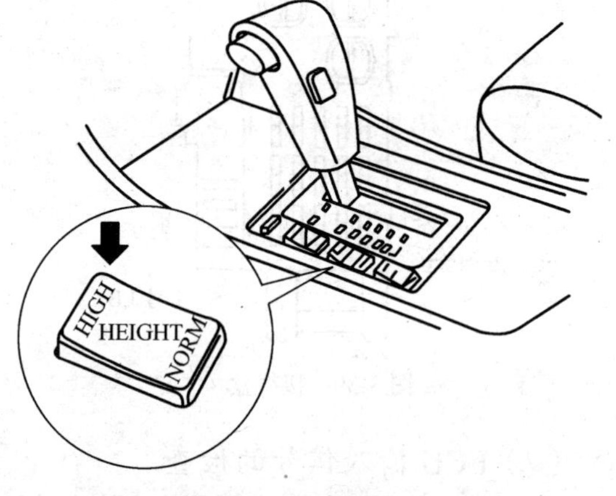

图3-41 高度控制开关

④ 使车辆处于“HIGH”高度调整状态，启动发动机，将高度调整开关从“HIGH”位置转换到“NORM”位置，车辆高度变化应为10～30mm，从操作高度开关到开始排气的时间为2s，从开始排气到高度调整结束的时间应为20～40s，车身高度变化量应为10～30mm。

（2）溢流阀的检查

当压缩机工作时，检查溢流阀能否工作。

① 将点火开关转至ON位置，连接高度控制连接器的端子1与7，使压缩机工作。高度控制连接器的端子如图3-42所示。

② 等压缩机工作一段时间后，检查溢流阀是否放气。若不能放气，应检查压缩机、溢流阀是否工作不良以及管路是否漏气。溢流阀的检查如图3-43所示。

③ 将点火开关转到“OFF”，清除故障代码。上述故障都将引起悬架气室压力不正常，造成悬架刚度和车身高度调整不正常；用导线连接高度连接器1号与7号端子的方法使压缩机工作，悬架ECU会认为有故障而记录下故障代码，因此，检查完后，应进行故障码的清除工作。

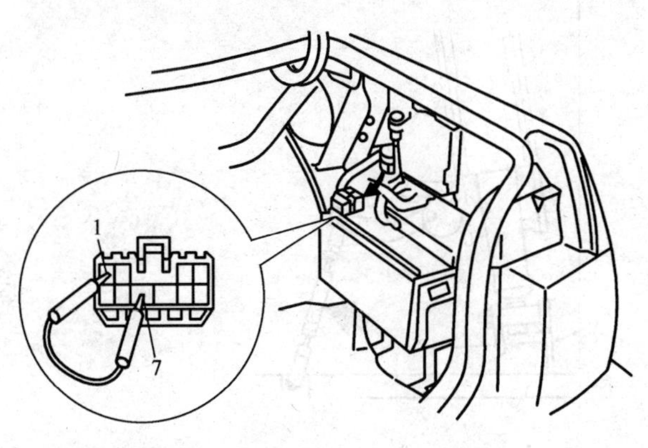

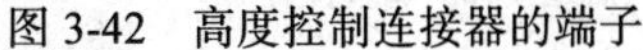
图 3-42　高度控制连接器的端子

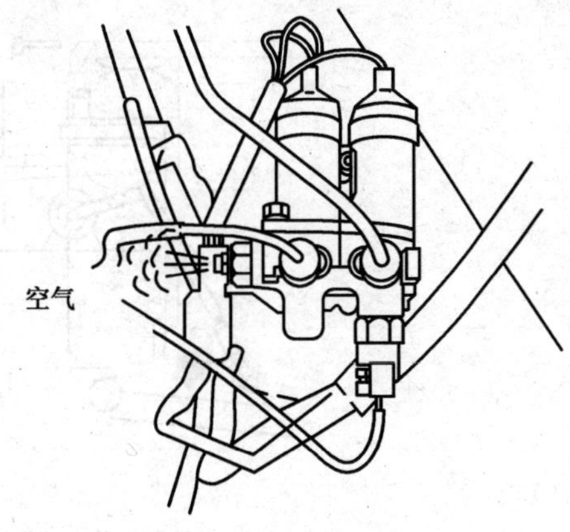

图 3-43　溢流阀的检查

（3）管路漏气的检查

① 将高度控制开关置于“HIGH”位置以使车辆高度升高，然后使发动机熄火。

② 在空气软管和软管接头处涂抹肥皂水，检查有无漏气现象。

（4）车辆高度的检查与调整

将高度控制开关置于“NORM”位置，车辆置于水平位置。将LRC开关拨到“NORM”位置，使车身上下跳振几次，以使悬架处于稳定状态；前、后推动汽车，以使车轮处于稳定状态；将变速器操纵杆置于“N”挡位，松开停车制动器（应挡住车轮不让它转动），启动发动机；将车身高度控制开关拨到“HIGH”位置，车身升高后，等待60s，然后再将车身高度控制开关拨到“NORM”位置，使车身下降，待车身下降后再过 50s，重复上述操作，以使悬架各部件稳定下来；测量车身高度，应符合规定的要求，否则应通过转动车身高度传感器连接杆进行高度调整。

① 检查车身高度。在相应的测量点检查车身高度是否合适，如图3-44所示。

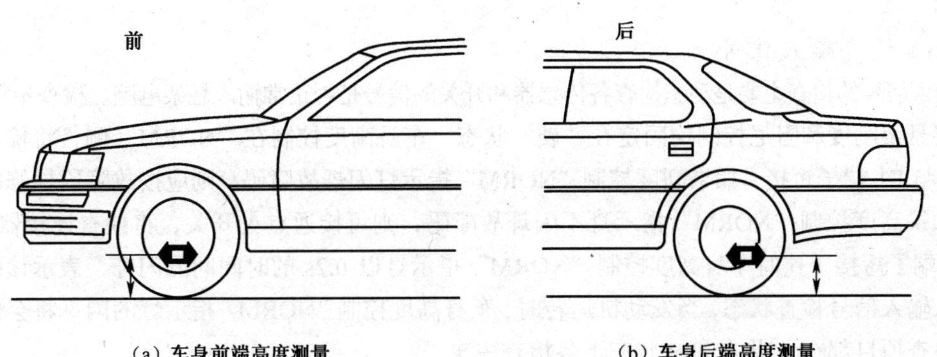

（a）车身前端高度测量　（b）车身后端高度测量

图 3-44　车身高度测量点

② 调整车身高度。松开高度传感器连接杆上的两个锁紧螺母，转动该连接杆的螺栓以调节其长度（连接杆每转一圈，车身高度变化4mm左右），如图3-45所示。

③ 检查车高传感器连接杆的尺寸，前后均为13mm。调好后，拧紧锁紧螺母。

④ 再检查一次车身高度是否合适。

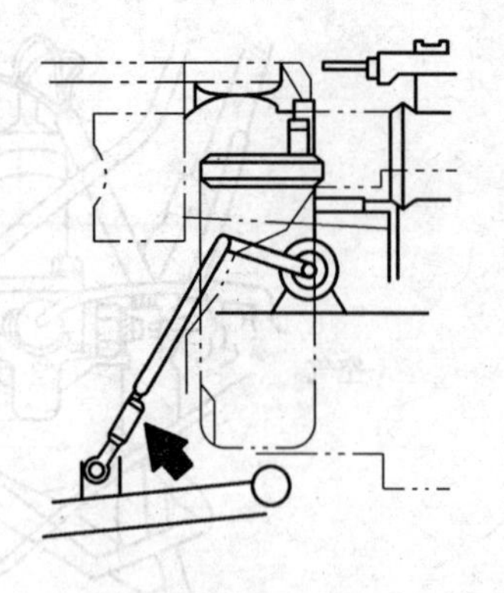

（a）前连接杆的调整位置

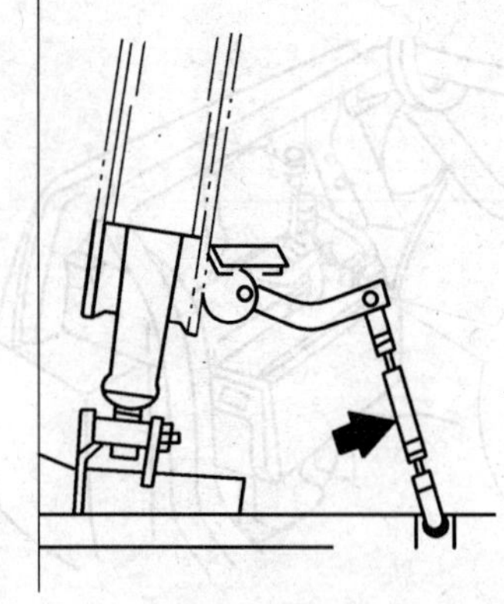

（b）后连接杆的调整位置

图 3-45　高度传感器连接杆的调整位置

（5）指示灯的检查

当点火开关在“ON”位置时，仪表板上的 LRC 指示灯和高度控制指示灯应闪亮 2s 左右。2s 后，各指示灯的亮灭取决于其控制开关的位置，正常情况如下。

① LRC 指示灯。如果 LRC 开关拨在“SPORT”侧，LRC 指示灯仍亮；LRC 开关拨在“NORM”侧，LRC 指示灯亮 2s 后熄灭。

② 车身高度控制指示灯。如果车身高度控制开关拨在“NORM”侧，高度控制指示灯的“NORM”灯亮，“HIGH”灯不亮；高度控制开关在“HIGH”侧，高度控制指示灯的“HIGH”灯亮，“NORM”灯不亮。

③ “HEIGHT”照明灯。当点火开关在“ON”时，“HEIGHT”照明灯始终亮。

④ 当点火开关在“ON”时，如果车身高度控制“NORM”指示灯闪亮，表示悬架控制系统电脑存储器中已储存有故障码，应读取故障码后排除故障。

⑤ 当点火开关在“ON”时，各指示灯如不出现如上所述的情况，则为不正常，应检查有关电路。

（6）检查输入信号

输入信号的检查主要是动态检查各传感器和开关的信号是否正常输入悬架电脑。检查步骤如下。

将悬架刚度和阻尼控制均固定在“硬”状态，车身高度控制在“NORM”侧；将检查连接器 TC 与 E1 端子短接，如果高度控制“NORM”指示灯闪烁故障码，则应按故障码检修故障电路；如果高度控制“NORM”指示灯不闪烁故障码，则可接通点火开关，将检查连接器的 TS 与 E1 端子短接（这时车身高度控制“NORM”指示灯以 0.2s 的时间间隔闪烁，表示诊断系统已进入输入信号检查状态，当发动机运转时，车身高度控制“NORM”指示灯的闪烁将会停止）；每个检查项目都在 A 状态和 B 状态下各检查一次。

在进行这项检查时，减震力和弹簧刚度控制停止，并且减震力和弹簧刚度均固定在“坚硬”状态，汽车高度控制仍旧正常进行；如果将发动机室内的检查连接器的端子 TSGN 与 E1 连接，储存在存储器中的诊断代码就会输出。如果存储器没有诊断代码输出，则要进行输入信号检查。

（7）电控悬架电路故障的检查

电控悬架出现了故障，无论自诊断系统有无故障码输出，都需要进行系统电路故障检查。

如果取得了故障码，则可根据故障码的指示对故障电路进行检查，以找出确切的故障部位，排除故障。若故障码所指示的故障电路正常，则一般应检修或更换悬架 ECU。应注意的是，在有故障代码输出的情况下，悬架 ECU 就已中断了相应的悬架刚度和阻尼或车身高度控制。因此，不断开电脑仅通过控制开关使其执行器动作来判断故障是不可行的。

如果无故障码显示，则需根据故障分析的结果，对与故障有关的电路和部件逐个进行检查。如果所有可能的故障电路和部件检查均无问题，但悬架控制系统的故障确实存在，则需对悬架 ECU 进行检查或更换。

（8）车身高度传感器电路的故障检查

故障码 11、12、13、14 说明前右、前左、后右、后左位移传感器电路断路或短路。

可能的故障部件有：电脑与传感器之间的线路及插接器、车身高度传感器电源线路及 2 号高度控制继电器、车身高度传感器及悬架 ECU。故障检查步骤如下。

① 检查车身高度传感器电源电压。拆下前轮胎（故障代码 11、12）或拆下行李箱装璜前盖（故障代码 13、14）；脱开车身高度传感器插接器；点火开关转到“ON”，测 1 号端子对地电压（应为蓄电池电压，否则检修 2 号高度控制继电器及有关线路，正常接地）。

② 检查高度控制传感器与悬架 ECU 之间的导线和插接器。检查各线束插接器应无松动；拔开线束插接器，插脚应无锈蚀；检测有导线连接的两插脚之间的通路情况。

③ 检查车身高度传感器的功能。换上一只性能良好的车身高度传感器，看故障症状是否消除。若能消除，更换车身高度传感器；若不能消除，则检查或更换悬架 ECU。

（9）悬架控制执行器电路的故障检查

一旦 ECU 存储了故障码 21、22，说明前、后悬架执行器电路有断路或短路故障，就不执行减震和弹簧刚度控制。可能的故障部位有：电脑与悬架控制执行器之间的线路及插接器、悬架控制执行器、悬架 ECU。

① 检查悬架控制执行器的电阻。拆下悬架控制执行器盖和执行器，拨开执行器插接器，测量控制执行器各端子的电阻。如果电阻值不正常，应更换悬架控制执行器。

② 检查悬架控制执行器的动作。在悬架控制执行器各端子之间施加蓄电池电压（但施加蓄电池电压不要超过 1s），检查执行器的工作情况。若检查结果不正常，则应更换悬架控制执行器。

③ 检查悬架执行器的线路和插接器。检查执行器与电脑之间的线路和插接器，检查执行器的搭铁。若检查结果发现问题，更换或修理线路和插接器；若检查结果为正常，则应检查或更换悬架 ECU。

（10）高度控制阀电路的故障检查

ECU 使高度控制阀电磁线圈通电后，电磁线圈将高度控制阀打开，并将压缩空气引向气压缸，从而使汽车高度上升。当汽车高度下降时，ECU 不仅使高度控制阀电磁线圈通电，而且还使排气阀电磁线圈通电，排气阀电磁线圈使排气阀打开，将气压缸中的压缩空气排放到大气中。

一旦 ECU 存储器中存入故障代码 31、33、34、35，分别表明 1 号高度控制阀电路有短、断路、2 号高度控制阀电路有短、断路（右悬架）、2 号高度控制阀电路有短、断路（左悬架）、排气阀电路有短、断路，此时不执行汽车高度控制、减震力和弹簧刚度控制。

① 检查连接高度控制连接器的各端子时汽车高度是否改变。拆下行李箱右侧盖，测量高度控制连接器 2、3、4、5、6 端子与端子 8 间的电阻，均为 9～15Ω；将点火开关转到“ON”，按图 2-42 所示方式连接高度控制连接器的相关端子，汽车高度变化应符合要求。否则，应检查高度控制阀和排气阀。

② 检查悬架 ECU 与高度控制连接器之间的配线和连接器是否断路。

③ 检查高度控制阀和排气阀。拆下右前控制阀和排气阀，脱开阀的连接器，对 1 号高度控制阀和排气阀进行检查；拆下行李箱装璜前盖，脱开阀的连接器，对 2 号高度控制阀进行检查。各端子之间的电阻值符合规定的要求。

在相应端子上接蓄电池电压时，高度控制阀和排气阀应有工作声，不正常则应更换高度控制阀或排气阀，正常则检修高度控制阀或排气阀与连接器之间的配线及连接器。

四、拓展知识

电脑故障诊断仪的基本知识

随着汽车工业的飞速发展，应用于汽车上的电控系统越来越多，维修行业的故障检修方法也已由人工经验诊断发展到靠相应的仪器设备来进行诊断。利用现代电控汽车提供的故障自诊断功能，采用电脑故障诊断仪（体积较大、功能较全的常称为综合检测仪，体积较小、功能相对较少的常称为解码器），维修人员只要把诊断仪的插头插在汽车的诊断座上，然后根据诊断仪的提示按按键，就可以了解汽车的故障内容，很容易知道故障所在，使得电控汽车的修理相当先进和轻松。

目前在我国汽修市场上的电脑故障诊断仪主要有以下几种：OTC 测试仪、金奔腾、元征电眼睛、修车王、金德 2000、VAG1551、VAG1552 等。

1. 电脑故障诊断仪的基本功能

下面介绍电脑故障诊断仪的一些主要功能。

① 测试故障码。操作按键，检测仪就会提示故障码及其含义，并且还会提示排除故障的方法和提供传感器以及执行原件的标准电压、电流以及电阻，这为维修工作提供了极大的方便。

② 清除故障码。操作相应按键就可清除故障码。

③ 读取发动机的动态数据流。通过仪器可读出发动机转速、发动机冷却液温度、节气门开度等随时的动态变化数据，为分析故障提供了方便。

④ 英汉词典。如今许多进口车的资料是以英文提供的，这对维修人员查阅资料带来了不便。电脑诊断仪中的英汉词典可以查阅到大多数的汽车专业词汇。这样，维修人员查阅资料很方便。

⑤ 元件测试。该功能使得维修人员利用仪器来操纵电控系统的执行元件，如控制喷油嘴的油、控制怠速电磁阀的动作等。不同的解码器所能支持的作动测试功能不一定相同，有的支持较多的作动测试功能，有的就可能比较少。

⑥ 示波器功能。在电脑故障诊断仪的数据流功能中，很多传感器和执行器的信号是采用电压、频率等形式表示的，在发动机实际的运转过程中，由于信号变化很快，很难从这些不断变化的数字中发现问题所在，所以可以利用解码器自带的示波器功能对电控发动机系统中的曲轴传感器信号、凸轮轴传感器信号、氧传感器信号、空气流量计信号、喷油嘴信号、怠速电动机控制信号、点火控制信号等一系列信号，以图示波形的方式直观地提供给维修人员作参考。拿所测信号波形与标准信号波形相比较，如有异常之处则表示该信号的控制线路或电子元件本身出现了问题，需要进一步详细检查。目前的解码器大多数是以单独的仪器形式出现的，但有的是在电脑的基础上用软件来实现示波器功能的。

2. 电脑故障诊断仪的使用注意事项

电脑故障诊断仪大都随机带有使用手册，按照说明极易操作。一般来说，大体上有以下几步：在车上找到诊断座；选用相应的诊断接头；弄清车型，进入相应车型的诊断系统；进入要诊断的模块（ABS，ENG，A/T，C/C，SRS 等）；读码，诊断，清码。但是，维修人员在使用中还需注意以下几方面的内容。

① 自诊断系统只能监视电控系统电路。这包含两点：如果故障不属于电路，检测仪不能检测，因此对发动机，要分清是机械故障还是电路故障，尤其对于自动变速箱，要分清是机械、油路还是电路的故障；其二，不属于电控系统的电路故障，检测仪不能检测，如启动系、充电系、点火系的高压电路，一般不属于电控系统，因而不能检测。

② 自诊断系统一般只能监视信号的范围，不能监视传感器特性的变化。因而如果只是信号的特性发生了变化，并不能产生故障码。例如，发动机冷却液传感器的阻值有一个正常的工作范围，一旦阻值超出此范围，自诊断系统马上会产生故障码；但是假如该传感器的特性（指温度和阻值的对应关系）发生变化，但阻值依然在此范围内，发动机会工作不良，但故障指示灯却并不会亮，仪器当然读不出故障。维修人员不应因为无故障码，就认为肯定无故障，以免走弯路。一般地，自诊断系统所诊断的为电路短路、开路、接触不良、串线等故障。

③ 自诊断系统监视的往往是某一电路，而非某一元件，如某传感器的相应线路故障、某电磁阀的相应线路故障等。所以如果检测仪显示的是“进气温度传感器故障”，实际上指该传感器的相应电路故障，包括进气温度传感器、进气温度传感器与微电脑 ECU 间的连线（含插头和插座）、进气温度传感器的接地以及微电脑 ECU 和其供电、接地情况。一些维修人员对故障码所揭示的故障范围不清楚，以致只按所提示的故障码的字面含义来检修，必然会走弯路。

④ 有故障码并不一定有相应电路故障。这包括下面两种情况：历史性故障，指故障已经消失，但尚未清除掉的故障码，如维修人员虽然排除了故障，但并未进行消码，这样故障码就依然在汽车 ECU 的随机存储器（RAM）中；或者，在发动机运行或点火开关打开的情况下，维修人员拔插相关电路的器件和插头，自诊断系统记下了这时的故障码，有时碰到故障码显示几个缸的喷油器都有故障，可能就是这种情况。所以，一般不急于按故障码来检修，而是消码、运行、再测试，第 2 次读出的码才真正说明有无故障。当然，第 1 次消码前别忘了记下故障码，因为某些故障码的产生情况难以再现，因此第 2 次读出的故障码或许会漏掉一些故障迹象。

故障码反映了系统存在故障，但实际上并非相应电路的故障。例如，故障码显示“氧传感器故障”，可能并非氧传感器的电路有故障，而可能是油气供给系统有故障，使混合气太浓（稀），导致氧传感器信号超出了正常的电压范围，使自诊断系统记下了故障码；又如“进气压力传感器”可能反映的是进气气路的故障，而非其电路的故障。所以，从这点上看，根据故障码检查，也不可局限于电路，必要时还要考虑机械、气路等部分。

⑤ 要善于运用仪器的动态测试（KOER）功能。有些情况故障码不一定能反映出来，但有经验的维修人员可以通过动态数据流来发现。例如，动态测试中有的可以用曲线反映节气门的开度情况，缓缓匀速地踩下节气门时，应该有近似直线的图形显示，否则与节气门相关的方面

可能有问题；动态测试中往往有点火提前角的显示，点火提前角应该随着节气门的开度或发动机转速的变化而增大或减少等。

⑥ 如果故障灯亮，却读不出故障码，则可检查故障灯电路有无搭铁。一般地，自诊断系统发现故障时，通常是 ECU 内部搭铁有问题。当然诊断座与 ECU 之间的通信或许有问题，也不排除仪器存在问题。

总之，使用电脑检测仪，维修人员可以快速、方便、准确地定位故障，从而顺利地排除故障。但是仪器的功能再强大，利用如何还是要靠维修人员的能动性。有些维修人员在碰到读出很多故障码、故障灯亮却无故障码、有故障却没有产生相应故障码、有故障码却查不出相应故障的情况时，往往会感到困惑和无从下手，进而开始抱怨仪器质量或性能有问题。实际上，维修人员只有在对电控的原理、自诊断系统的原理、电脑故障诊断仪的原理有透彻的理解后，才能有效地使用仪器。

3. 解码器使用实例

下面以早期的 HY-222B 修车王检测凌志 LS400 为例简要介绍操作步骤。HY-222B 修车王键盘如图 3-46 所示。

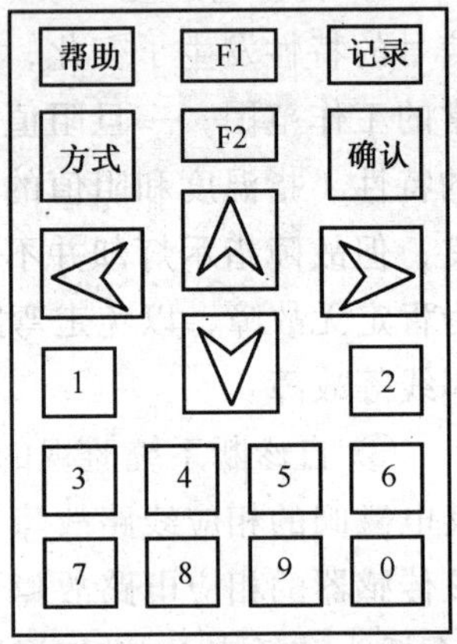

图 3-46　HY-222B 修车王键盘

（1）开机

① 选择测试接头及测试卡。第 1 代诊断系统的诊断座形式多种多样，即使同一车系也存在不同的诊断座形式，因此正确选择测试接头是测试工作的第 1 步。凌志 LS400 若是 17PIN 接头则要选择 A03 测试卡。第 2 代诊断系统的诊断座形式统一，都是 16PIN，只能选择统一的 16PIN 测试接头。

② 测试线路连接。将接口电缆（HY222-31）与主机相连，并与诊断座接好。将电源线与汽车点烟器相连或通过双钳电源线与蓄电池相接。要注意在此之前，汽车已经预热至工作温度，测试卡已安装到位。

（2）测试

① 修车王接通电源后（如测试 ABS 系统，只能用蓄电池电源），显示屏上会依次自动显示如图 3-47 所示的 3 幅画面。

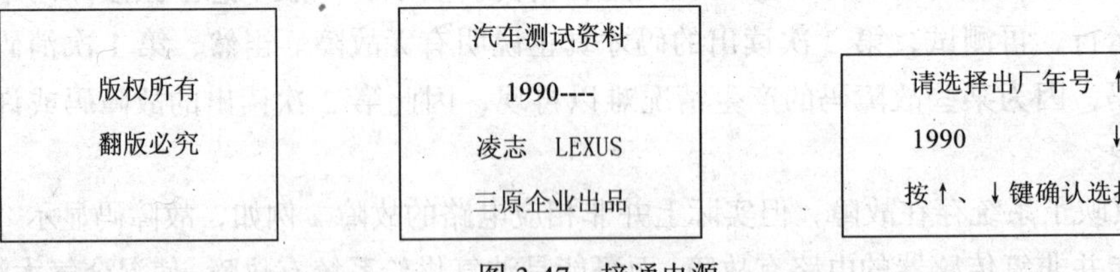

图 3-47　接通电源

② 按“↑”、“↓”键将所测试的凌志车的出厂时间选择好后，按“确认”键则会出现如图 3-48 所示的界面。

③ 根据该图出现的车款的序号，按相应的数字键都会出现如图 3-49 所示的界面（如按“1”，则选择测试“1.LS400”，按“2”，则选择测试“2.ES300”，按“3”，则选择测试“3.GS300”）。

注：屏幕右侧的“↓”表示，若按“↓”键，还有可供选择的测试系统。

④ 根据该图按相应的数字键确定所需要的测试系统，则会出现如图 3-50 所示的界面。

请选择车款
1.LS400
2.ES300
3.GS300 ↓

图 3-48　选择车款

请选择系统
1.引擎
2.变速箱
3.防抱刹车 ↓

图 3-49　选择系统

请选择功能菜单
1.读取故障码
2.重阅故障码
3.清除故障码　H

图 3-50　选择功能菜单

注：按数字键“1”，开始测试该系统的故障，并出现如图 3-51 所示的界面；按数字键“2”，重阅刚才测试出的故障码；按数字键“3”，清除刚才测试出的故障码；“H”表示有帮助功能。

⑤ 10～50s 后，修车王即会将所测试系统的故障代码显示出来。图 3-52 所示是修车王测试出的凌志车的发动机故障代码图样。

⑥ 按数字键“1”、“2”、“3”、“4”，可以逐条查看各个故障码的内容。图 3-53 所示是按数字键“2”后出现的“故障码 22”的内容。

⑦ 如果按“H”帮助键，则可提供该故障的排除方法及一些参数，如图 3-54 所示。

正在读取故障码
请稍等
……

图 3-51　读取故障码

1.故障码 14
2.故障码 22
3.故障码 28
4.故障码 32

图 3-52　显示故障码

发动机冷却温度传感器
及其线路故障
H

图 3-53　“故障码 22”的内容

1.电脑接头 THW 一 E2 端子间电压，
80℃时为 0.2-1.0V ↓
2.发动机冷却温度传

传感器的电阻在 20℃时为 2500Ω，
在 80℃时为 250Ω左右 ↑
3. 如电阻正常，检查↓

图 3-54　帮助

（3）关机

拔下电源插头和诊断插头。

小　结

本项目主要介绍了电控悬架系统的组成、结构、工作原理以及常见故障和检修，还简要介绍了电脑故障诊断仪的基本知识。

习题及思考题

1. 电控悬架系统的常用传感器有哪几个？其功用是什么？
2. 试述电控悬架系统的组成和工作原理。
3. 空气悬架刚度如何调整？
4. 电控悬架检修的注意事项有哪些？
5. 如何诊断、排除悬架高度和阻尼系数控制失灵的故障？

项目四

汽车电控动力转向系统检修

一、项目要求

本项目通过对电控动力转向系统故障的诊断、拆卸、检修、安装调整过程的学习与实施，使读者在掌握电控动力转向系统的结构与工作原理等方面理论知识的同时，具备对故障进行分析与排除的能力。

【知识要求】

1. 熟悉电控动力转向系统的组成与结构原理
2. 掌握电控动力转向系统的分类及工作原理
3. 掌握电控动力转向系统的基本检测方法
4. 掌握电控动力转向系统的拆装、检测及调整方法

重点掌握内容：电控动力转向系统的组成及工作过程；电控动力转向系统故障分析、诊断及拆装调整。

【能力要求】

1. 能正确拆装电控动力转向系统
2. 能正确检查电控动力转向系统，并能对常见故障进行诊断与维修

二、相关知识

汽车转向时要求操纵轻便，即以较小的方向盘操纵力获得较大的转向力矩；同时也要求转向灵敏，即以较小的方向盘转角获得较大的转向角。但传统的转向系统无法同时满足这两方面的要求，如果所设计的助力放大倍数适应汽车在低速行驶状态下转动方向盘的操作力，则当汽车高速行驶时，转动方向盘的操纵力就显得太小，不利于对高速行驶的汽车进行方向控制。如果所设计的助力放大倍数适应汽车在高速行驶状态下转动方向盘的操作力，则当汽车停止或低

速行驶时，转动方向盘就显得非常吃力，即转向沉重。为了实现在各种转速下转向的操纵力都是最佳值，电控动力转向系统（EPS）是最好的选择。它可以随行驶条件及时调整转向助力放大倍数，具体地说，应能满足如下要求。

① 既要保证转向轻便省力，又要能够很好地反馈地面作用力，即“路感”。

② 在转向结束时，方向盘能平顺地自动回正，使车轮回到直线行驶的位置上。

③ 当电子控制动力转向系统发生故障时，转向系统仍能依靠人力进行转向。

④ 在保证转向性能的前提下，尽可能降低转向的动力消耗。

电控动力转向系统的出现，基本满足了汽车在各种车速下对转向系统的要求，适应了现代汽车高速行驶和安全行驶的发展趋势。

电控动力转向系统，根据动力源不同可分为液压式电控动力转向系统（液压式 EPS）和电动式电控动力转向系统（电动式 EPS）。液压式 EPS 是在传统的液压动力转向系统的基础上增设了控制液体流量的电磁阀、车速传感器和电子控制单元等。电子控制单元根据检测到的车速信号，控制电磁阀，使转向动力放大倍率实现连续可调，从而满足高、低速时的转向助力要求。电动式 EPS 是利用直流电动机作为动力源，电子控制单元根据转向参数和车速等信号，控制电动机扭矩的大小和方向。电动机的扭矩在电磁离合器的作用下通过减速机构减速增加扭矩后，加在汽车的转向机构上，使之得到一个与工况相适应的转向作用力。

（一）液压式 EPS

液压式 EPS 根据控制方式的不同，可分为流量控制式、反力控制式和阀灵敏度控制式 3 种形式。

1. 流量控制式 EPS

流量控制式 EPS 是根据车速传感器信号，调节液压动力转向装置中油液的输入、输出流量和压力，来控制液压动力的大小的。一般是在液压动力转向系统上增加流量控制电磁阀、车速传感器、电子控制单元和控制开关等元件构成的，如图 4-1 所示。

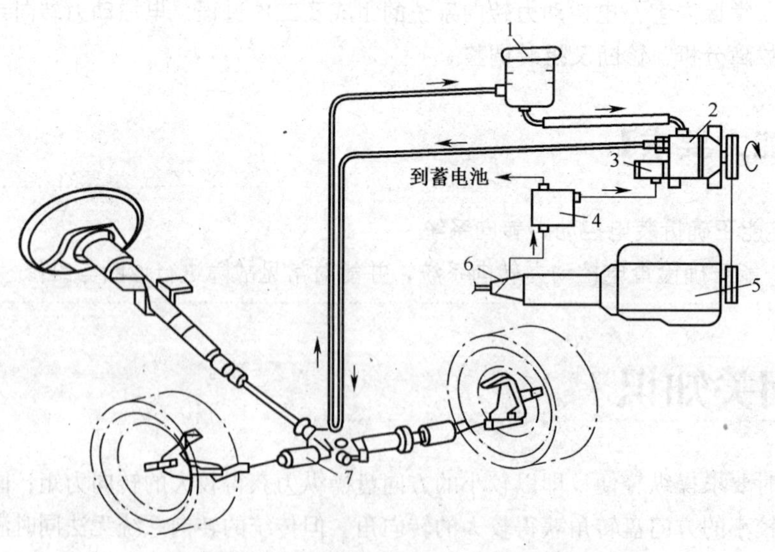

图 4-1 流量控制式液压动力转向系统

1—储液罐 2—转向油泵 3—流量控制电磁阀 4—电子控制单元
5—发动机 6—车速传感器 7—齿轮齿条转向器及动力缸

流量控制式 EPS 可分为分流电磁阀控制式和旁通流量控制阀式。

（1）分流电磁阀控制式

凌志轿车动力转向的基本原理如图 4-2 所示，发动机驱动液压泵产生的液压油被送到控制阀。汽车直线行驶时，控制阀处于中间位置，液压油将流过控制阀进入泄油口并返回储液罐中。此时，动力缸活塞两边的压力相等，活塞不会向某一方移动；而当汽车转向时，转向主轴转向任何一方时，控制阀都会随之转动，并关闭一个液压通道，使另一个液压通道开得更大，液压油被送到活塞一侧，在活塞两侧形成压力差；把活塞推向压力小的一侧，起到转向助力的作用。

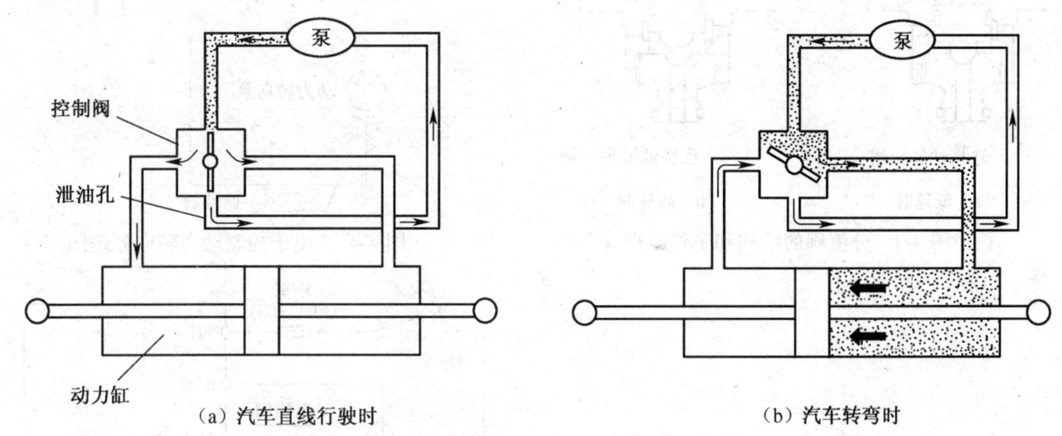

（a）汽车直线行驶时　　（b）汽车转弯时

图 4-2　流量控制式液压动力转向系统的原理示意图

凌志轿车电控动力转向系统在动力转向的基础上增加了分流电磁阀、电子控制单元、车速传感器等部件。在转向动力缸两侧的油道上设置了一条连通动力缸两腔的分流油道，油道流量受分流电磁阀控制，当电磁阀根据汽车行驶车速升高而将分流油道逐渐打开增大时，转向动力缸高压侧的高压油有一部分被分流到动力缸低压油室中去，同时返回到储油罐中，使转向动力缸中的活塞两侧油压差减小，动力转向的增力减弱，此时汽车转向，就需要驾驶员施加较大的转向操纵力，使转向灵敏性和轻便性得到很好地兼顾，形成良好的路感。

其主要工作过程是：汽车行驶时由车速传感器检测汽车速度，并转化为电信号送给电子控制单元，电子控制单元通过车速信号的大小来发出指令控制分流电磁阀电流的占空比，进而控制油道的开度大小，调节控制转向动力缸助力的大小。

控制的原则是：车速较低时，所需的转向操纵力较小；车速较高时，转向所需的操纵力适当增大。其分流阀的结构和工作原理如图 4-3 所示，电子控制动力转向原理如图 4-4 所示，电磁阀驱动信号如图 4-5 所示，电子控制动力转向电路如图 4-6 所示。

（2）旁通流量控制阀式

日产蓝鸟轿车上曾使用的流量控制动力转向系统如图 4-7 所示。其特点是在普通液压动力转向系统的基础上增加旁通流量控制阀、车速传感器、转向角速度传感器、电子控制单元和控制开关等装置。在转向液压泵与转向机体之间设有旁通管路，由油量控制阀控制。

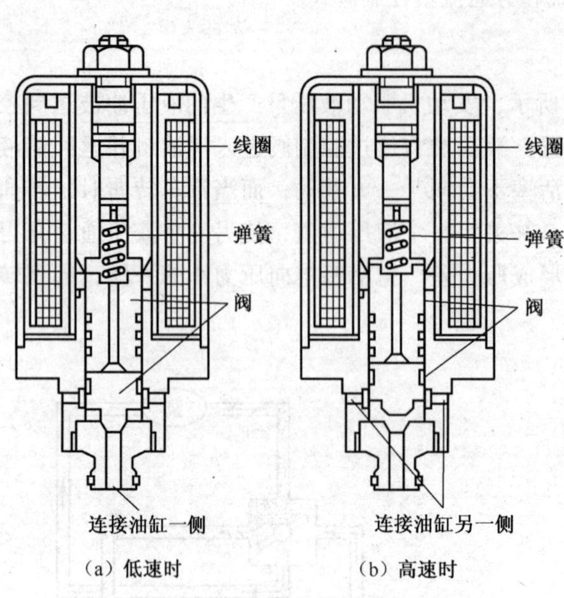

图 4-3 分流阀的结构和工作原理

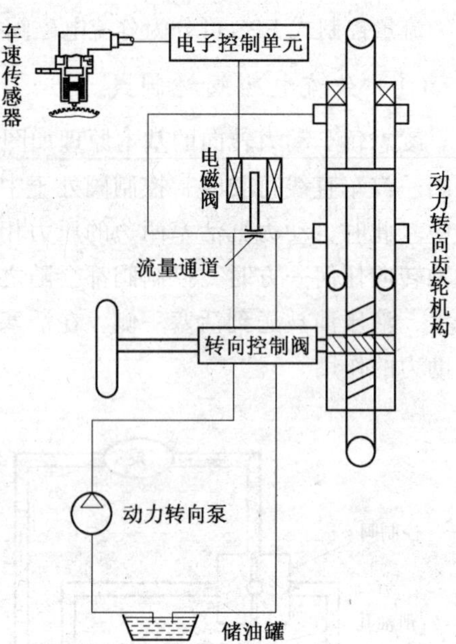

图 4-4 电子控制动力转向原理图

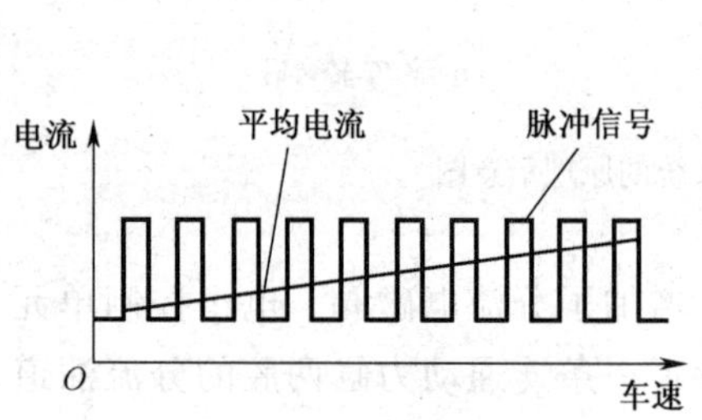

图 4-5 电磁阀驱动信号

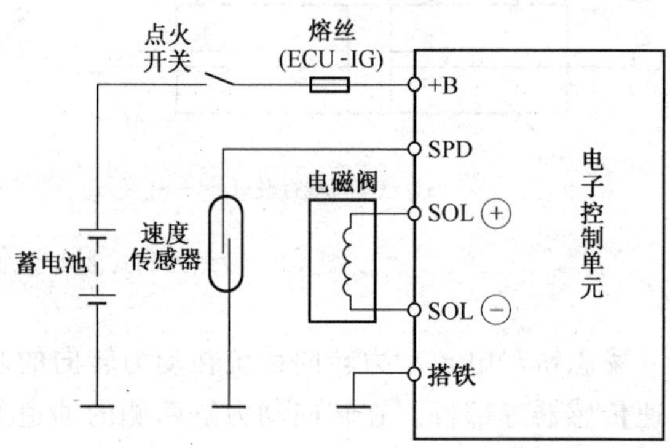

图 4-6 电子控制动力转向电路图

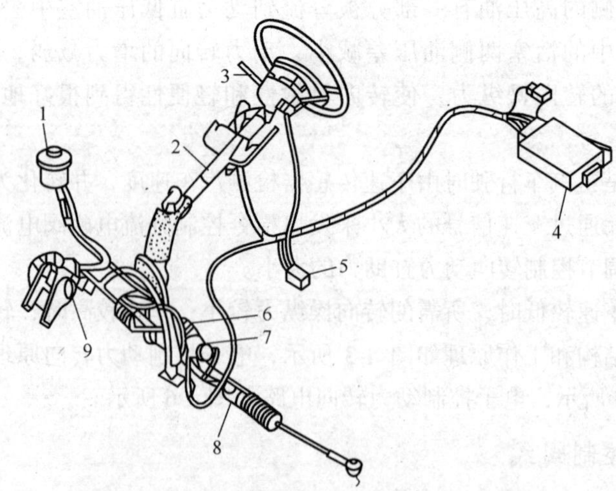

图 4-7 蓝鸟牌轿车电子控制动力转向系统

1—动力转向油罐 2—转向管柱 3—转向角速度传感器 4—电子控制单元 5—转向角速度增幅传感器 6—旁通流量控制阀 7—电磁线圈 8—转向齿轮联动机构 9—液压泵

电子控制单元根据车速传感器、转向角速度传感器和控制开关等信号和汽车的行驶状态，向旁通流量控制阀发出控制信号，控制阀工作控制旁通流量，调整向转向器供油流量的大小，进而调节液压活塞两侧的油压差，如图4-8所示。

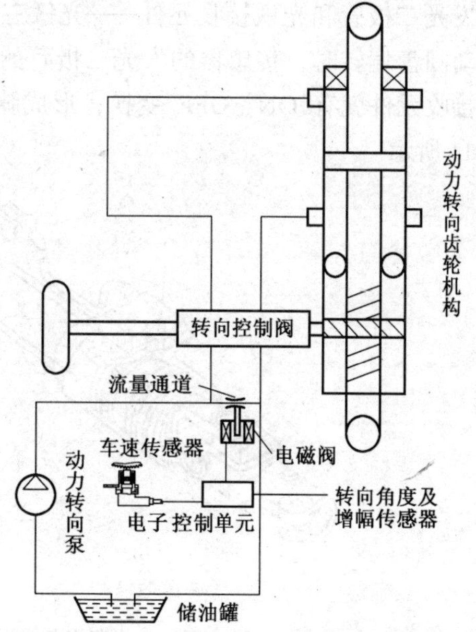

图4-8 电子控制动力转向系统原理图

其主要部件的结构和工作原理如下。

① 旁通流量控制阀。

旁通流量控制阀如图4-9所示，阀体内主要有主滑阀2和稳压滑阀7。

主滑阀的右端与电磁线圈柱塞3连接，主滑阀在电磁线圈的作用力下移动，改变主滑阀左端的流量主孔1的流通面积，调整调节螺钉4可以调节旁通流量的大小。

稳压滑阀的作用是保持流量主孔前后压差的稳定。若转向负荷的变化使流量主孔前后压差偏离设定值（与稳压滑阀左侧弹簧压力相关）时，稳压滑阀将在其左侧弹簧压力和右侧油压的作用下发生滑移。如果压差大于设定值，则滑阀左移，使节流孔开口面积减小，流入到流量主孔的液压油量减少，前后压差减小；如果压差小于设定值，则滑阀右移，使节流孔开口面积增大，流入到流量主孔的液压油量增多，前后压差增大。流量主孔前后压差的稳定，确保了旁通流量的大小与主滑阀控制的流量主孔的开口面积相关。

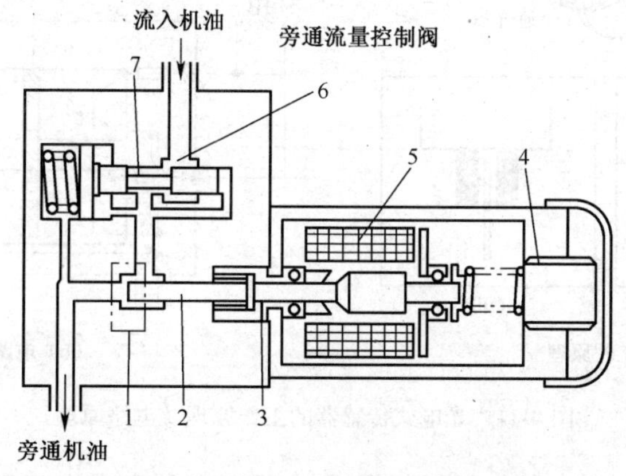

图4-9 旁通流量控制阀的结构

1—流量主孔 2—主滑阀 3—电磁线圈柱塞 4—调节螺钉 5—电磁线圈 6—节流孔 7—稳压滑阀

② 转向角速度传感器。

方向盘转角度速度传感器用于检测方向盘是否位于中间位置及方向盘的偏转方向、偏转角度和偏转速度。

光电式转角度速度传感器的结构和安装位置如图4-10所示。

在方向盘的转向轴上装有一个带窄缝的遮光盘，窄缝呈等距均匀分布，传感器的光电元件由发光二极管和光敏接收元件——光敏三极管组成，相对装在遮光盘两侧。当方向盘的转轴带动圆盘偏转时，传感器的发光二极管的光线通过窄缝圆盘空隙，或被遮光盘遮挡，从而光敏接收元件就有 ON、OFF 变换，形成脉冲信号。光电式传感器的工作原理和电路原理如图 4-11 所示。

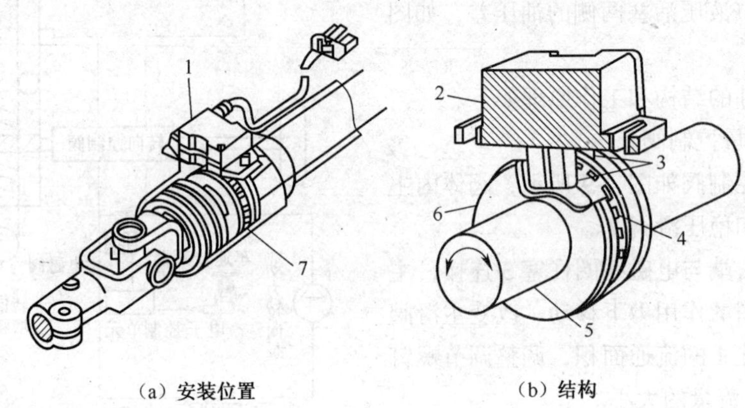

（a）安装位置　（b）结构

图 4-10　转角度速度传感器的安装位置和结构

1—转角传感器　2—转换装置　3—光电元件　4—遮光盘　5—轴　6—护板　7—传感器圆盘

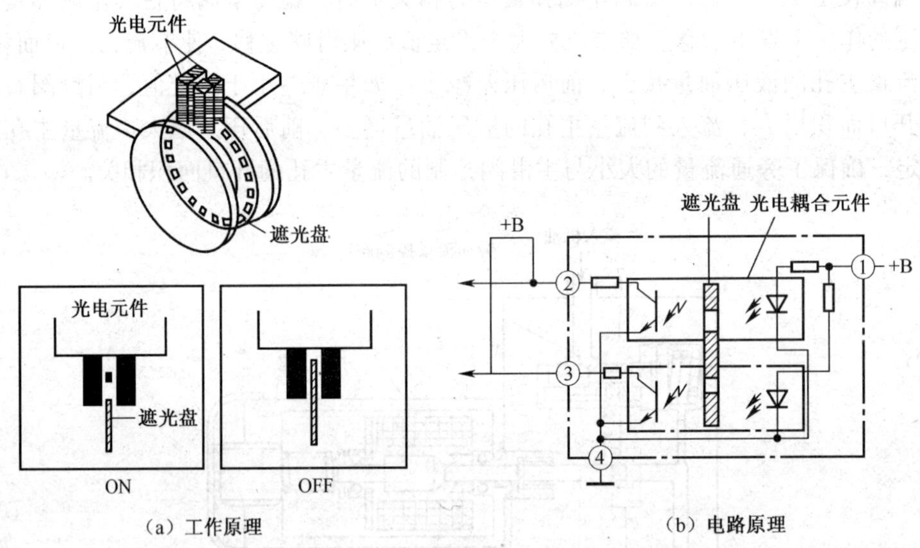

（a）工作原理　（b）电路原理

图 4-11　光电式传感器的工作原理及电路原理

方向盘偏转时，遮光盘随之转动，使传感器之间的光束产生通断变化，遮光器的这种反复开、关状态形成与转向轴转角成一定比例的数字脉冲信号。转向控制装置可根据此信号的变化来判断方向盘的转角和转速。一般传感器在结构上采用两组光电耦合器，两个遮光器在安装上使它们的“ON”、“OFF”变换的相位错开一定的角度，可根据检测到的脉冲信号的相位差来判断方向盘的偏转方向。即通过判断哪个遮光器先转变为“ON”状态，转向轴的就偏转哪个方向。当左转时，左侧光敏接收元件总是先于右侧光敏接收元件达到“ON”状态；而右转时，右侧光敏接收元件总是先于左侧光敏接收元件达到“ON”状态。

③ 转换开关。

驾驶员利用仪表板上的转换开关可以选择 3 种适应不同行驶条件的转向力特性曲线，如图 4-12 所示。

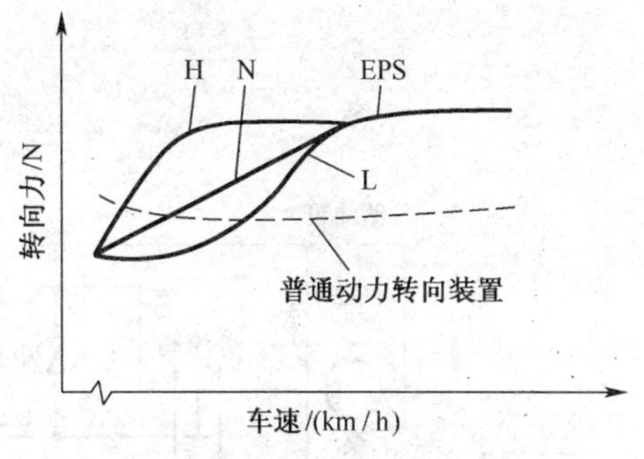

图 4-12　3 种转向力特性曲线

④ 电子控制动力转向系统电路。

如图 4-13 所示，系统中电子控制单元接收车速传感器、转向角速度传感器及变换开关的信号，用以控制旁通流量控制阀的电流，本身具有故障自诊断功能。

流量控制式电子控制动力转向系统通过车速传感器信号调节动力转向装置供应油压，这种装置的优点是在原来液压动力转向功能的基础上增加了压力油流量控制功能，所以结构简单，成本较低。当转向机构的压力油降低到极限值时，快速转向会产生压力不足，并且响应速度较慢，推广应用受到一定的限制。

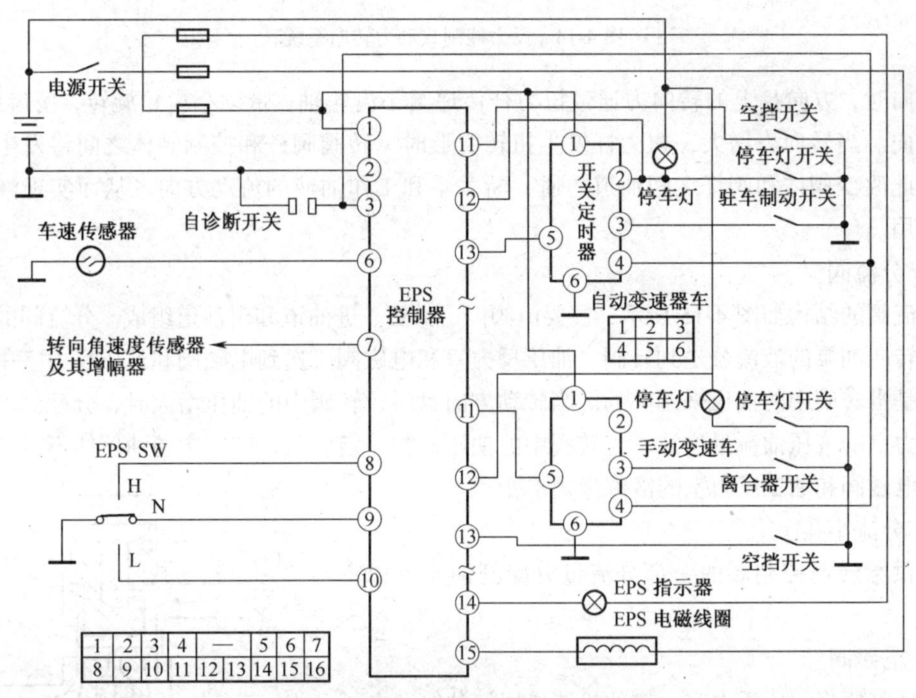

图 4-13　蓝鸟轿车流量控制式动力转向系统电路图

2. 反力控制式 EPS

反力控制式 EPS 主要由转向控制阀、分流阀、电磁阀、转向动力缸、转向油泵、储油箱、车速传感器及 ECU 等组成。其结构和工作原理如图 4-14 所示。

主要部件结构和工作原理如下。

① 转向控制阀。

在传统的整体转阀式动力转向控制阀的基础上增设了油压反力室。扭力杆的上端通过销子与转阀阀杆相连，下端用销子与小齿轮轴和控制阀阀体相连。

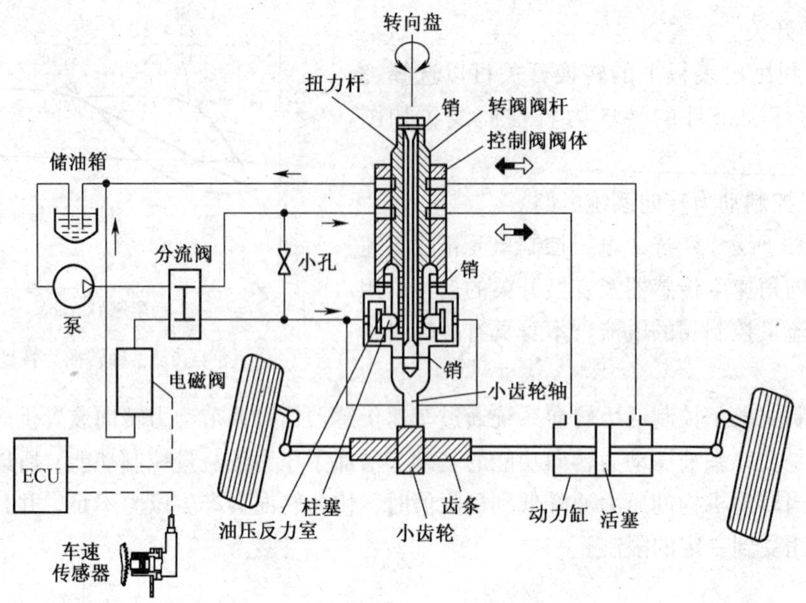

图 4-14　反力控制式动力转向系统

转向时，方向盘上的转向力通过扭力杆传递给小齿轮轴，带动小齿轮旋转，使齿条运动，实现转向。当转向力增大，扭力杆发生扭转变形时，转阀阀杆和控制阀阀体之间将发生相对转动，以此改变阀体和阀杆之间油道的通、断关系和工作油液的流动方向，从而实现液压助力转向作用。

② 分流阀。

分流阀的结构如图 4-15 所示，主要由阀门、弹簧、进油道和出油道组成。分流阀的作用是将来自转向油泵的液流分送到转阀、油压反力室和电磁阀。送到电磁阀和油压反力室中的液压油流量是由转阀中的油压来调整的。当转动方向盘时，转阀中的油压增大时，分配到电磁阀和油压反力室的液压油流量增加；当转阀中的油压达到一定值后，转阀中的油压便不再升高，而分配给电磁阀和油压反力室的液流量则不变。

③ 分流小孔。

把供给转向控制阀的一部分流量分配到油压反力室一侧。

④ 电磁阀。

根据需要将油压反力室一侧的机油压回储油箱。电子控制单元根据车速的高低控制电磁阀油路的阻尼面积，开口面积随电磁线圈通电电流占空比而变化，进而控制油压反力室一侧的液压油压力大小。

⑤ 车速传感器。

车速传感器的主要功用是检测汽车行驶速度，通常安装在变速器输出轴上。

⑥ 电子控制单元。

根据车速传感器输入信号控制通入电磁阀的电流，实

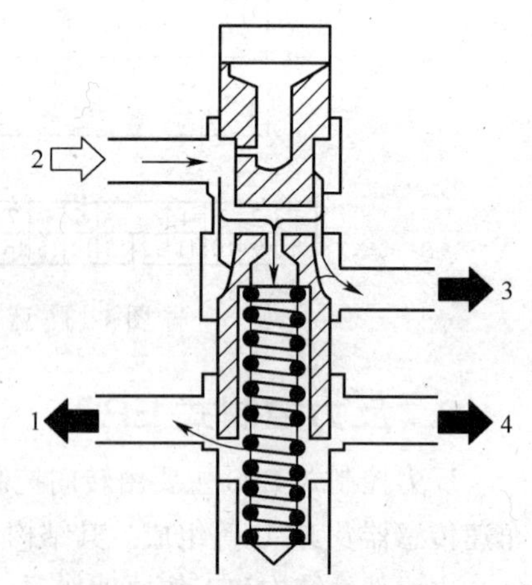

图 4-15　分流阀结构示意图

1—至电磁阀　2—至转向油泵
3—至转阀　4—至油压反力室

现相应的控制功能。车速提高时，为了增大转向操纵力，需要加大电磁阀的电流；而当车速超过 120km/h 时，为防止电流过大而造成过载，电子控制单元则使通往电磁阀的通电电流保持恒定。

当车辆静止或速度较低时，电子控制单元使电磁线圈的电流增大，电磁阀开口面积增大，经分流阀分流的液压油和小孔分流的液压油通过电磁阀开口重新回流到储油箱中的油量变大。作用于柱塞的背压（油压反力室压力）降低，柱塞推动控制阀转阀阀杆的反力较小，因此只需要较小的转向力就可使扭力杆扭转变形，使转阀阀杆和控制阀体发生相对转动而实现转向助力作用；当车辆在中高速区域转向时，电子控制单元使电磁线圈的电流减小，电磁阀开口面积减小，经分流阀分流的液压油和小孔分流的液压油通过电磁阀开口重新回流到储油箱中的油量变小，油压反力室的油压升高，作用于柱塞的背压增大，于是柱塞推动转阀阀杆的反力增大，此时需要较大的转向力才能使转阀阀杆和控制阀体之间做相对转动，才能实现转向助力作用，实现在中高速时使驾驶员获得良好的转向手感和转向特性。

丰田汽车公司“马克Ⅱ”型车使用的是反力控制式动力转向系统，其结构如图 4-16 所示。

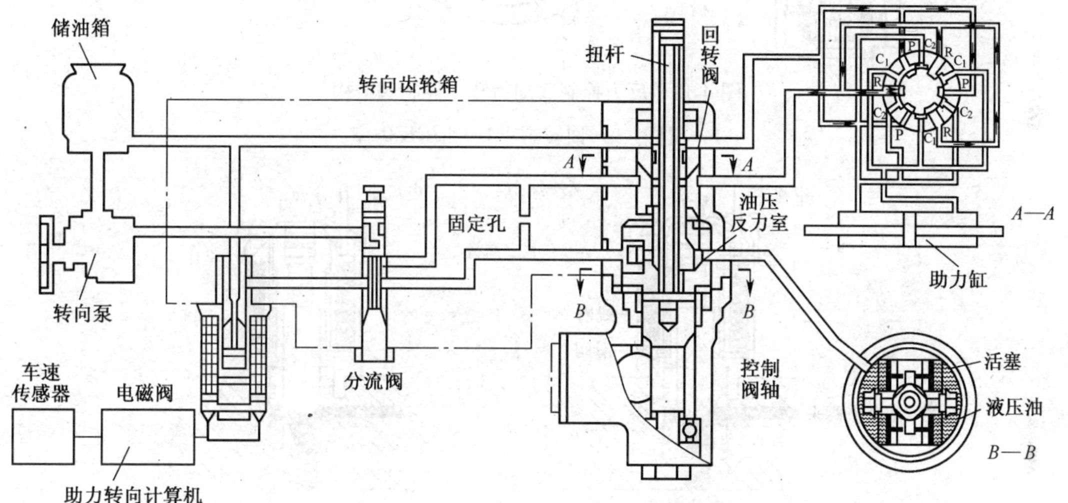

图 4-16　马克Ⅱ型电子控制动力转向系统结构

控制阀的结构如图 4-17 所示。

电磁阀的结构及其特性如图 4-18 所示。输入到电磁阀中的信号是通、断脉冲信号，改变信号占空比可以控制流过电磁阀线圈平均电流值的大小。当车速升高时，输入到电磁阀线圈的平均电流值减小，电磁阀的开度减小。这样，电磁阀开度的大小根据车速的高低就可以调整油压室反力，从而得到最佳的转向操纵力。

反力控制式动力转向系统是根据车速大小，控制反力室油压大小，从而控制转向力的大小的。其优点是具有较好的转向操纵力，驾驶员可以感受到稳定的操作手感；其缺点是结构复杂，成本较高。

3. 阀灵敏度控制式 EPS

阀灵敏度控制式 EPS 根据车速控制电磁阀，直接改变动力转向缸的油压增益。这种转向系统结构简单、价格便宜，而且具有较大的选择转向力的自由度。与反力控制式转向相比，转向刚性较差，可以提高原来的弹性刚度加以克服，可获得较好的转向手感和良好的转向特性。

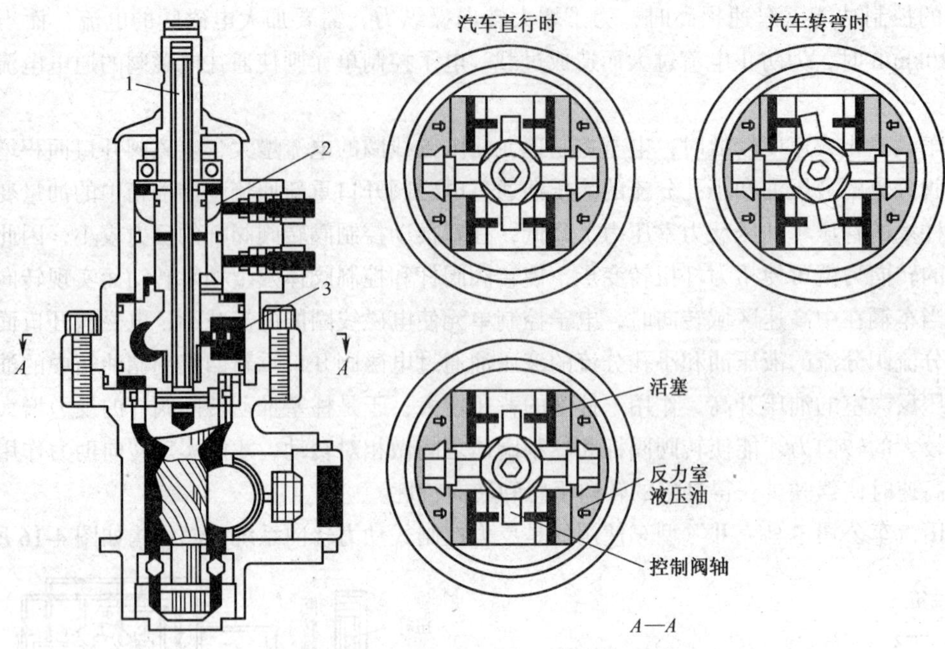

图 4-17　反力控制式动力转向控制阀结构

1—扭杆　2—回转阀　3—油压反力室

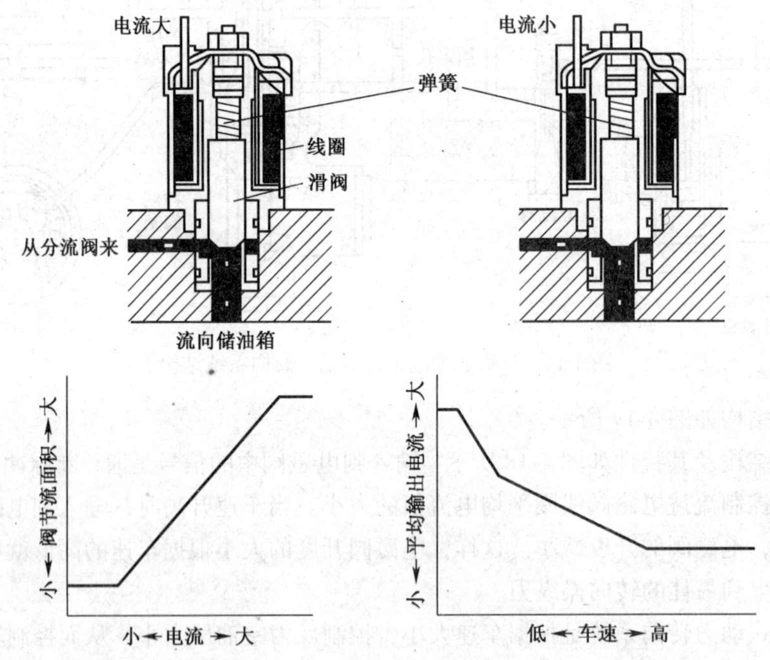

图 4-18　电磁阀结构及其特性

灵敏度控制式 EPS 的结构如图 4-19 所示，主要由转子阀、电磁阀、车速传感器及 ECU 等组成，其各部分的结构和工作原理如下。

① 转子阀。

转子阀的结构及原理如图 4-20 所示，转子阀的等效液压油路如图 4-21 所示。转子阀内体圆周上有 6 或 8 条沟槽，各沟槽与阀外体构成的油路，与泵、动力缸、电磁阀及油箱连接。

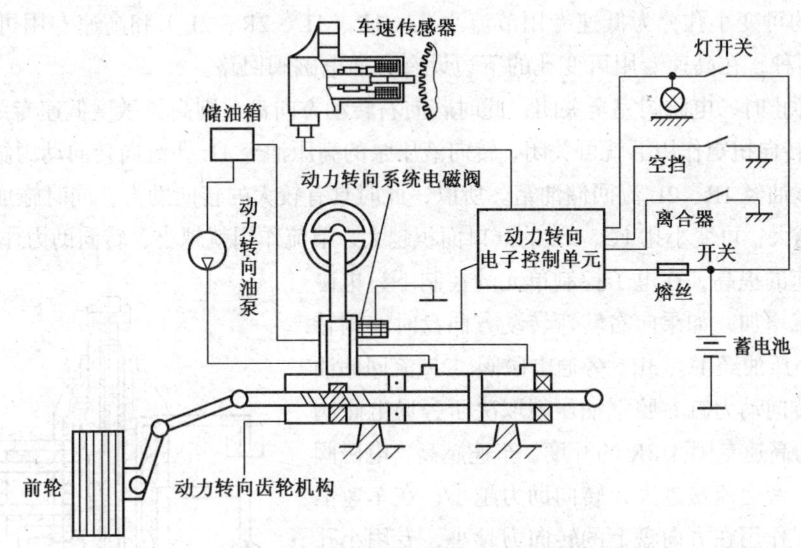

图 4-19　灵敏度控制式 EPS 的结构

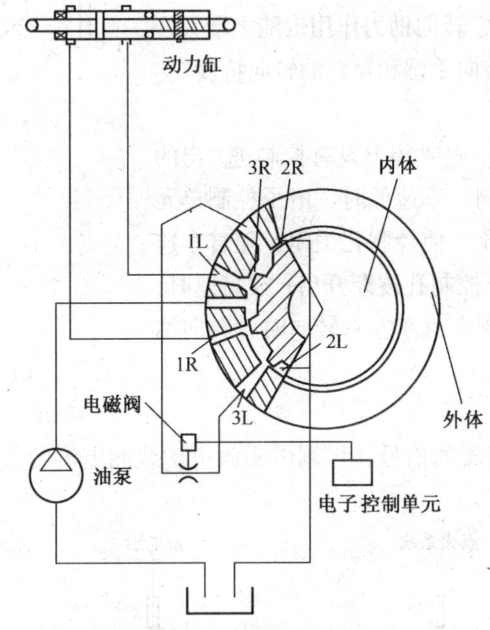

图 4-20　转子阀的结构及原理

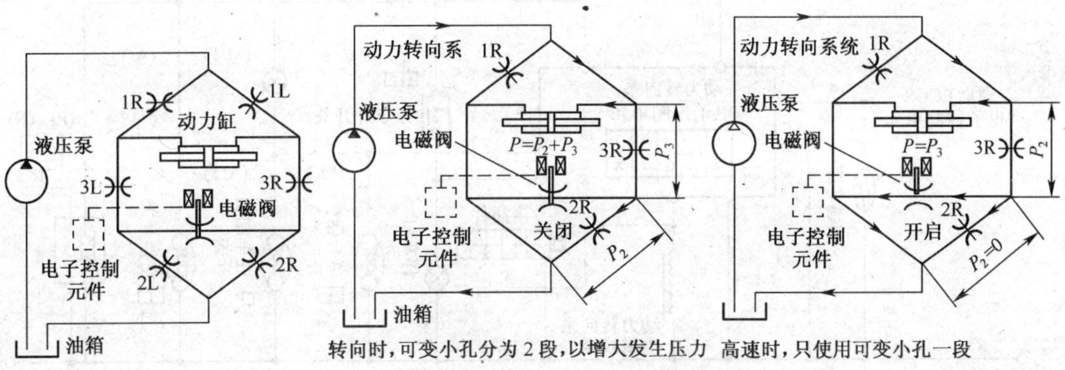

图 4-21　转子阀的等效液压油路

转子阀的可变小孔分为低速专用节流小孔（1R、1L、2R、2L）和高速专用可变控制小孔（3L、3R）两种，在高速专用可变孔的下边设有旁通电磁阀回路。

当车辆静止时，电磁阀完全关闭，此时若向右转动方向盘，则高灵敏度低速专用小孔 1R 和 2R 在较小的转向扭矩作用下就可关闭，转向液压泵的高压油经 1L 孔流向转向动力缸右腔室，其左腔室的液压油经 1R、2L 流回储油箱。所以，此时具有较大的转向助力。同时施加在方向盘上的转向力矩越大，可变小孔 1L、2L 的开口面积越大，节流作用就越小，转向助力作用越明显。

随着车速的提高，在电子控制单元的控制下，电磁阀的平均电流增加，如果向右转弯转动方向盘时，则转向液压泵的高压油经 1L、3R、旁通电磁阀、2R 流回储油箱。此时，转向动力缸右腔室油压就取决于旁通电磁阀和灵敏度低的高速专用孔 3R 的开度。车速越高，电磁阀的开度越大，旁通流量越大，转向助力越小；在车速恒定的情况下，作用在方向盘上的转向力越小，专用小孔 3R 的开度越大，转向助力作用也越小，当方向盘转矩增大时，3R 的开度逐渐减小，转向助力作用也随之增大，驾驶员可获得非常自然的转向手感和良好的转向特性。

② 电磁阀。

电磁阀如图 4-22 所示，电磁阀上设有控制进、出的旁通油道，是可变的节流阀。车速低时，电子控制单元向电磁线圈通以较大的电流，使控制孔关闭；随着车速升高，逐渐减小通电电流，控制孔逐渐开启；在高速时，开启通道达到最大值。该阀在汽车左右转向时，转向油流动的方向可以变换。

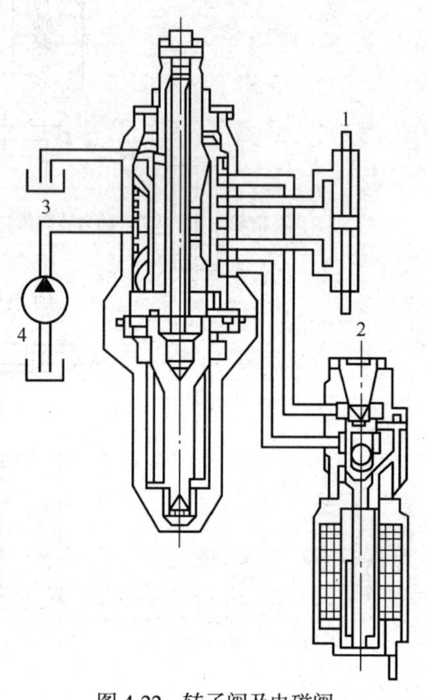

图 4-22　转子阀及电磁阀

1—动力缸　2—电磁阀　3—油箱　4—油泵

③ ECU。

ECU 可接受车速传感器的信号，控制电磁阀电磁线圈电流的大小。控制系统的电路如图 4-23 所示。

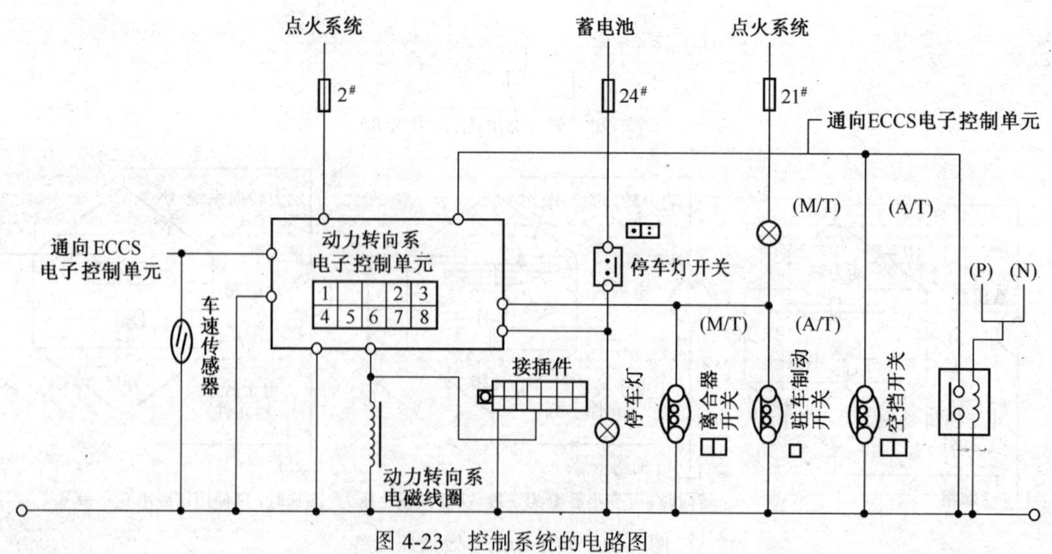

图 4-23　控制系统的电路图

（二）电动式 EPS

液压式动力转向系统由于是在原有液压转向系统的基础上发展起来的，具有成本低、工作灵敏度较高的特点，因而获得了广泛的应用；在大型车辆上一般采用气压动力转向系统。但这些动力转向系统的共同缺点是结构相对复杂、功率消耗大，容易产生泄漏，造成环境污染，转向力控制性能差等。随着微机和新型传感器在汽车上的广泛应用，出现了电动式电子控制动力转向系统。

1. 电动式 EPS 的组成、原理与特点

（1）电动式 EPS 的组成

电动式 EPS 如图 4-24 所示，电动式 EPS 一般由扭矩传感器、车速传感器、电子控制单元、电磁离合器和电动机等组成。电动机是电动式 EPS 的助力源，电子控制单元根据车速和转向扭矩等参数，控制电动机工作，实现助力转向的作用。

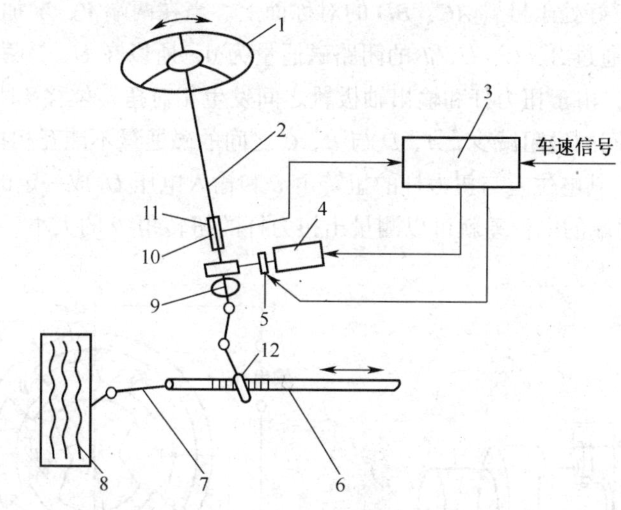

图 4-24 电动式 EPS 的组成

1—方向盘 2—转向轴 3—电子控制单元 4—电动机 5—电磁离合器 6—齿条 7—横拉杆 8—转向轮 9—输出轴 10—扭力杆 11—扭矩传感器 12—转向齿轮

（2）工作原理

当方向盘转向时，装在转向轴上的扭矩传感器不断地测出转向轴上的扭矩大小，并把它变成输出信号，该信号与车速信号同时输入到电子控制单元。电子控制单元根据这些输入信号，判断汽车的运行工况，确定助力扭矩的大小和方向，控制电动机的电流大小和转向，进而调整转向助力的大小。

电动机的扭矩通过电磁离合器向减速机构减速增扭后，施加在汽车的转向机构上，使之获得一个与汽车工况相适应的转向作用力。

（3）特点

① 质量轻。电动式 EPS 通常把电动机、离合器、减速装置、转向杆等各部件装配成一个整体，结构紧凑、质量较轻，与液压式 EPS 相比，质量轻 25%左右。

② 能源消耗少。电动机只是在转向时才被接通电源，所以动力消耗和燃油消耗均可降到最低程度。而液压式动力转向系统的转向油泵始终处于工作状态，动力消耗较大。

③ 减少环境污染。省去了油压系统的油路，没有漏油现象。

④ 转向助力特性好。由于微机速度快，灵敏度高，可以按照汽车性能的需要设置、修改转向助力特性。

2. 电动式 EPS 主要部件的结构及工作原理

电动式 EPS 主要由扭矩传感器、电动机、电磁离合器及减速机构等组成，其各部分的结构和工作原理如下。

（1）扭矩传感器

扭矩传感器的作用是测量转向轴与转向器之间的相对扭矩，是电动助力的参数之一。扭矩传感器可分为无触点式扭矩传感器和有触点式扭矩传感器。

① 无触点式扭矩传感器。

图 4-25 所示为无触点式扭矩传感器的结构及工作原理。

在输出轴的极靴上分别绕有 A、B、C、D 共 4 个线圈，汽车直行，转向轴处于中间位置时，扭力杆的纵向对称面正好处于极靴 AC、BD 的对称面上。当在两端 V、W 加上连续的输入脉冲电压信号 U_1 时，由于通过 A、C、U、T 的闭路磁通量为 0，所以在 U、T 两端检测到的输出电压信号 $U_0=0$；转向时，由于扭力杆和输出轴极靴之间发生相对扭转位移 θ 时，极靴 A、D 之间的磁阻增加，B、C 之间的磁阻减少，A、D 与 B、C 之间的磁通量不能互相抵消，于是在 U、T 之间就出现了电位差。其电位差与扭力杆的扭转角 θ 和输入电压 U_1 成一定的函数关系。

通过测量 U、T 两端的电位差就可以测量出扭力杆的扭转角 θ 的大小，就可计算出方向盘施加的转动扭矩。

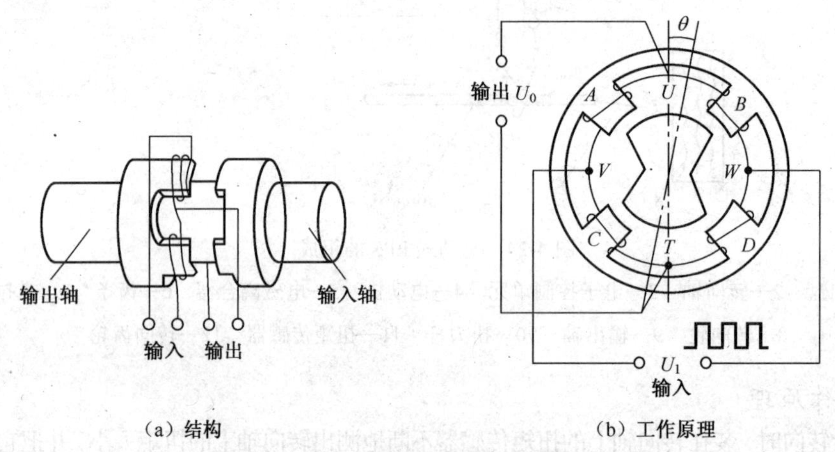

（a）结构　　（b）工作原理

图 4-25　无触点式扭矩传感器的结构及工作原理

② 有触点式扭矩传感器。

图 4-26 所示为滑动可变电阻式扭矩传感器的结构和原理示意图。它是将转向力矩引起的扭力杆角位移转换为电位器电阻的变化以引起输出电压的变化，并经滑环传递出来作为扭矩信号。

（2）电动机

电动式 EPS 一般采用直流电动机。其工作原理与启动用直流电动机的原理基本相同。其电压为 12V，最大通过电流一般为 30A 左右，额定转矩为 10N·m 左右。

左右转向助力时，需用直流电动机正反转控制，图 4-27 所示为其控制电路。a_1、a_2 为电子控制单元触发信号端。当 a_1 端得到输入信号时，晶体三极管 VT_3 导通，VT_2 得到基极电流而导通。电流经 VT_2→电动机 M→VT_3→搭铁而构成闭合回路，电动机正转；当 a_2 端得到输入信号时，电流则经 VT_1→M→VT_4→搭铁而构成闭合回路，因电流方向相反，电动机则反转。通过控制触发信号端电流的大小，就可以控制通过电动机电流的大小。

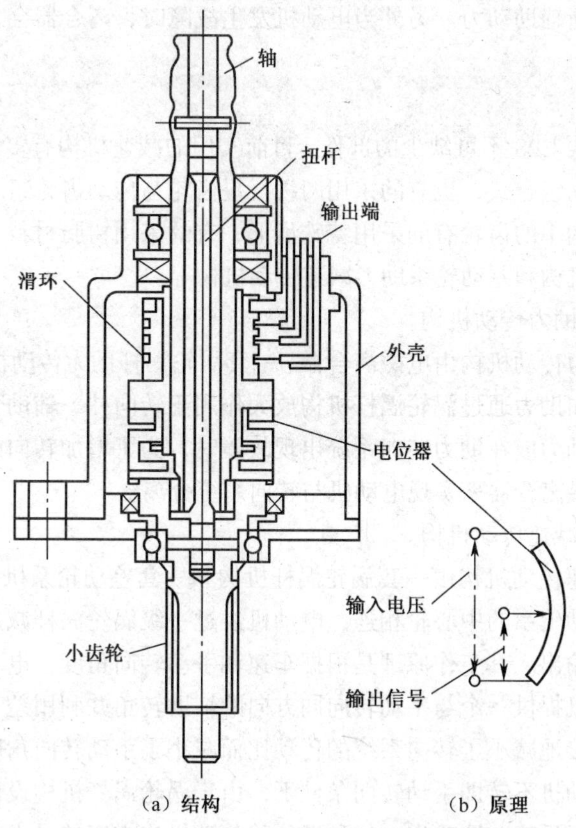

图 4-26　滑动可变电阻式扭矩传感器的结构和原理

（3）电磁离合器

图 4-28 为单片干式电磁离合器的工作原理图。当图 4-26 所示的滑动可变电阻式扭矩传感器结构电流通过滑环进入电磁离合器线圈时，主动轮产生电磁吸力，带花键的压板被吸引与主动轮压紧，于是电动机的动力经过轴、主动轮、压板、花键、从动轴传递给执行机构。

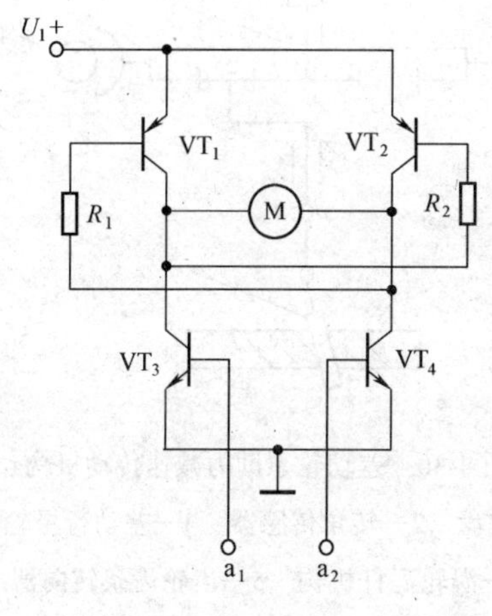

图 4-27　电动机正反转控制电路

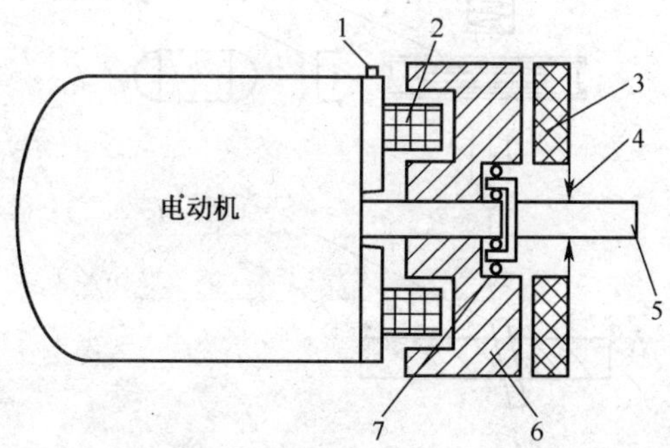

图 4-28　电磁离合器的工作原理

1—接线柱　2—线圈　3—压板　4—花键
5—从动轴　6—主动轮　7—滚珠轴承

电动式 EPS 一般都设定一个工作范围，例如当车速达到 45km/h 时，就不需要辅助动力转向，这时电动机就停止工作，为了不使电动机和电磁离合器的惯性影响转向系统的工作，离合器应及时分离，以切断辅助动力。另外当电动机发生故障时，离合器会自动分离，这时仍可利用手动控制转向。

（4）减速机构

减速机构是电动式 EPS 不可缺少的部件。目前实用的减速机构有多种组合方式，一般采用涡轮涡杆与转向轴驱动组合式，也有的采用两级行星齿轮与传动齿轮组合式。为了抑制噪声和提高耐久性，减速机构中的齿轮有的采用特殊齿形，有的采用树脂材料制成。减速机构分为涡轮涡杆减速助力传动机构和差动轮系助力减速传动机构等。

① 涡轮涡杆减速助力传动机构。

涡轮涡杆减速助力传动机构由电磁离合器、一套涡轮涡杆助力传动机构组成，如图 4-29 所示。电动机提供的转向助力通过涡轮涡杆机构放大作用于转向柱，辅助驾驶员进行转向动作。车辆高速行驶不需要助力或在助力转向系统出现故障时，为了增加转向的可靠性，在电动机与助力机构之间采用电磁离合器来实现电动机与转向系统分离。

② 差动轮系助力减速传动机构。

差动轮系助力减速传动机构由一套涡轮涡杆机构和一套差动轮系机构组成，如图 4-30 所示。转向输入轴与差动轮系的中心轮相连，电动机经过一级涡轮涡杆减速机构带动齿圈运动，合成的运动由行星架输出。其工作原理是根据车速和手动转向角度，电子控制单元按照事先确定的控制规律使电动机提供一个与手动转向同方向的辅助转角并利用差动轮系的运动合成得到前轮转向角度，这间接地减小了转向系统的传动比而减小了手动转向角度，从而减少了驾驶员消耗的转向功。在电动机不转即手动转向条件下，由于涡轮涡杆机构设计成反向自锁，故齿圈固定，转向动作通过行星架减速输出。这种助位移传动机构方案的最大特点是不需要电磁离合器，而且不会造成手力的突变。

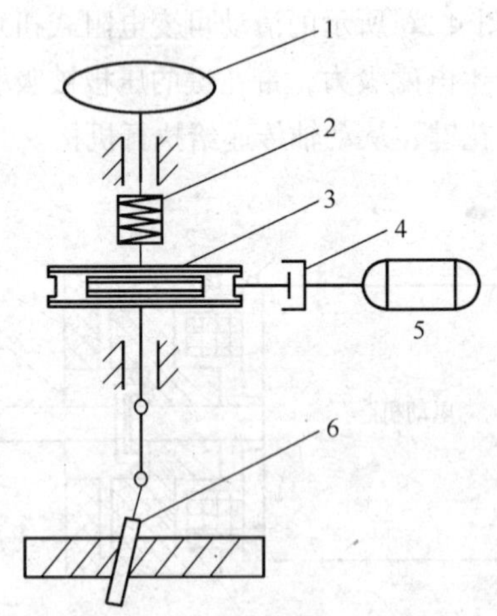

图 4-29　涡轮涡杆减速助力传动机构

1—方向盘　2—扭矩传感器　3—涡轮涡杆机构
4—离合器　5—电动机　6—齿轮齿条转向器

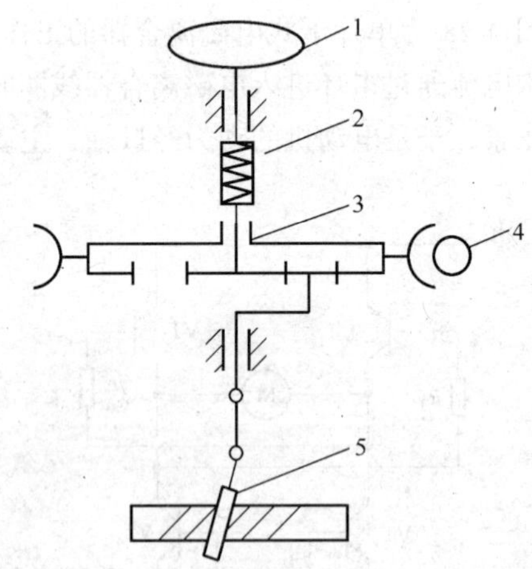

图 4-30　差动轮系助力减速传动机构

1—方向盘　2—转角传感器　3—差动行星轮机构
4—涡轮涡杆机构　5—齿轮齿条转向器

3. 宝来（Bora）及高尔夫（GOLF）2004 电子动力转向系统介绍

（1）Bora 动力转向系统

电子机械动力转向系统的组成及功能如图 4-31 所示。

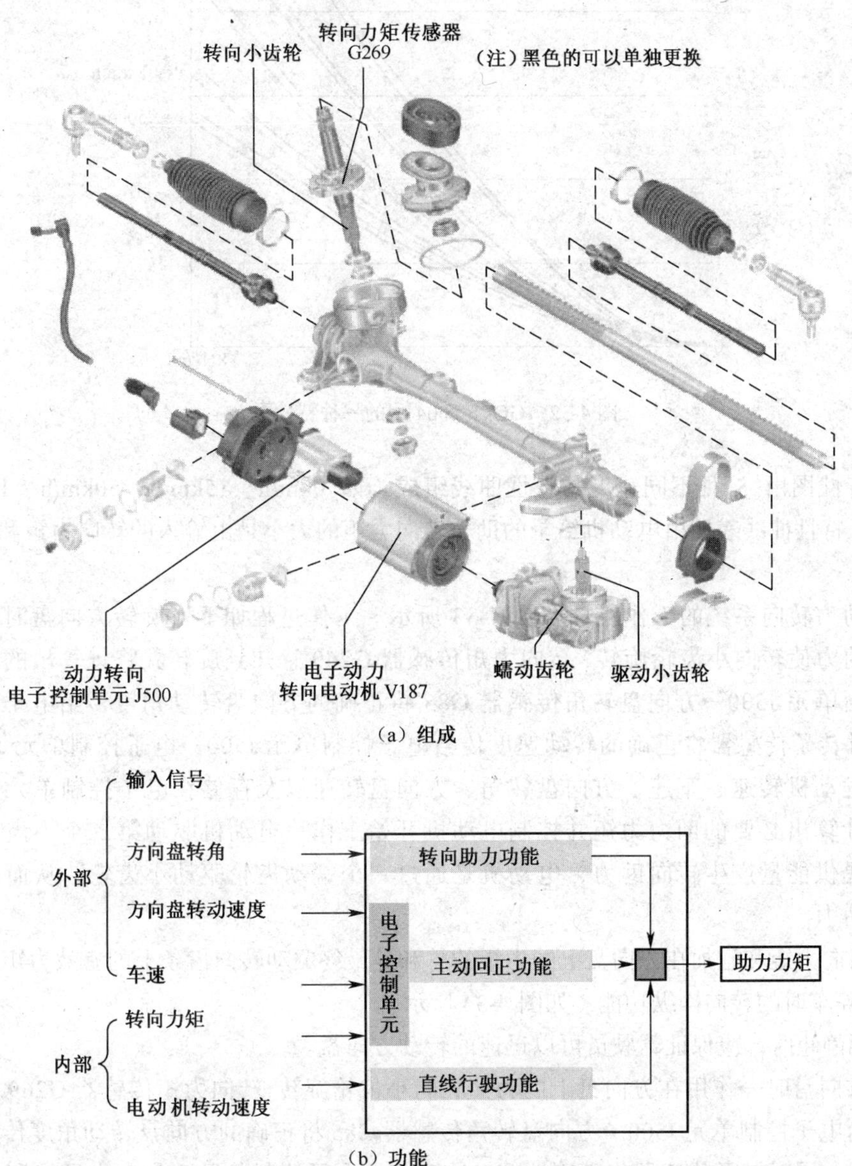

（a）组成

（b）功能

图 4-31 Bora 动力转向系统的组成及功能

（2）转向助力控制原理

它是通过存储在电子控制单元中的不变的特性图程序控制的，电子控制单元中最多可存储 16 种不同的特性图。特性图是在生产厂家根据不同的整车装备分别设置的（如整车重量等）。GOLF 2004 中放置了 8 种特性图。当电子控制单元或转向系统发生改变时，可以用 VAS5051 通过功能“adaption”中的 01 通道进行匹配。

如图 4-32 所示是 GOLF 2004 中 8 种特性图中的一种，根据车的载荷不同又分轻重两部分特性曲线。

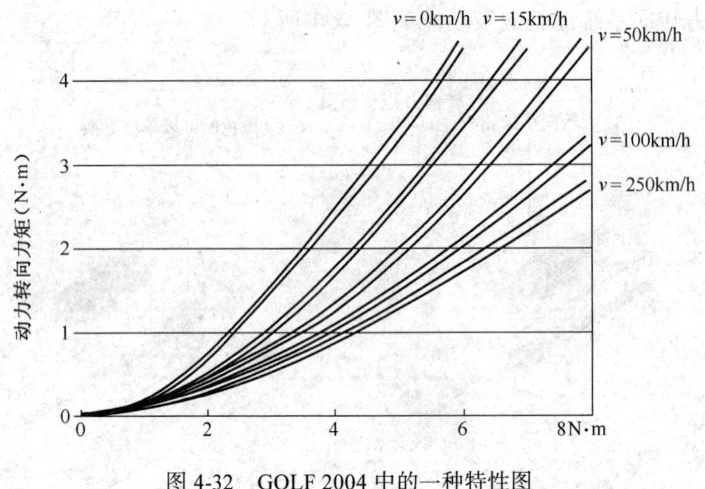

图 4-32　GOLF 2004 中的一种特性图

每种特性图由 5 种不同速度的特性曲线组成（如 0km/h、15km/h、50km/h、100km/h、250km/h）。特性曲线表明由电动机给予的助力转向力矩的大小是由输入的转向力矩和车速来决定的。

电子助力转向系统的工作原理如图 4-33 所示。工作过程如下：旋转方向盘时→作用在方向盘上的力使转向小齿轮旋转，转向力矩传感器 G269 感知到旋转并将计算出的转向力传给电子控制单元 J500→方向盘转角传感器 G85 将正确的方向盘转动角度传给电子控制单元 J500，同时转子传感器将正确的转动速度传给电子控制单元 J500→电子控制单元 J500 根据转向力、发动机转速、车速、方向盘转角、方向盘转速以及存储在电子控制单元中的特性曲线图，计算出必要的助力力矩并控制电动机开始工作→电动机驱动第二个小齿轮（驱动小齿轮）提供能量产生转向助力，电动机是通过一个蠕动齿轮驱动小齿轮，从而驱动转向齿条产生助力。

助力转向力矩和施加在方向盘上的力矩的总和是最终驱动转向齿条上的有效力矩。

① 在停车时的转向操纵功能（如图 4-34 所示）。

当车辆静止时，应保证驾驶员可以迅速的转动方向盘。

旋转方向盘时→作用在方向盘上的力使转向小齿轮旋转，转向力矩传感器 G269 感知转向力矩并传给电子控制单元 J500→方向盘转角传感器 G85 将正确的方向盘转动角度传给电子控制单元 J500，同时转子传感器将正确的转动速度传给电子控制单元 J500→电子控制单元 J500 根据大的转向力、大的方向盘转角、车速为 0km/h、发动机转速、转动速度以及存储在电子控制单元中的 v=0km/h 的特性曲线图，计算出需要一个“大”的助力力矩并控制电动机开始工作。

这样，在静止状态下，由电动机驱动的第二个小齿轮（驱动小齿轮）提供能量产生大的转向助力，驱动转向齿条。

施加在方向盘上的力矩和大的助力转向力矩的总和是车辆在静止工况下最终驱动转向齿条上的有效力矩。

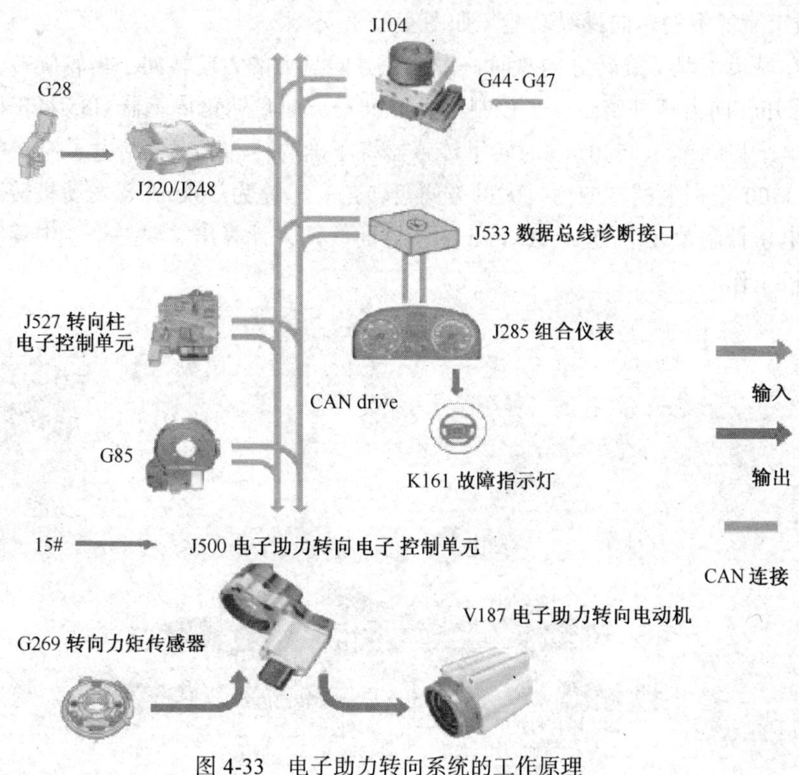

图 4-33　电子助力转向系统的工作原理

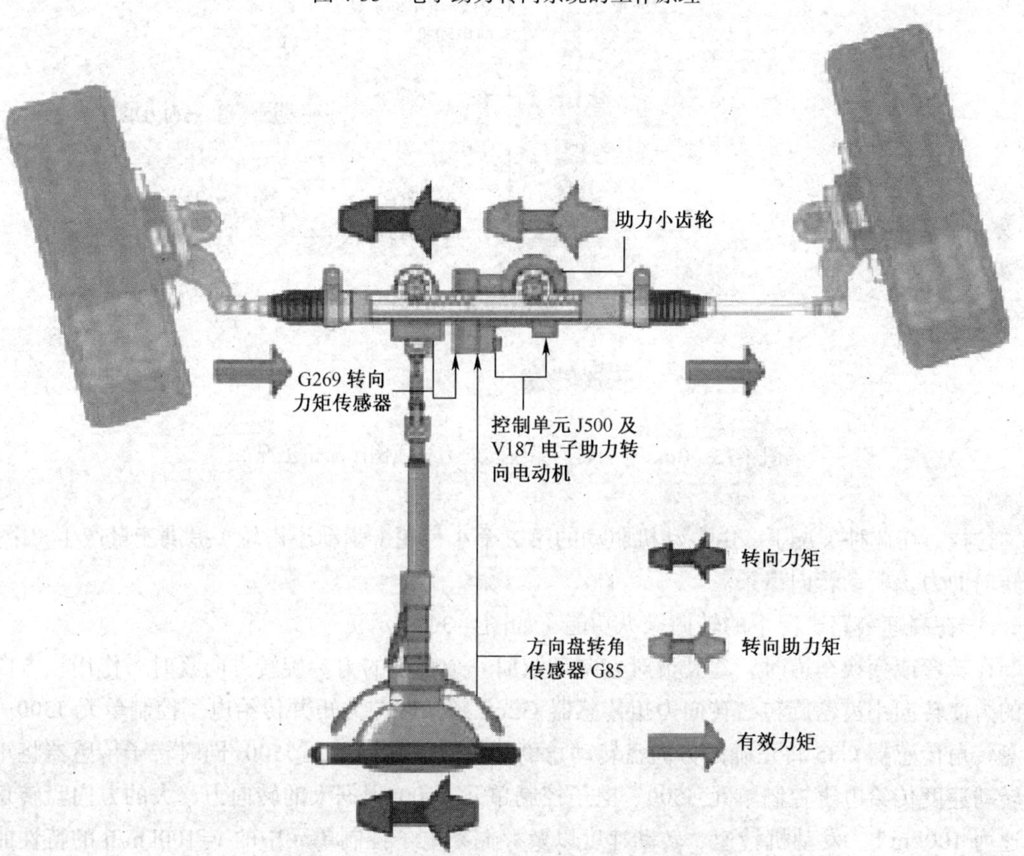

图 4-34　Bora 动力转向系统转向力合成图（静止工况）

② 在城市工况下的转向操纵功能（如图 4-35 所示）。

当车辆在城市工况下旋转方向盘时→作用在方向盘上的力使转向小齿轮旋转，转向力矩传感器 G269 感知转向力矩并传给电子控制单元 J500→方向盘转角传感器 G85 将正确的方向盘转动角度传给电子控制单元 J500，同时转子传感器将正确的转动速度传给电子控制单元 J500→电子控制单元 J500 根据大的转向力、大的方向盘转角、车速为 50km/h、发动机转速、转动速度以及存储在电子控制单元中的 v=50km/h 的特性曲线图，计算出需要一个“中等”的助力力矩并控制电动机工作。

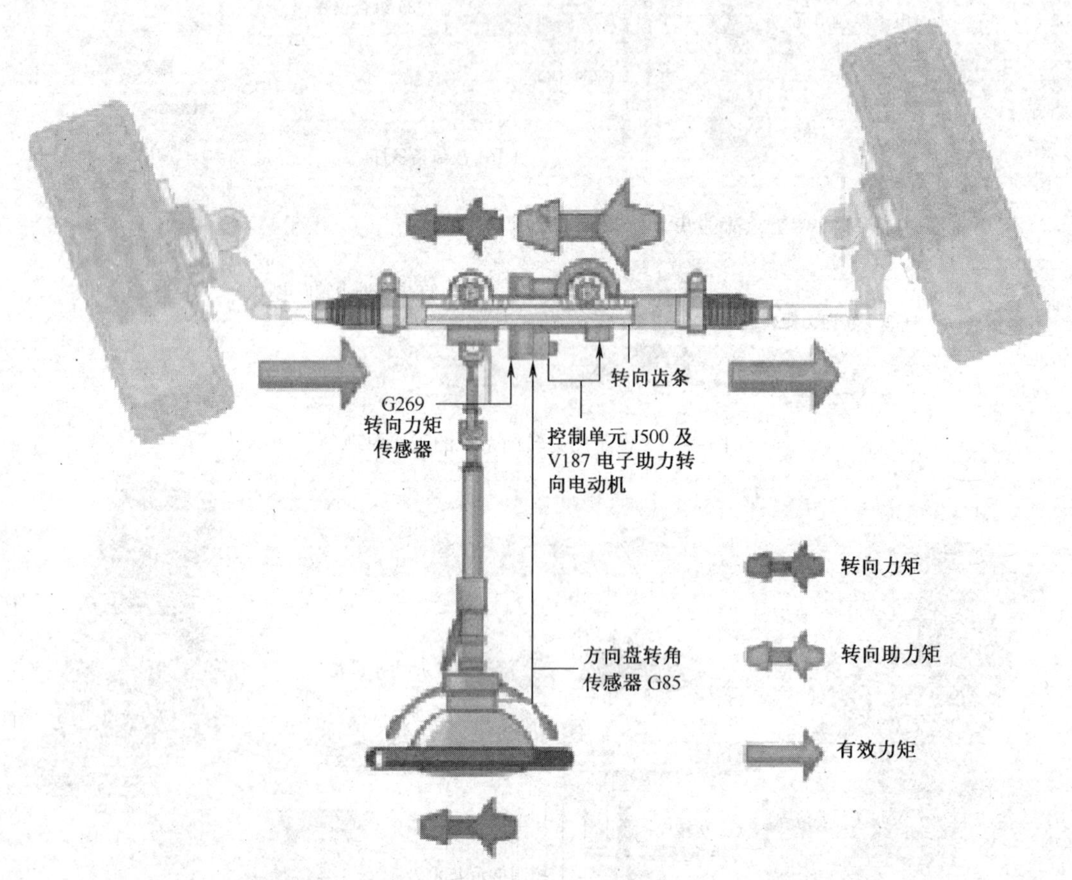

图 4-35　Bora 动力转向系统转向力合成图（城市工况）

这样，在此种工况下，由电动机驱动的第二个小齿轮（驱动小齿轮）提供能量产生“中等”的转向助力，驱动转向齿条。

③ 在高速公路工况下的转向操纵功能（如图 4-36 所示）。

在转弯或变换车道时，驾驶员对方向盘施加一个轻微的力。旋转方向盘时→作用在方向盘上的力使转向小齿轮旋转，转向力矩传感器 G269 感知转向力矩并传给电子控制单元 J500→方向盘转角传感器 G85 将正确的方向盘转动角度传给电子控制单元 J500，同时转子传感器将正确的转动速度传给电子控制单元 J500→电子控制单元 J500 根据大的转向力、大的方向盘转角、车速为 100km/h、发动机转速、转动速度以及存储在电子控制单元中的 v=100km/h 的特性曲线图，计算出需要一个“小”的助力力矩并控制电动机工作。

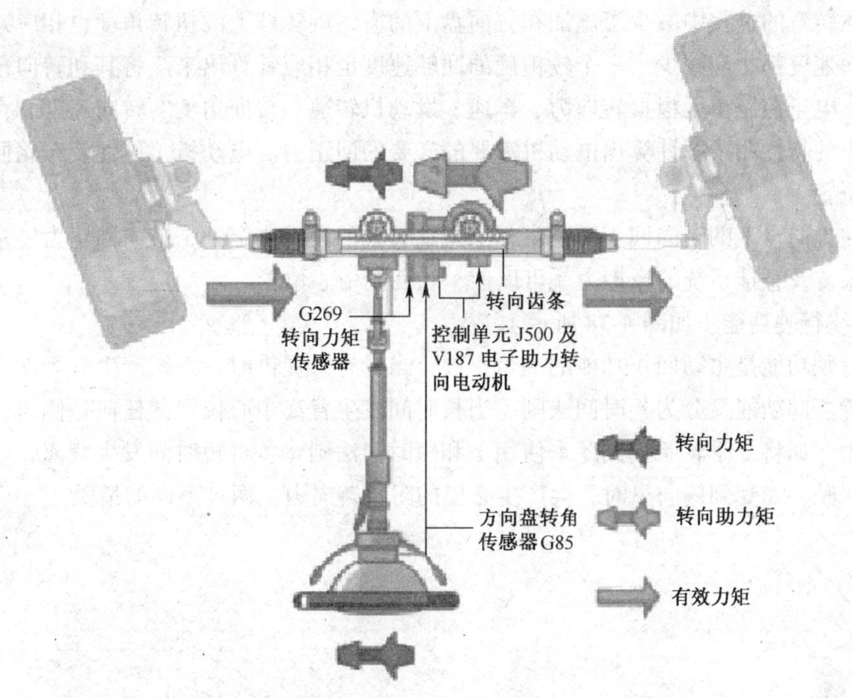

图 4-36 Bora 动力转向系统转向力合成图（高速公路工况）

这样，在高速公路上为实现变换车道，由电动机驱动的第二个小齿轮（驱动小齿轮）提供能量产生“小”的转向助力，驱动转向齿条；或者根本就不产生助力。

④ 主动回正功能（如图 4-37 所示）。

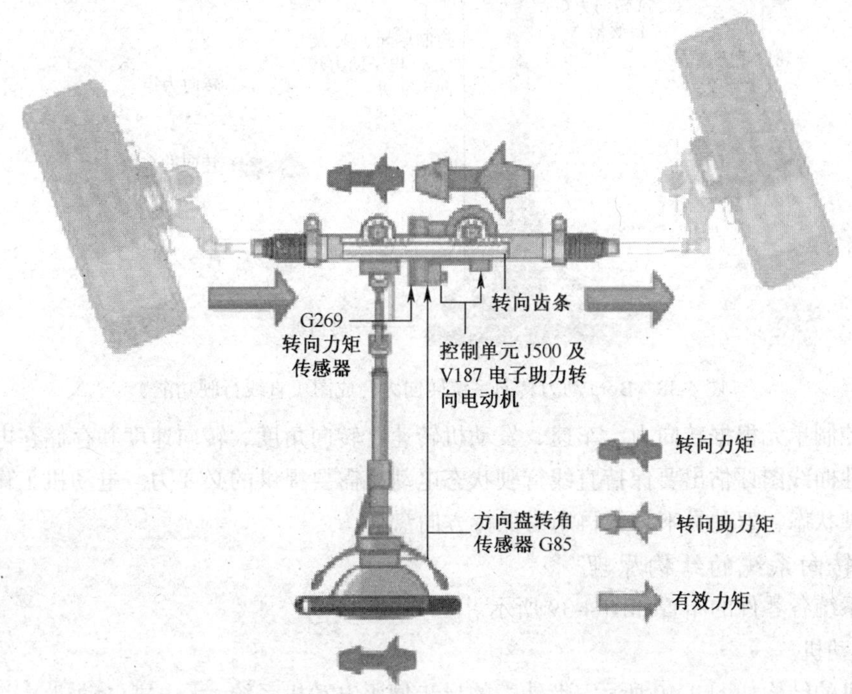

图 4-37 Bora 动力转向系统转向力合成图（主动回正功能）

如果在转弯的过程中减少了施加在方向盘上的力，旋转杆上的扭转角度也相应减少，转向角度和转向速度都相应减少，一个较精确的回转速度也相应计算出来。将其和转向角度和速度进行比较，电子控制单元根据转向力、车速、发动机转速、转向角度、转向速度和存储在电子控制单元中的特性曲线图计算出电动机需要的必要的回正力。电动机工作促使车轮回到直线行驶的中心位置。

作用在方向盘上的转向回正力是由整个运动装置的设计决定的，转向回正力经常很微弱，因为转向系统及悬挂系统的摩擦力就可以使车轮回到中心位置。

⑤ 直线行驶功能（如图 4-38 所示）。

直线行驶功能是主动回正功能的一个扩展，当没有力提供时，系统产生一个助力使车轮回到中心位置。此功能又分为长时间法则（当长时间发生背离中心位置的任何一侧时，起到平衡背离的作用，如将夏季轮胎换到冬季使用）和短时间法则（负责短时间发生背离，这将使驾驶员更容易驾驶，如受到侧向风时，会产生必要的阻止转向力）两种不同的情况。

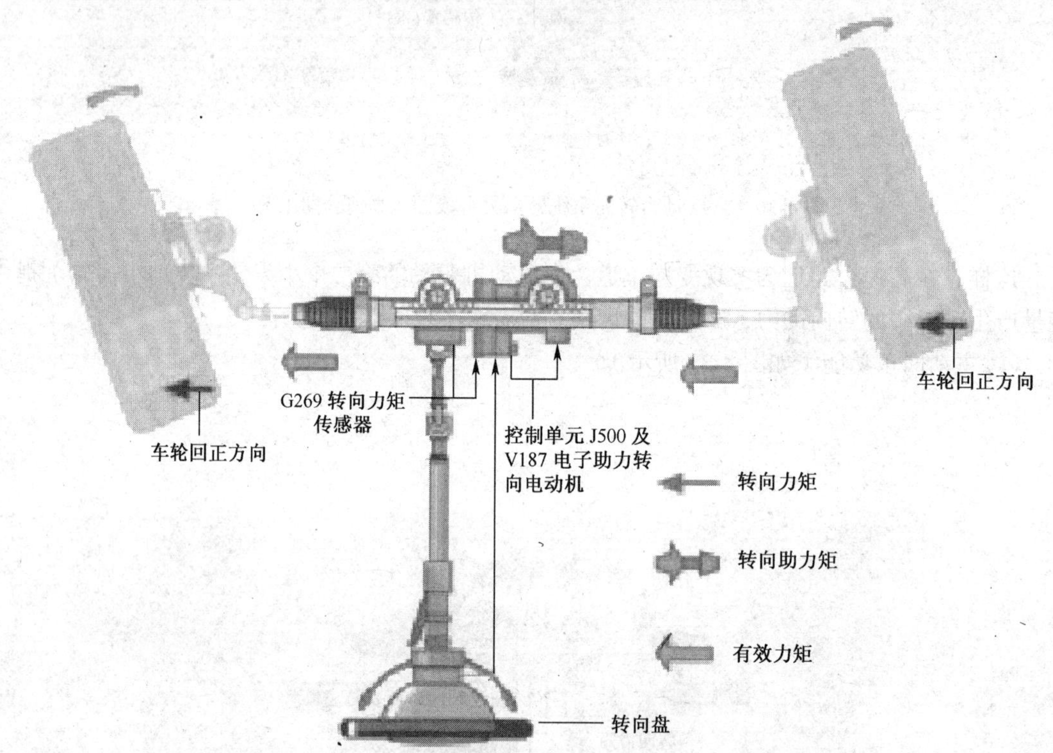

图 4-38 Bora 动力转向系统转向力合成图（直线行驶功能）

电子控制单元根据转向力、车速、发动机转速、转向角度、转向速度和存储在电子控制单元中的特性曲线图评估出要保持直线行驶状态电动机需要提供的必要力。电动机工作，车辆回到直线行驶状态，驾驶员不需要再用力保持方向盘。

（3）转向系统的结构原理

转向系统各零件的布置如图 4-39 所示。

① 电动机。

电动机的结构如图 4-40 所示。带外壳的异步伺服电动机系统，无电刷电动机，无扭矩波动，低噪声，无磁性材料，无额外摩擦，具有宽的转速范围，宽的温度范围。平均工作电流为 2.5A，最大电流为 80A。

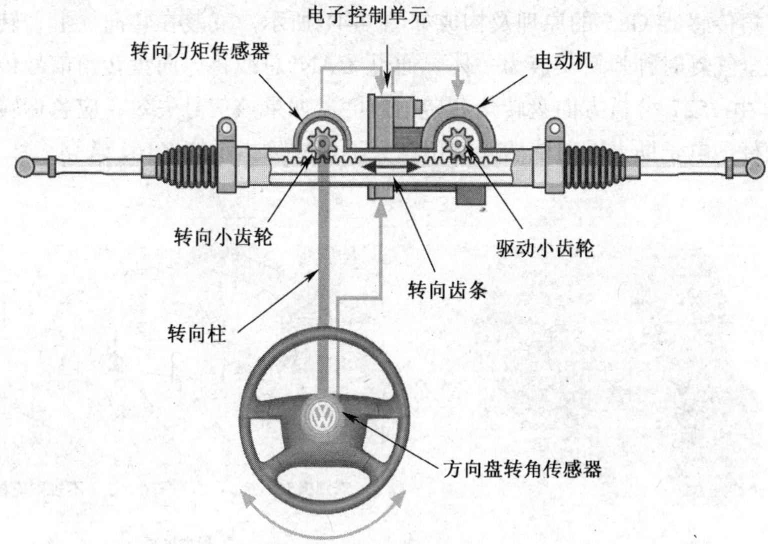

图 4-39 Bora 动力转向系统各零件的布置

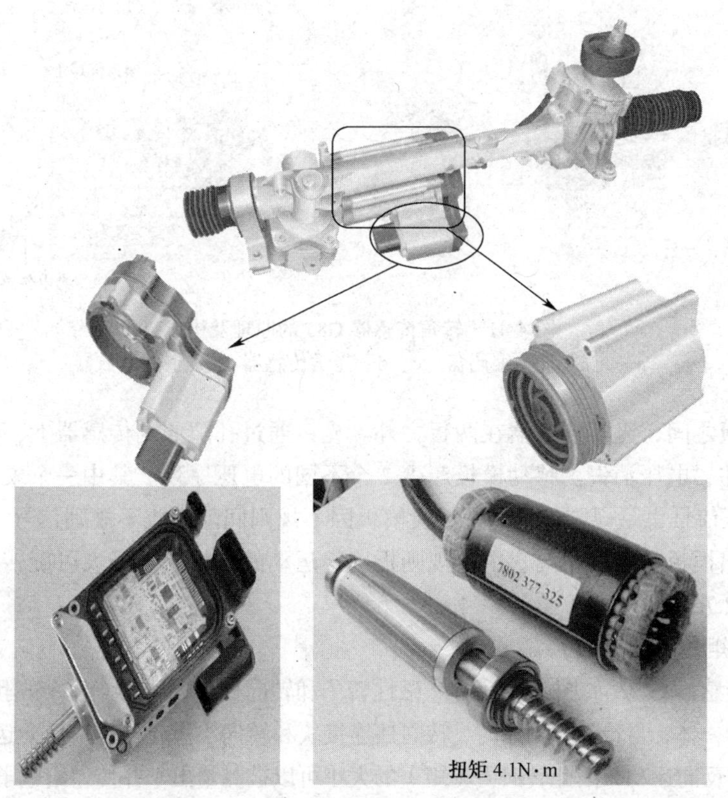

图 4-40 转向系统电动机的结构

② 电子控制单元。

电子控制单元内部有一个温度传感器，当温度超过 100℃时，则 K161 亮电子控制单元与电动机直接相连，损坏后应整体更换。

③ 方向盘转角传感器 G85。

方向盘转角传感器 G85 的原理及构成如图 4-41 所示。安装在转向柱上，转向开关与方向盘之间，与安全气囊时钟弹簧集成为一体。通过 CAN 总线将方向盘转角信号传递给转向柱电控单元 J527。由 J527 分析方向盘转角和转角速度。如果该信号失效，应急运转模式启动，由存储内设值代替，电子助力转向依然起作用，只不过故障指示灯 K161 常亮。

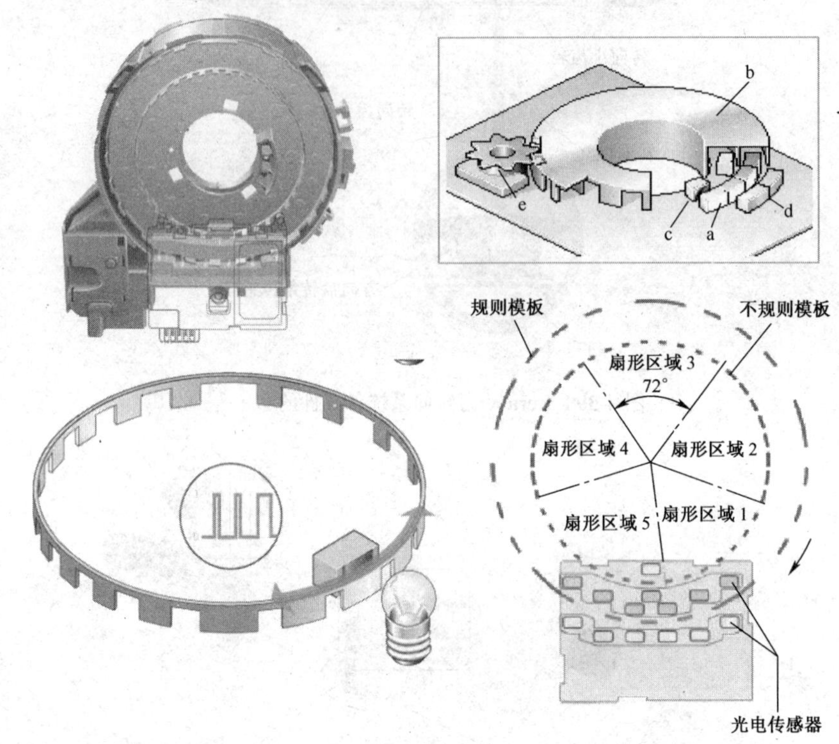

图 4-41　转角传感器 G85 的原理及构成

a—光源　b—编码盘　c、d—光学传感器　e—整圈计数器

光源在两板之间，光学传感器在两板之外。光束通过孔隙照到传感器上，产生电压信号。如果光线被挡住，电压消失。移动模板产生 2 个不同的电压序列。其中一个模板因孔隙间隔一致，产生的电压信号也是规则信号。另一块模板因不规则间隙生成不规则信号。比较两个信号，系统可以计算出模板移动的距离。由不规则板确定运动的起始点。最大可旋转 1044°，转向小齿轮最多可转 2.76 圈。

④ 转向力矩传感器 G269。

转向力矩传感器 G269 如图 4-42 所示。磁性转子和转向柱连接块为一体，磁阻传感元件和转向小齿轮连接块为一体，当转动方向盘时，转向柱连接块和转向小齿轮连接块反向运动，即磁性转子和磁阻传感元件反向运动，因此转向力（矩）的大小可以被测量出来并传递给电子控制单元。

如果信号失效，转向助力系统将关闭，但并不是马上关闭，而是一个柔软的逐步的过程。在此过程中，助力转向力的大小由电子控制单元通过电动机转子角度和方向盘转角等信号计算出的值所代替，故障警报灯 K161 亮起。

⑤ 故障警报灯 K161。

故障警报灯 K161 的位置如图 4-43 所示。

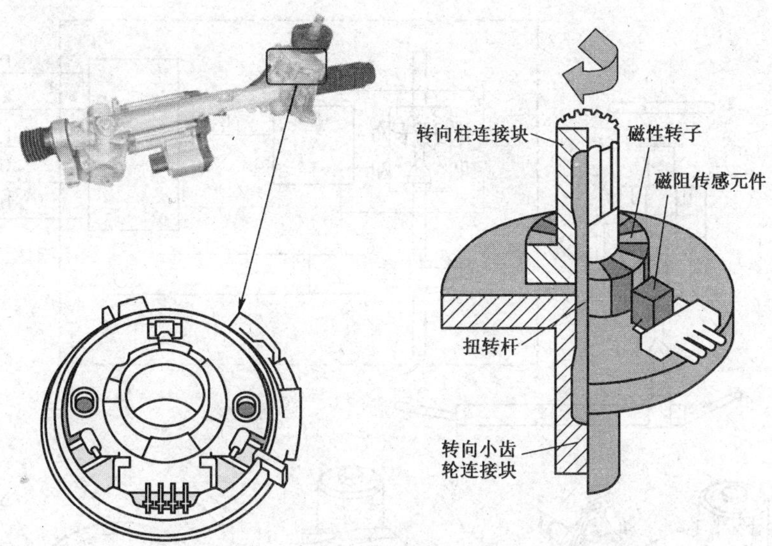

图 4-42　转向力矩传感器 G269 的结构

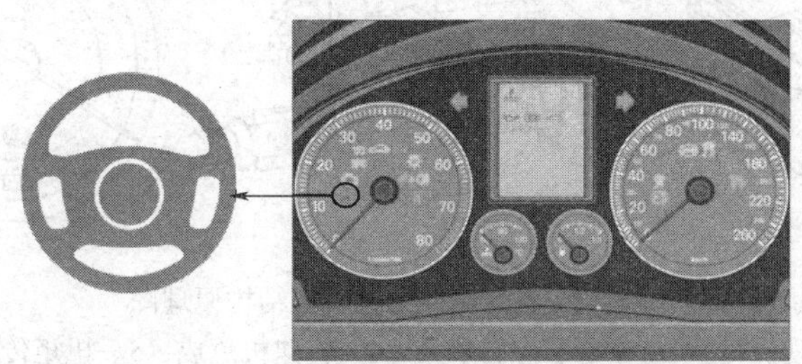

图 4-43　故障警报灯 K161 的位置

三、项目实施

（一）项目实施环境

所需设备：日产 NISSAN TIIDA 型轿车或宝来（Bora）、2004 高尔夫（GOLF）带电子动力转向系统型轿车，CONSULT-II 诊断仪或 V. A. G1552 故障诊断仪、V. A. G 1598 / 21 测试盒、车用万用表、试车场地、拆卸专用工具、举升机、维修操作台等。

（二）项目实施步骤

以 NISSAN 为例，说明电动转向系统的维修检测方法。NISSAN 电控转向结构原理如图 4-44 所示。进行故障诊断的基本步骤如下。

① 进行故障诊断的最重要一点是透彻地了解 EPS 各个系统的组成和工作原理。

② 检查前了解客户的反馈是非常重要的，有必要通过同客户一起驾驶车辆来检查症状。

③ 对于间歇性故障，根据与客户的反馈及过去的案例来再现症状是非常重要的。请勿根据一些特殊情况进行检查，大多数间歇性故障是由于接触不良引起的。在此情况下，用手晃动可疑的线束或接头是有效的方法。如果修理后不进行任何症状检查，没有人可以判断症状是否已经真正排除。

④ 完成诊断修理之后，一定要执行“清除故障码”。

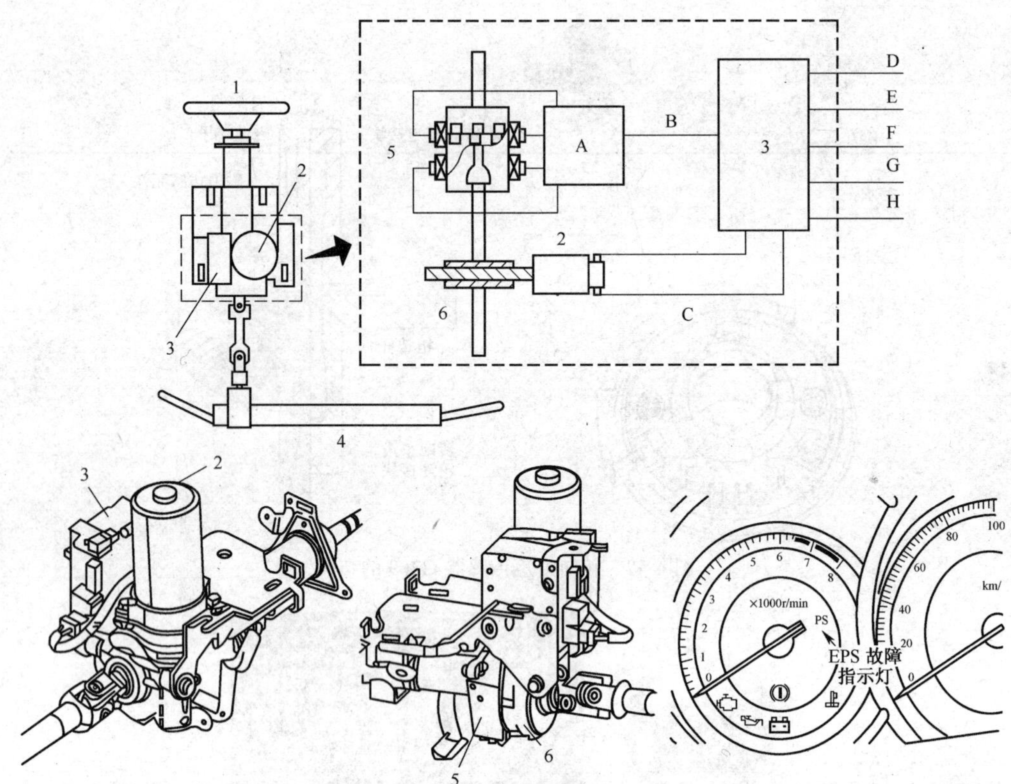

图 4-44 NISSAN 电控转向结构原理图

1—方向盘 2—电动机 3—EPS 电子控制单元 4—转向机总成 5—扭矩传感器 6—减速齿轮
A—传感器处理信号 B—传感器信号 C—辅助扭力信号（电动机驱动型） D—点火电源
E—CAN（H） F—CAN（L） G—电源 H—接地

各元件的功能如表 4-1 所示。

表 4-1 各元件的功能

零部件名称	作　用
电动助力转向（EPS）电子控制单元	1. 接收扭矩传感器发出的转向力信号以及 CAN 通信网络传递的车速信号等，并对电动机发出输出辅助扭矩信号 2. 如果持续过度地使用电动转向，电子控制单元输出信号便会减少，以保护电动机与 EPS 电子控制单元 3. 电气系统在故障条件下，“安全－失效”模式功能便会启动，关闭对电动机的输出信号，转为手动转向。EPS 警告灯便会点亮，显示系统出错 4. 通过 CAN 通信系统，可以控制协调与不同单元之间的通信 5. 允许使用 CONSULT-II 进行系统诊断
电动机	通过 EPS 电子控制单元发出的控制信号产生辅助扭矩，是转向助力的动力源
扭矩传感器	监测方向盘转向力的大小和发送给 EPS 电子控制单元的传感器转向扭矩信号
减速齿轮	通过涡轮减速增扭，增加电动机产生的辅助扭矩，并传递到转向柱上
EPS 警告灯	1. 在“安全－失效”模式功能工作时打开，同时显示手动转向状态 2. 当钥匙开关打开检查值时点亮，在发动机启动后关闭

注：如果 EPS 系统出现故障时，“安全－失效”模式功能将终止 EPS 控制，同时系统进入“安全－失效”模式状态。EPS 警告灯将点亮以显示异常状态，同时进入手动转向操作状态。

NISSAN 电控转向系统线路如图 4-45 所示，系统电路连接如图 4-46 所示，系统仪表电路连接如图 4-47 所示。

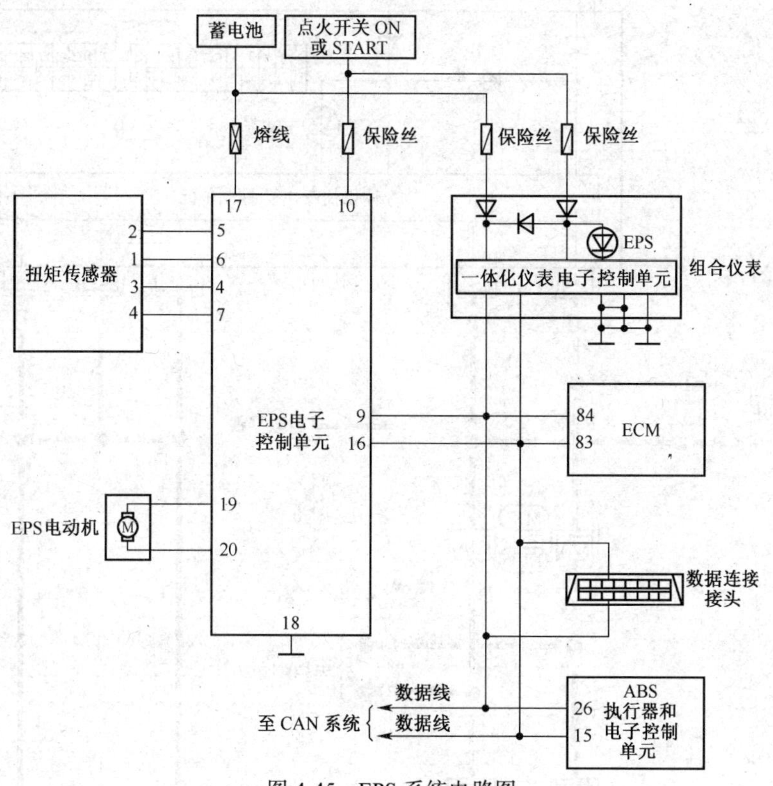

图 4-45　EPS 系统电路图

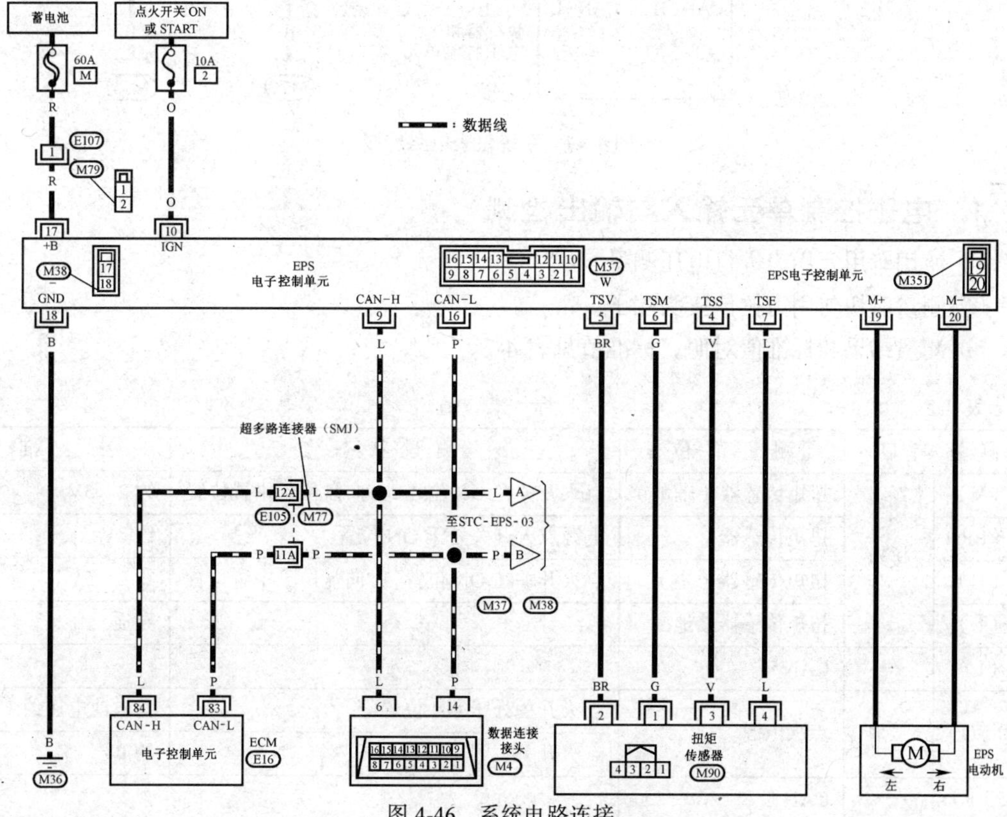

图 4-46　系统电路连接

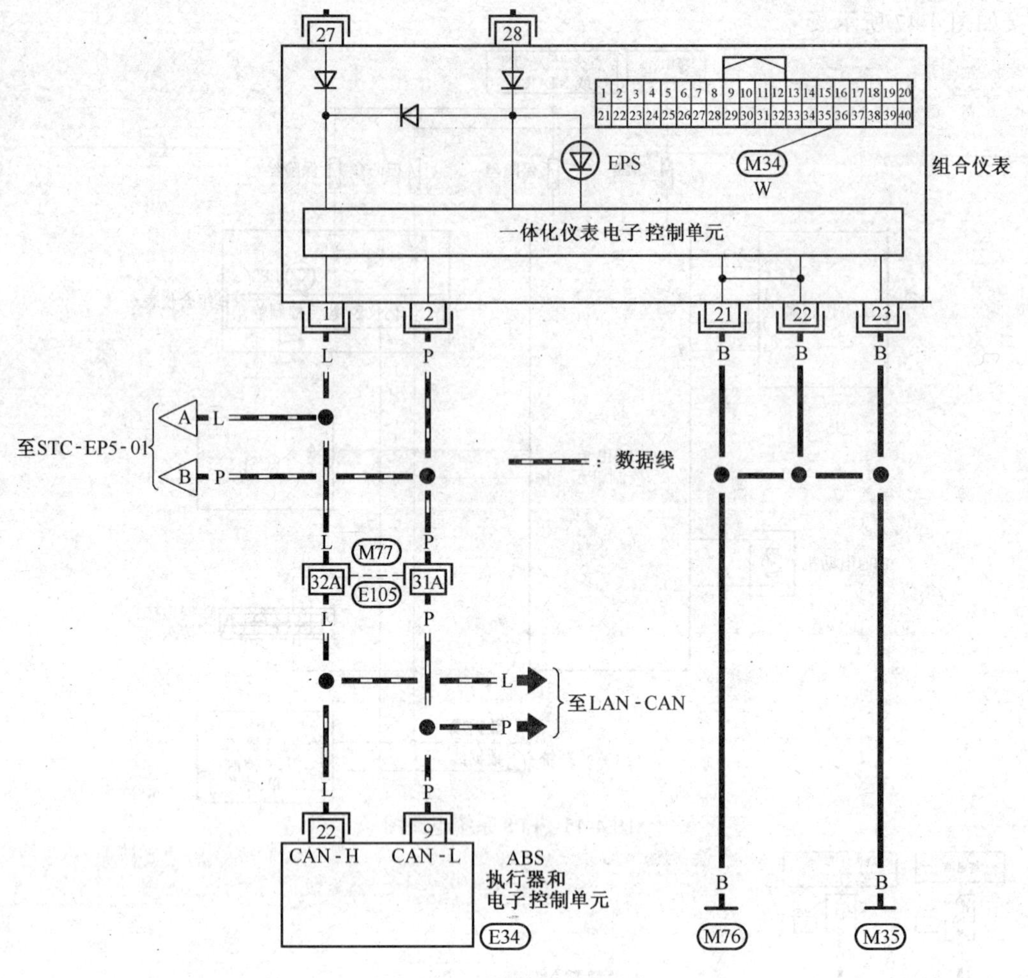

图 4-47　系统仪表电路连接

1. 电子控制单元输入与输出检测

① 使用车用万用表进行电压测量。

② 测量时切勿用力拉伸接头端子。

③ 测量结果和标准值对照，标准值见表 4-2。

表 4-2　　标准值

测量端口		测量部位	测量状态	标准
4（V）	接地	扭矩传感器（辅助）	点火开关在 ON 位置，方向盘位于中置位置	约 2、5V
5（BR）	接地	扭矩传感器	电源点火开关处于 ON 位置	约 8V
6（G）	接地	扭矩传感器（主）	点火开关在 ON 位置，方向盘位于中置位置	约 2、5V
7（L）	接地	扭矩传感器接地		导通
9（L）	—	CAN H		
10（O）	接地	点火电源	点火开关处于 ON 位置	蓄电池电压约 12V
			点火开关关闭	约 0V
16（P）	—	CAN L	—	

续表

测量端口		测量部位	测量状态	标准
17（R）	接地	蓄电池电源	点火开关在 ON 或 OFF 位置	蓄电池电压约 12V
18（B）	接地	接地		导通
19（-）	—	电动机（+）	—	
20（-）	—	电动机（-）	—	

2．故障码的读取和清除

以使用 CONSULT-II 诊断仪为例来演示故障码的读取和清除具体操作步骤如下。

① 点火开关在“OFF”位置。

② 将 CONSULT-II 诊断仪和 CONSULT-II 转换器连接到数据接口上。

③ 将点火开关转至“ON”位置。

④ 触摸“START（NISSAN BASED VHCL）”→“EPS”→“SELF-DIAG RESULTS”。

（如果 EPS 不显示，打印“SELECT SYSTEM”屏幕。参阅使用 CONSULT-II 诊断仪时的注意事项；在刚启动发动机或将点火开关转到“ON”位置后，即使触摸“START（NISSAN BASED VHCL）”也可能不显示。在这种情况下，重新连接 CONSULT-II 诊断仪和 CONSULT-II 转换器。）

⑤ 显示自诊断结果，故障代码被显示。（触摸“PRINT”可打印自诊断结果。）如果显示“NO FAILURE”，检查 EPS 警告灯。

⑥ 从显示项目列表中执行适当的检测，修复或更换故障部件。可参阅 STC-11“显示项目列表”。各模式及相应的功能见表 4-3。

表 4-3　各模式及其功能

模式	功能
SELF-DIAG RESULTS	从 EPS 电子控制单元接收自诊断结果并显示故障诊断代码
DATA MONITOR	从 EPS 电子控制单元接收输入/输出信号，同时显示并储存这些信号，以方便确定故障原因
ECU PART NUMBER	显示 EPS 电子控制单元零部件编号
CAN DIAG SUPPORT MNTR	监控 CAN 通信的发送/接收状态

“CAN 通信”故障诊断清除存储器的步骤如下。

① 关闭点火开关。

② 启动发动机并在 CONSULT-II 诊断仪显示屏上依次触摸“START（NISSAN BASED VHCL）”→“EPS”→“SELF-DIAG RESULTS”→“ERASE”，以清除 DTC 诊断记忆。

③ 如果记忆无法清除，重复步骤①、②。

④ 再次执行自诊断，确保 DTC 记忆被清除。DTC 代码及相应的检查项目如表 4-4 所示。

表 4-4　故障码列表及检查项目

DTC 代码	检查项目	检查项目
C1601	BATTERY_VOLT	EPS 电源故障
C1604	TORQUE_SENSOR	转向柱总成中的扭矩传感器故障
C1606	EPS_MOTOR	电动机驱动器故障或 EPS 电子控制单元故障

续表

DTC 代码	检 查 项 目	检 查 项 目
C1607	EEPROM	EPS 电子控制单元的 EEPROM 故障
C1608	CONTROL_UNIT	EPS 电子控制单元内部故障
C1609	CAN_VHCL_SPEED	通过 CAN 通信接收的车速信号故障
C1610	CAN_ENG_PRM	通过 CAN 通信接收的发动机信号故障
U1000	CAN_COMM_CIRCUIT	在 CAN 通信电路中检测到故障

注：如果在几个系统中发现故障，包括“CAN COMM [U1000]”，应检查 CAN 通信系统。

3. 数据监控和 ECU 零部件编号

数据监控的操作步骤如下。

① 触摸“START（NISSAN BASED VHCL）”→“EPS”→“DATA MONITOR”。

② 返回监视项目选择屏幕，触摸“ALL SIGNALS”、“SELECTION FROM MENU”中的任意一个。

③ 触摸“START”。

④ “DATA MONITOR”屏幕显示。

数据监控项目及对应的故障检查部位如表 4-5 所示。

表 4-5　　数据监控故障检查一览表

监 控 项 目	数 据 监 控		故障检查部位
	监控条件	显示内容和正常参考值	
MOTOR VOL（V）	点火开关在“ON”位置或者发动机运行	蓄电池电压（约 12V）	蓄电池电压故障
TORQUE SENSOR（Nm）	在点火开关在“ON”位置或者发动机运转的情况下，顺时针或逆时针转动方向盘	中置位置时转向力约 0N·m，测量值会根据左右转向变化	扭矩传感器故障
MOTOR SIG（A）		中置（转向力为零，车轮正前）时约 0A，测量值会根据左右转向变化	1. 扭矩传感器故障 2. 电动机故障 3. 电子控制单元故障
MOTOR CURRENT（A）			
VEHICLE SPEED（km/h）	点火开关在“ON”位置或者发动机运转	与车速表显示的值基本一致	车辆速度信号故障
WARNING LAMP（ON/OFF）		EPS 警告灯开启：ON EPS 警告灯关闭：OFF	警告灯电路检查
DERATING STAT（ON/OFF）		通常关闭，如果固定转向操作过度，就会打开，如果暂时不操作，恢复到关闭状态	这是正常的
ENGINE STATUS（stop，stall，run，crank）		显示发动机状态	发动机信号故障

ECU 零部件编号操作步骤如下。

① 触摸“START（NISSAN BASED VHCL）”→“EPS”→“ECU PART NUMBER”。

② 在 EPS 电子控制单元标签上的部件编号就会显示。

4. 快速检查

车辆停止的情况下，应检查以下内容。

① 轮胎压力与尺寸是否符合要求。

② 转向柱总成及转向齿轮总成的连接安装是否牢固。

③ 车轮定位是否符合要求。

④ 车桥和悬架的连接安装是否符合要求。

⑤ 蓄电池电压是否正常。

⑥ 发动机和其他系统工作是否正常。

基本检查 1：电源电路端口松动和蓄电池检查。

检查蓄电池正极/负极端及接地端是否松动，同时确认蓄电池电压正常。

基本检查 2：EPS 警告灯检查。

① 点火开关打开的情况下，确保 EPS 警告灯点亮。

- 如果不点亮，检查 CAN 通信电路。
- 如果 CAN 通信正常，检查组合仪表。

② 点火开关转动到“ON”位置且发动机启动之后，确保 EPS 警告灯关闭。如果没有熄灭，执行自诊断。

③ 完成故障诊断之后，一定要清除 DTC 记忆，清除故障码。

基本检查 3：EPS 电子控制单元供电与接地电路的检查。

① 检查 EPS 电子控制单元接头。

点火开关转到“OFF”位置，断开 EPS 电子控制单元线束接头，检查连接端口有无变形、断开、松弛等异常现象。

异常→接头端口出现松动、损坏、开路或短路，修理、更换端口或连接器。

正常→下一步检测。

② 检查 EPS 电子控制单元接地电路，如图 4-48 所示。

断开 EPS 电子控制单元线束接头 M38，然后检查 EPS 电子控制单元线束接头 M38 与接地之间的导通性：端口 18+接地→应导通。

异常→接地电路开路或短路，修理或更换故障零部件。

正常→下一步检测。

③ 检查 EPS 电子控制单元电源电路，如图 4-49 所示。

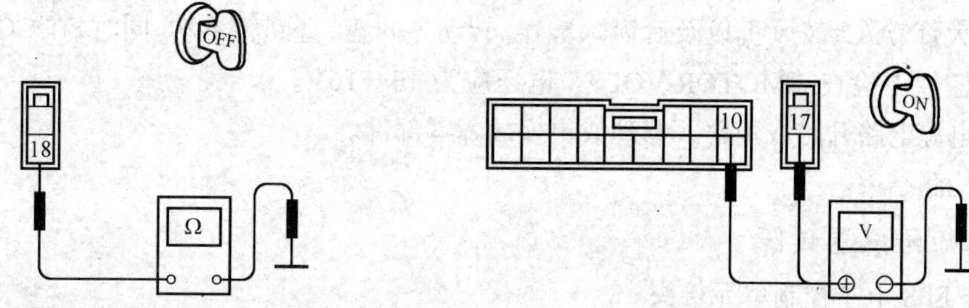

图 4-48 检查 EPS 电子控制单元接地电路　　图 4-49 检查 EPS 电子控制单元电源电路

- 将点火开关转至“ON”位置。
- 检查 EPS 电子控制单元线束接头 M37、M38 端口和接地之间的电压。端口 10、17+接地→应为蓄电池电压（约 12V）。

异常→电源电路开路或短路，修理或更换故障零部件。

正常→电源和接地电路正常。

5. 精确检查

（1）蓄电池电压故障

① 检查 EPS 电子控制单元接头。

- 点火开关转到“OFF”位置，断开 EPS 电子控制单元线束接头，然后检查端子有无变形、断开、松弛等异常。
- 牢固地重新安装接头并执行自诊断，并观察在自诊断中是否显示“BATTERY_VOLT”。

正常→下一步检测。

异常→接头端口出现松动、损坏、开路或短路，修理、更换端口或连接器。

② 检查 EPS 电子控制单元接地电路。

- 关闭点火开关。
- 断开 EPS 电子控制单元线束接头 M38，然后检查 EPS 电子控制单元线束接头 M38 与接地之间的导通性。端口 18+接地→应导通。

异常→接地电路开路或短路，修理或更换故障零部件。

正常→下一步检测。

③ 检查 EPS 电子控制单元电源电路。

- 将点火开关转至“ON”位置。
- 检查 EPS 电子控制单元线束接头 M37、M38 端口和接地之间的电压。端口 10、17+接地→应蓄电池电压（约 12V）。

否→接头端口出现松动、损坏、开路或短路，修理或更换故障零部件。

是→下一步检测。

④ 检查 EPS 电子控制单元。

- 点火开关转到“OFF”位置，断开 EPS 电子控制单元线束接头，启动发动机。
- 在 CONSULT-II 测试仪数据监控中检查“MOTOR VOL”，电压应为 10～16V。

异常→EPS 电子控制单元故障，更换 EPS 电子控制单元。

正常→下一步检测。

⑤ 检查电源电路。

关闭前大灯、A/C、鼓风机以及后窗除雾器。转动方向盘，直到转不动。同时，在 CONSULT-II 测试仪数据监控中检查“MOTOR VOL”，电压应为 10～16V。

异常→电源电路开路或短路，修理或更换故障零部件。

正常→检测结束。

（2）扭矩传感器故障

① 检查 EPS 电子控制单元接头。

- 点火开关转到“OFF”位置，断开 EPS 电子控制单元线束接头，检查连接端口有无变形、断开、松弛等异常现象。
- 牢固地重新安装接头并执行自诊断，并观察在自诊断中是否显示“TORQUE SENSOR”。

否→接头端口出现松动、损坏、开路或短路，修理、更换端口或连接器。

是→下一步检测。

② 检查扭矩传感器接头。

● 点火开关转到“OFF”位置，断开扭矩传感器线束接头，然后检查端口有无变形、松弛等异常。

● 牢固地重新安装接头并执行自诊断，并观察在自诊断中是否显示“TORQUE SENSOR”。

否→接头端口出现松动、损坏、开路或短路，修理、更换端口或连接器。

是→下一步检测。

③ 检查扭矩传感器线束，如图 4-50 所示。

● 点火开关转到“OFF”位置，断开 EPS 电子控制单元线束接头和扭矩传感器线束接头。

● 检查 EPS 电子控制单元线束端口 M37 与扭矩传感器线束接头 M90 之间的导通性。

端口 4+端口 3→应导通

端口 5+端口 2→应导通

端口 6+端口 1→应导通

端口 7+端口 4→应导通

异常→EPS 电子控制单元与扭矩传感器之间线束出现开路或短路，更换线路连接线。

正常→下一步检测。

④ 检查扭矩传感器电源，如图 4-51 所示。

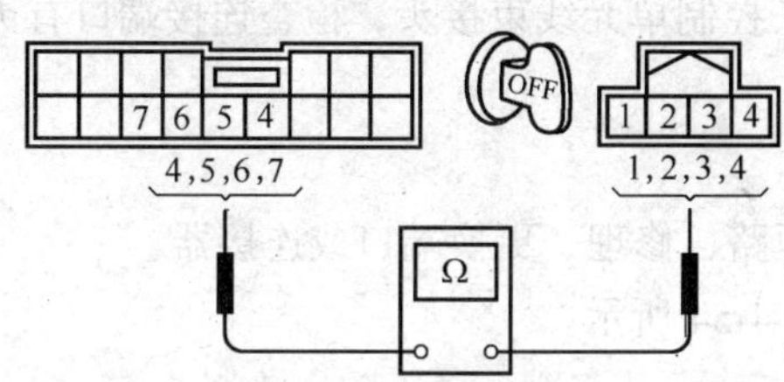

图 4-50 检查扭矩传感器线束

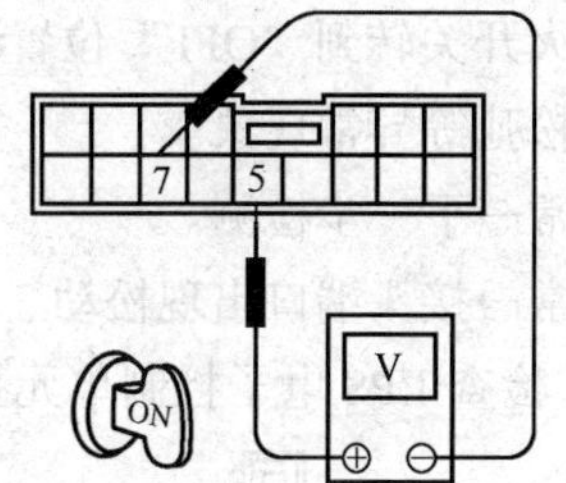

图 4-51 检查扭矩传感器电源

● 连接 EPS 电子控制单元与扭矩传感器线束接头，将点火开关转至“ON”位置。

● 将方向盘转到中置位置（转向力=0），然后检查 EPS 电子控制单元线束接头 M37 的电压，端口 5—7 之间的电压约 8V。

异常→EPS 电子控制单元故障，更换 EPS 电子控制单元。

正常→下一步检测。

⑤ 检查扭矩传感器信号，如图 4-52 所示。

将方向盘转到中置位置（转向力=0），然后检查 EPS 电子控制单元线束接头 M37 的电压。

扭矩传感器（辅助）端口 4—7 之间的电压约 2.5V。

扭矩传感器（主）端口 6—7 之间的电压约 2.5V。

正常→EPS 电子控制单元故障，更换 EPS 电子控制单元。

异常→扭矩传感器故障，更换转向柱总成。

（3）电动机故障

① 检查 EPS 电子控制单元接头。

● 点火开关转到“OFF”位置，断开 EPS 电子控制单元

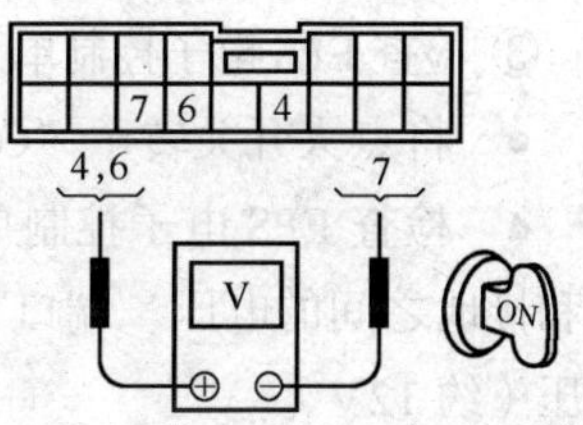

图 4-52 检查扭矩传感器信号

线束接头，检查端口有无变形、断开、松弛等异常。

- 重新安装接头并执行自诊断，并观察在自诊断中是否显示“EPS MOTOR”。

否→接头端口出现松动、损坏、开路或短路，修理或更换端口。

是→下一步检测。

② 检查电动机电阻，如图 4-53 所示。

- 点火开关转到“OFF”位置，从 EPS 电子控制单元上断开电动机线束接头 M351。
- 检查电动机线束接头 M351 之间的电阻，端口 19—20 之间的电阻约 0.1Ω或更少。

正常→EPS 电子控制单元故障，更换 EPS 电子控制单元。

异常→电动机故障，更换转向柱总成。

（4）EEPROM 故障

检查 EPS 电子控制单元接头。

- 点火开关转到“OFF”位置，断开 EPS 电子控制单元线束接头，检查端口有无变形、断开、松弛等异常。
- 牢固地重新安装接头并执行自诊断，并观察在自诊断中是否显示“EEPROM”。

是→EPS 电子控制单元故障，更换 EPS 电子控制单元。

否→接头端口出现松动、损坏、开路或短路，修理或更换端口。

（5）电子控制单元故障

① 检查 EPS 电子控制单元接头。

点火开关转到“OFF”位置，断开 EPS 电子控制单元线束接头，检查连接端口有无变形、断开、松弛等异常现象。

正常→下一步检测。

异常→接头端口出现松动、损坏、开路或短路，修理、更换端口或连接器。

② 检查 EPS 电子控制单元接地电路，如图 4-54 所示。

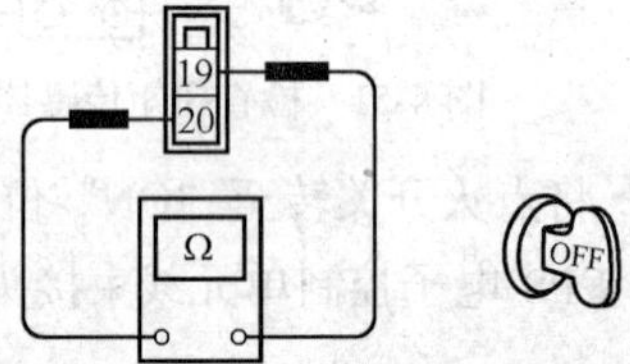

图 4-53 检查电动机电阻

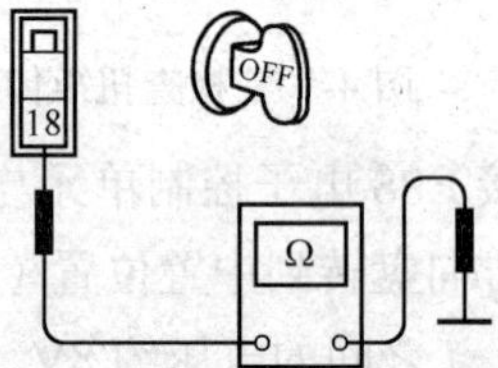

图 4-54 检查 EPS 电子控制单元接地电路

断开 EPS 电子控制单元线束接头 M38，然后检查 EPS 电子控制单元线束接头 M38 与接地之间的导通性。端口 18+接地→应导通。

异常→接地电路开路或短路，修理或更换部件。

正常→下一步检测。

③ 检查 EPS 电子控制单元电源电路，如图 4-55 所示。

- 将点火开关转至“ON”位置。
- 检查 EPS 电子控制单元线束接头 M37、M38 端口和接地之间的电压。端口 10、17+接地→应为蓄电池电压（约 12V）。

异常→电源电路开路或短路，修理或更换故障零部件。

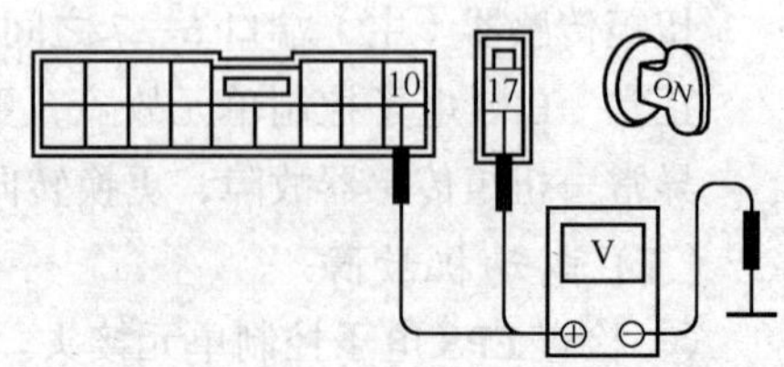

图 4-55 检查 EPS 电子控制单元电源电路

正常→下一步检测。

④ 检查 EPS 电子控制单元。

牢固地连接 EPS 电子控制单元线束接头并执行自诊断，观察在自诊断中是否显示“CONTROL UNIT”。

是→EPS 电子控制单元故障，更换 EPS 电子控制单元。

否→检测结束。

（6）车辆速度信号故障

① 检查 ABS 执行器和电子控制单元地线电路，执行 ABS 执行器和电子控制单元自诊断。

异常→修理或更换故障零部件。

正常→下一步检测。

② 检查车速表。

执行组合仪表（车速表）自诊断。

异常→修理或更换故障零部件。

正常→下一步检测。

③ 检查 EPS 电子控制单元接头。

● 点火开关转到“OFF”位置，断开 EPS 电子控制单元线束接头，检查连接端口有无变形、断开、松弛等异常现象。

● 重新安装接头并执行自诊断，并观察“CAN_VHCL_SPEED”、“CAN_COMM_CIRCUIT”是否显示在自诊断显示中。

是→EPS 电子控制单元故障，更换 EPS 电子控制单元。如果显示“CAN_COMM_CIRCUIT”，检查 CAN 通信电路。

否→接头端口出现松动、损坏、开路或短路，修理或更换端子。

（7）发动机信号故障 EGS001F9

① 检查发动机速度信号。

CONSULT-II 诊断仪数据监控上显示的速度信号值应与车速表上的一致。

异常→检查车速表与电路。

正常→下一步检测。

② 检查 EPS 电子控制单元接头。

● 点火开关转到“OFF”位置，断开 EPS 电子控制单元线束接头，检查连接端口有无变形、断开、松弛等异常现象。

● 牢固地重新安装接头并执行自诊断，观察“CAN_ENG_RPM”、“CAN_COMM_CIRCUIT”是否显示在自诊断显示中。

是→EPS 电子控制单元故障，更换 EPS 电子控制单元。如果显示“CAN_COMM_CIRCUIT”，检查 CAN 通信电路。

否→接头端口出现松动、损坏、开路或短路，修理或更换端子。

（8）CAN 通信电路

检查 EPS 电子控制单元接头。

● 点火开关转到“OFF”位置，断开 EPS 电子控制单元线束接头，检查连接端口有无变形、断开、松弛等异常现象。

- 重新安装接头并执行自诊断，观察是否显示“CAN COMM CIRCUIT”。

是→打印自诊断结果，检查 CAN 通信电路。

否→接头端口出现松动、损坏、开路或短路，修理、更换端口或连接器。

6. 转向系统的检查

（1）转向系统检查与维修注意事项

① 在拆卸转向机总成时，使车辆空载并着地，安装完成后，检查车轮定位。

② 解体时要注意以下事项。

- 解体前，要清洁装置外侧。
- 解体工作区一定清洁，避免内部零部件受到污染。
- 按顺序将解体的零件放在零件架上。
- 清洁零部件使用尼龙布或纸巾，普通抹布会残留布屑。
- 更换不可再用的零部件和不可重复使用的零部件。
- 组装前，给指定零部件涂抹规定的润滑脂。

（2）拆装前准备工作

工具准备表如表 4-6 所示。

表 4-6　　工具准备表

维 修 工 具	说　明
位移、拉力测量仪（弹簧秤）	测量方向盘自由形成和转向力大小
方向盘拔具	拆卸方向盘
扭矩扳手及套筒接头	检查转向柱总成以及小齿轮总成的转动扭力
预载接头	检查小齿轮总成的转动扭力
动力工具	拆卸车轮螺母

(3) 方向盘检查和维修

① 检查方向盘。

- 检查方向盘上下、左右是否存在移动，方向盘轴端间隙应为0mm。
- 检查转向机总成固定螺栓和螺母是否松动。

② 检查方向盘自由行程，如图4-56所示。

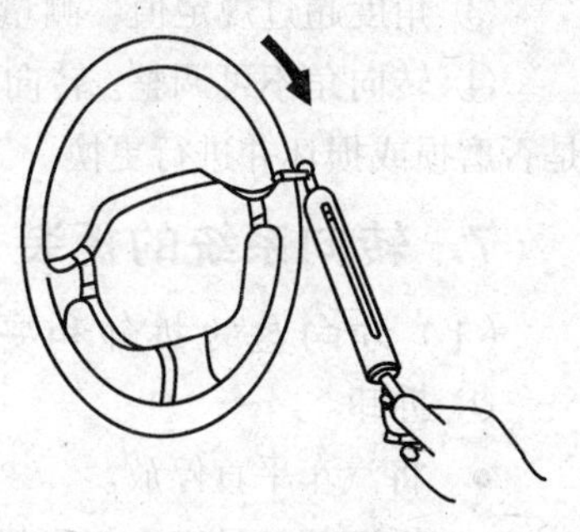

图4-56 检查方向盘自由行程

- 转动方向盘使前轮处于平直向前的位置。启动发动机，并稍微左右转动方向盘直至前轮开始移动。测量方向盘在外圆上的移动距离。方向盘自由行程应为0～35mm。
- 当测量值超过标准值时，检查转向柱各连接的间隙和转向机总成的安装情况。

③ 检查中间位置方向盘。

- 确定转向机总成、转向柱总成和方向盘的安装方向正确。
- 车轮定位后，执行前轮定位检查中的中间位置检查。
- 将汽车平直向前停好，方向盘应在中间位置（松开外套筒锁紧螺母并左右转动纵拉杆进行微调，确保方向盘在中间位置）。

④ 检查方向盘转向力。

- 将车辆停放在水平地面上，拉起驻车制动手柄。
- 启动发动机。
- 将方向盘从中间位置转过360°，检查方向盘转向力大小（方向盘转向力应小于36N）。
- 如果方向盘转向力超出规定值，检查转向机总成小齿轮旋转扭矩的大小。

(4) 检查前轮转向角

检查前轮转向角如图4-57、图4-58所示。

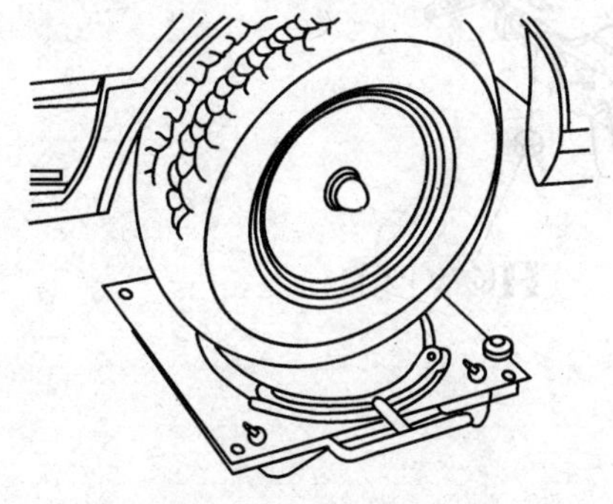

图4-57 检查前轮转向角（1）

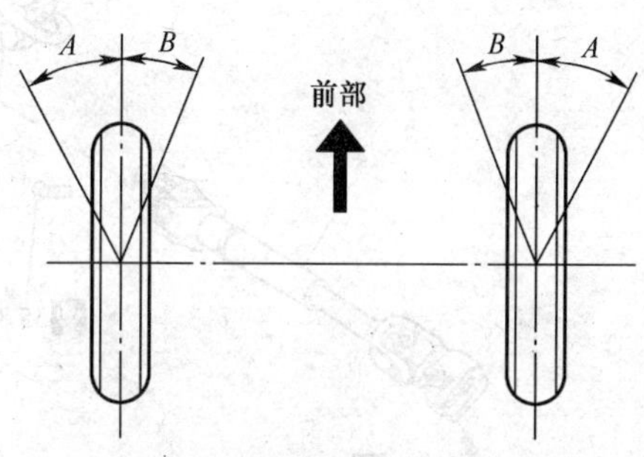

图4-58 检查前轮转向角（2）

① 检查前轮前束并在规定范围内。

② 将前轮放置在转向半径规上，后轮放在支架上。发动机怠速时，左右转动方向盘到头测量最大内外车轮转向角。角度标准值见表4-7。

表4-7 角度标准值

角度	标准	误差范围
A	38.00′	35.00′～39.00′
B	33.00′	—

③ 角度超过规定值，测量齿条行程，齿条行程“L”为 65.0mm。

④ 转向角不可调整。转向角与规定值不同，检查转向机总成、转向柱总成和前悬架零部件是否磨损或损坏并进行更换。

7. 转向系统的拆装

（1）方向盘的拆卸和安装

① 拆卸。

- 将汽车平直停放。
- 拆卸驾驶员安全气囊模块。
- 转向锁定后拆卸方向盘锁止螺母。
- 使用方向盘拔具拆卸方向盘，如图 4-59 所示。

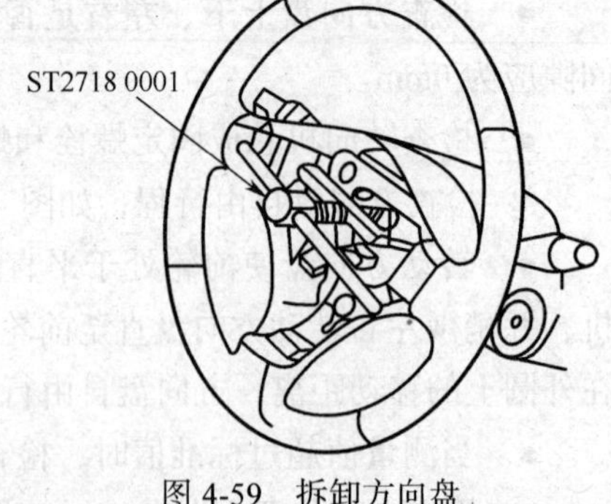

图 4-59 拆卸方向盘

② 安装：按照与拆卸相反的步骤进行安装。

注：连接螺旋电缆时，轻轻的将螺旋电缆按照顺时针转到终止位置，然后将其逆时针旋转（约两圈半），并在与限位器插入孔位置相同时停止转动。

（2）转向柱的拆卸和安装

① 拆卸，如图 4-60 所示。

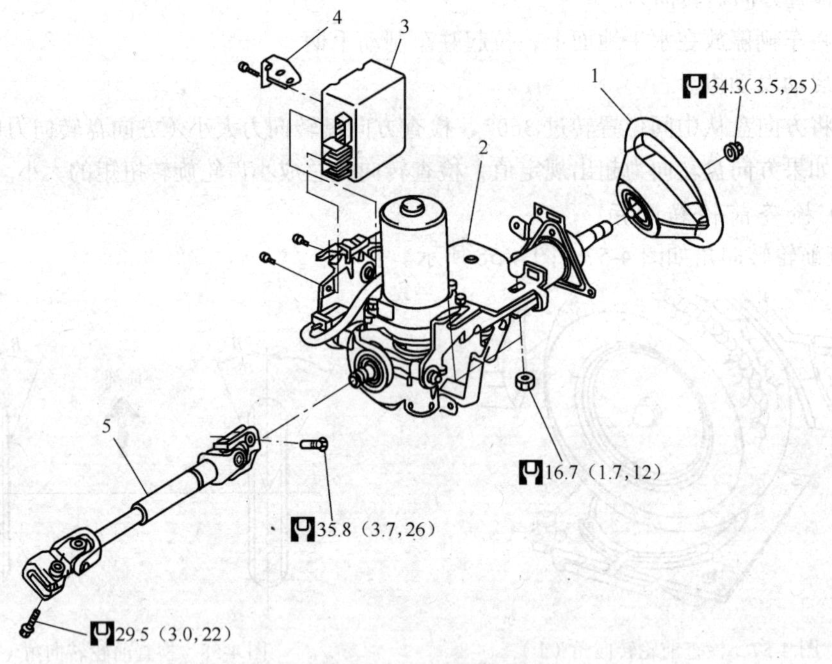

图 4-60 拆卸转向柱

1—方向盘 2—转向柱总成（包括电动机、减速齿轮、传感器）
3—EPS 电子控制单元 4—支架 5—中间轴

- 将汽车平直向前停放。
- 拆卸驾驶员安全气囊模块。
- 拆卸方向盘。
- 拆卸转向柱上、下盖。

- 拆卸组合开关和螺旋电缆。
- 拆卸仪表板下面的衬板。
- 断开安装到转向柱总成上的每个接头、断开线束。
- 拆卸中间轴上部的固定螺栓，从转向柱总成上拆卸中间轴。
- 拆卸转向柱总成的固定螺母，从汽车上拆卸转向柱总成。
- 拆卸中间轴下部的固定螺栓，从车上拆卸中间轴。
- 拆卸 EPS 电子控制单元与支架上的固定螺母，从转向柱总成上拆卸 EPS 电子控制单元与支架。

注意事项：

- 在拆卸和安装时不要对转向柱总成施加过大的轴向力。
- 拆卸中间轴之前，在中间轴与转向柱总成上做上安装标记。
- 勿把转向柱总成靠近磁体或磁力线较大的场所。
- 转向柱总成（包括电动机、减速齿轮、传感器）切勿分解。

② 拆卸后检查，如图 4-61 所示。

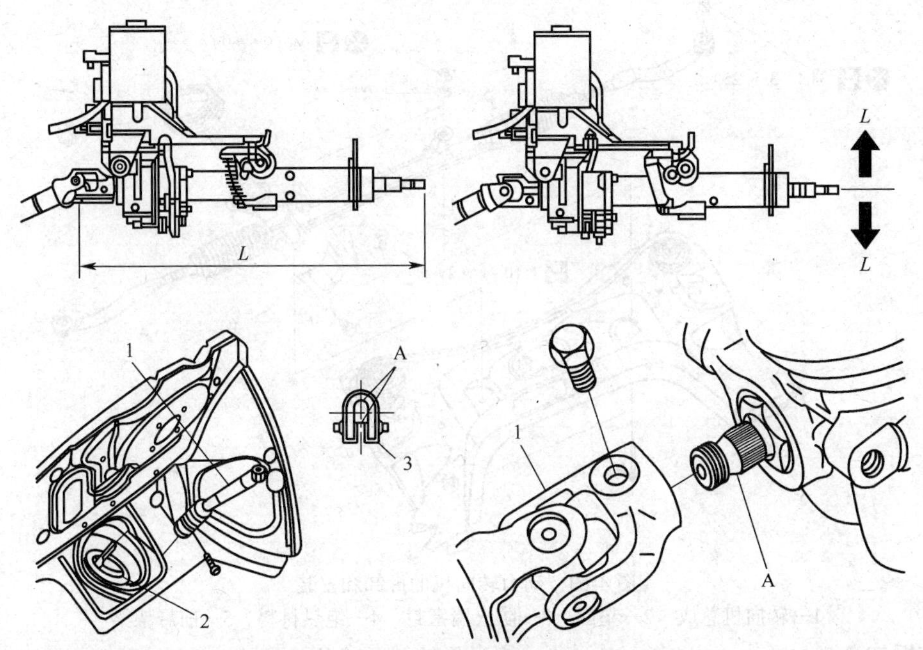

图 4-61　拆卸后检查

1—中间轴　2—小齿轮轴　3—定子　A—空隙

- 检查 EPS 电子控制单元、转向柱总成和中间轴的各个零部件是否损坏或有故障，如有故障则更换。
- 测量转向柱长度“L”（标准为 464.1mm，最小为 462.1mm，最大为 466.1mm）。如果超出规定值，更换转向柱总成（包括电动机、减速齿轮、传感器）。
- 检查倾斜装置是否出现损毁或其他故障。如果出现，更换转向柱总成。
- 使用预载卡规测量转向柱旋转扭矩（旋转扭矩为 0～2.1N·m）。如果超出规定值，更换转向柱总成（包括电动机、减速齿轮、传感器）。

● 检查倾斜装置的工作范围“L”(倾斜操作范围“L”为20mm)。

③ 安装。

● 按照与拆卸相反的顺序安装，并按规定的扭矩拧紧。

● 拧紧中间轴下侧的螺栓时，确信转轴在拧紧之前没有卡滞现象。

● 拧紧转向柱小齿轮轴2与中间轴1侧连接处的固定螺栓。确保转向柱小齿轮轴2与定子3之间没有空隙，如图4-62所示。

● 连接中间轴上部与转向轴的时候，确保螺栓在紧固之前被稳固地安装在转向柱（A）上的凹槽内。

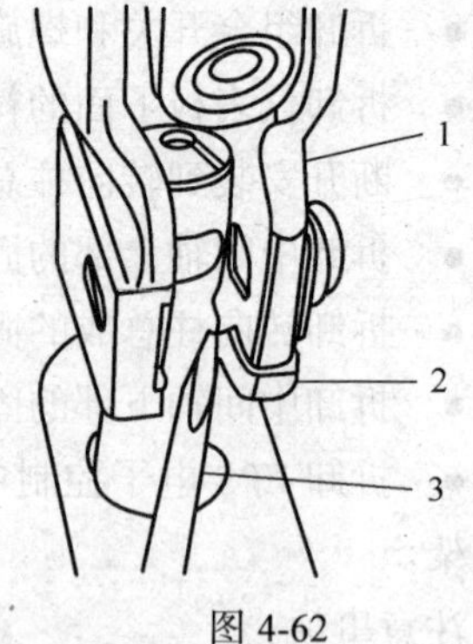

图4-62

1—中间轴 2—小齿轮轴 3—定子

④ 安装后检查。

● 转动方向盘，检查有无偏心、缠结、噪声或转向响应过度等情况。

● 转向柱总成安装完毕之后，用CONSULT-II诊断仪诊断，没有故障存在。

（3）动力转向机的拆卸和安装

动力转向机的拆卸和安装如图4-63所示。

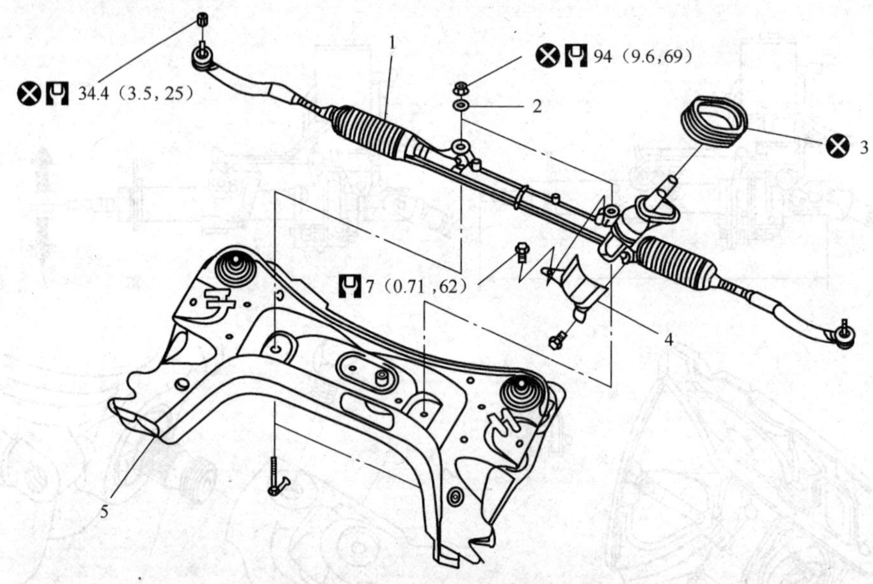

图4-63 动力转向机的拆卸和安装

1—转向机总成 2—垫圈 3—防火墙密封 4—绝热材料 5—前悬架梁

① 拆卸。

● 将汽车平直向前停放，用绳索固定方向盘，防止其转动。

● 拆卸中间轴下部的固定螺栓，然后从转向小齿轮轴上拆卸中间轴（从转向柱的小齿轮总成上拆卸中间轴1时，将平口螺丝刀插在定子3与中间轴1之间，展开定子，滑动并移出中间轴1，然后拆卸，如图4-62所示）。

● 举升车辆，使用动力工具从汽车上拆卸轮胎。

● 拆卸前排气管。

● 拆卸稳定连杆1上部的固定螺栓，然后将稳定连杆1移动到上面，如图4-64所示。

● 松开转向外套筒1的固定螺母，使用球节拆卸器从转向节2上拆卸转向外套筒1，避免损坏球节3防尘罩，如图4-65所示。

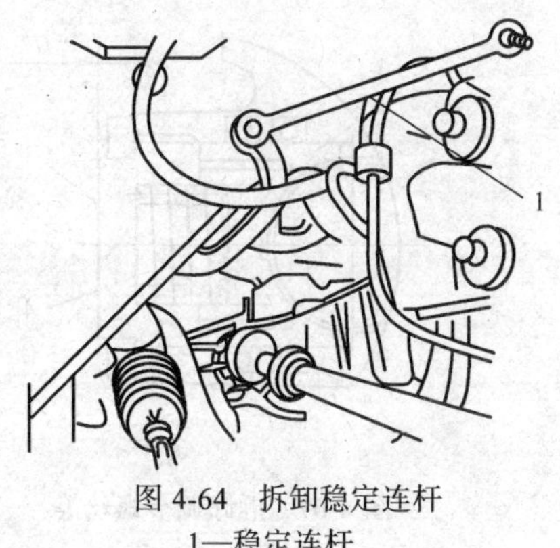

图 4-64 拆卸稳定连杆
1—稳定连杆

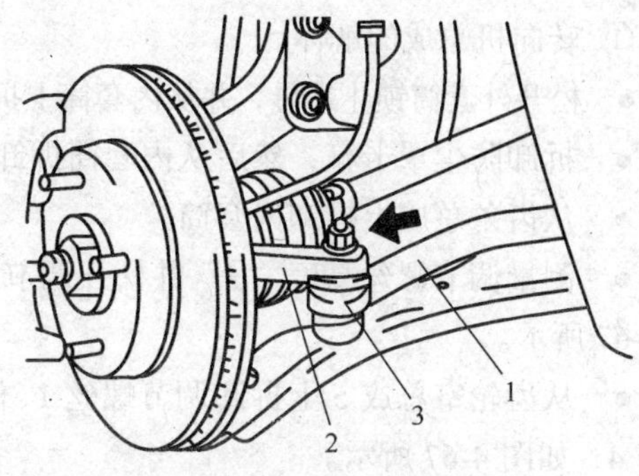

图 4-65 拆卸转向外套筒
1—转向外套筒 2—转向节 3—球节

- 拆卸隔热材料的固定螺栓，从转向机总成上拆卸隔热材料。
- 拆卸转向机总成上的固定螺栓和螺母，然后从车的左侧拆卸转向机总成。

② 安装。

- 按照与拆卸相反的顺序安装，并按规定的扭矩拧紧。
- 安装转向机总成的时候，一定要清洁防火墙密封侧车体的固定表面。
- 拆卸转向机总成时，在空载条件下保持轮胎在水平地面上，对螺母和螺栓进行最终拧紧。
- 检查车轮定位。

③ 安装后检查。

转动方向盘，检查有无偏心、缠结、噪声或转向响应过度等情况。

(4) 转向机总成的解体和安装

转向机总成的解体和安装如图 4-66 所示。

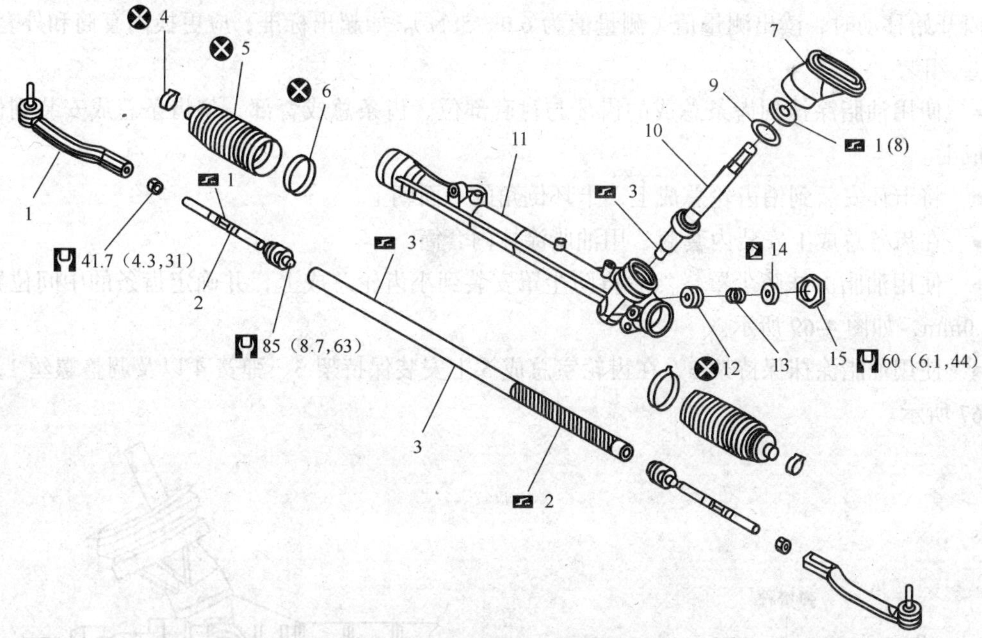

图 4-66 转向机总成的解体和安装
1—外套筒 2—内套筒 3—齿条总成 4—防尘罩卡箍（小直径） 5—卡箍 6—防尘罩卡箍（大直径） 7—万向节 8—防尘罩 9—卡环 10—小齿轮总成 11—齿轮室总成 12—保持架 13—弹簧 14—调整螺丝 15—锁紧螺母

① 转向机总成的解体。

- 松开外套筒锁止螺母，并从内套筒上拆卸外套筒。
- 拆卸防尘罩卡箍，然后从内套筒拆卸防尘罩。
- 从齿条总成上拆卸内套筒。
- 测量调节螺丝高度“H”并松开调节螺母 2，如图 4-67 所示。
- 从齿轮室总成 5 上拆卸调节螺丝 1、保持架 3 及弹簧 4，如图 4-67 所示。
- 从齿轮室总成上拆卸万向节罩。
- 从小齿轮总成上拆卸防尘罩。
- 拆卸卡环，然后从齿轮室总成上拆卸小齿轮总成。
- 从齿轮室总成内拉出齿条。

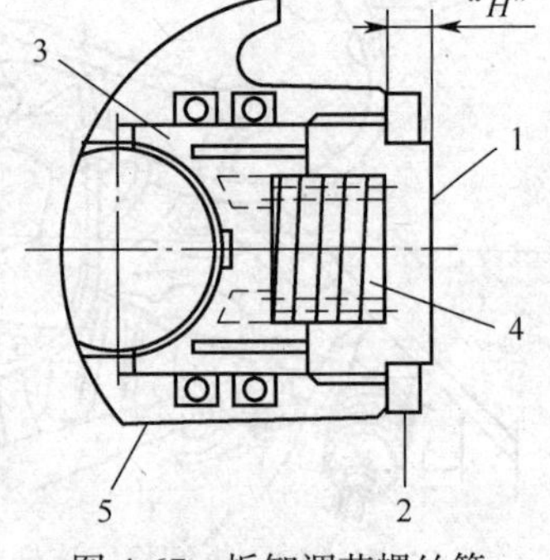

图 4-67 拆卸调节螺丝等

1—调节螺丝 2—调节螺母 3—保持架 4—弹簧 5—齿轮室总成

② 解体后检查。

- 检查万向节罩凸起有无损坏，损坏应更换。
- 检查卡环有无损坏，损坏应更换。
- 检查小齿轮总成是否损坏或磨损，如果损坏或磨损应更换；旋转小齿轮总成并检查是否有扭矩变化或异响，若有应更换。
- 检查齿条总成是否损坏或磨损，如果损坏或磨损应更换。
- 检查齿轮室总成是否有损坏和刮痕，如果有应更换。
- 外套筒和内套筒检查。
- 测量球节摆动扭矩。将弹簧秤钩住如图 4-68 所示的部位并拉动弹簧秤，当球形螺柱和内套筒开始移动时，读出测量值（测量值为 6.0～58N）。如超出标准，应更换内套筒和外套筒。

③ 组装。

- 使用油脂涂抹到齿条总成的齿牙与衬套部位、齿条总成背部，将齿条总成安装到齿轮室总成上。
- 将卡环安装到销齿轮总成上，卡环倒角的一面朝上。
- 在齿条总成上安装内套筒，用油脂涂抹内套筒。
- 使用油脂涂抹防尘罩，然后将防尘罩安装到小齿轮总成上，并确定齿条的中间位置，L=65.0mm，如图 4-69 所示。
- 使用油脂涂抹保持架 3，在齿轮室总成 5 上安装保持架 3、弹簧 4 以及调整螺丝 1，如图 4-67 所示。

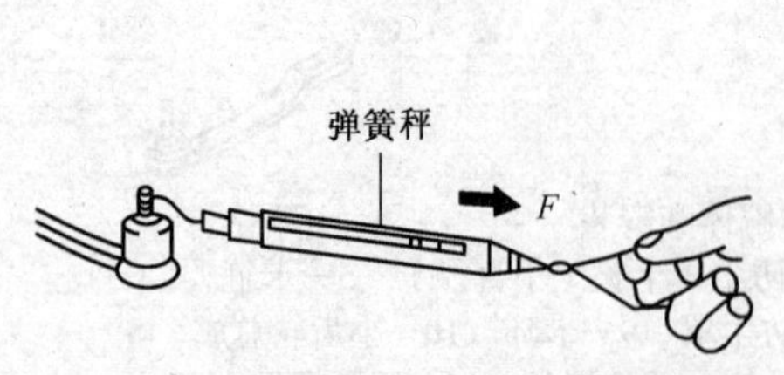

图 4-68 测量球节摆动扭矩

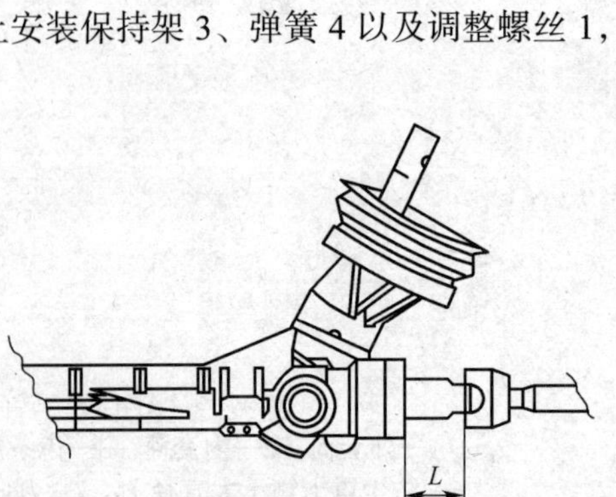

图 4-69 安装防尘罩

● 组装之前，使用螺纹锁止胶涂抹螺纹（约 2 圈螺纹），然后转动调节螺丝 1，使之离齿轮室总成 5 的高度为“H”，如图 4-67 所示。

● 拧紧锁止螺母到规范扭矩。

● 将齿条总成移动 10 个整行程，使各零部件相互匹配。

● 使用预载卡规和预载适配器，测量小齿轮总成上的转动扭矩。如果测量超出规范，调整小齿轮转动扭矩，如图 4-70 所示。如果调整后测量仍超出规范值，应更换齿轮转向总成。

● 在中间行程左右，将壳度盘表安装在齿条总成背面的小齿轮总成的一侧。在扭矩为 ±7.8N · m 的情况下，测量齿条的行程，然后检查是否行程达标。如果测量值超出规定值，再次进行调整。再次调整之后，如果测量值仍旧超出规定值，应更换齿轮转向总成。

● 在齿轮室总成与内套筒上安装防尘罩和卡箍，如图 4-71 所示。

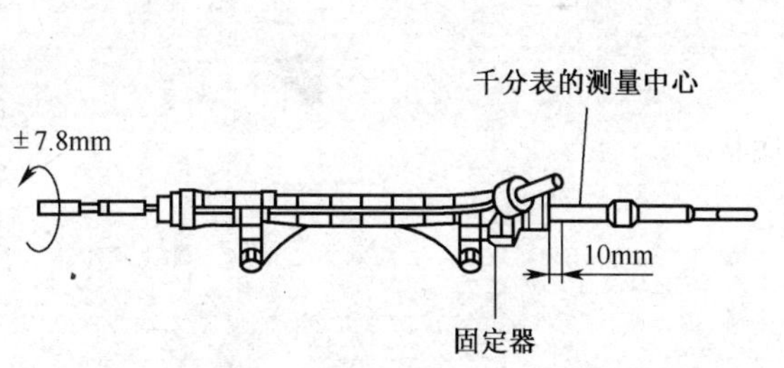

图 4-70 调整小齿轮转动扭矩

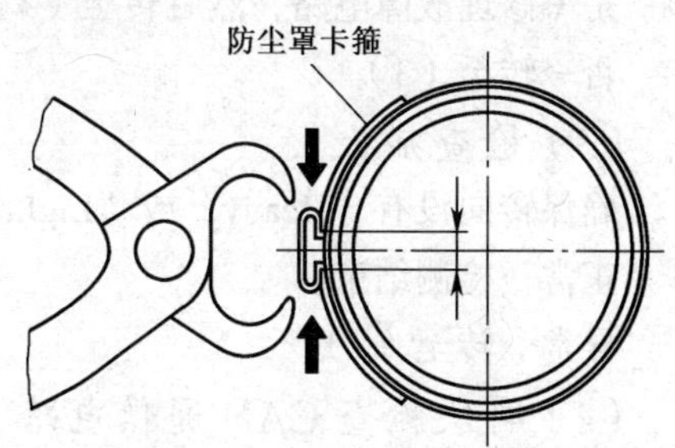

图 4-71 安装防尘罩和卡箍

● 在齿轮室总成上安装万向节罩。

● 调节内套筒到标准长度“L=57.8mm”，拧紧锁紧螺母至规定扭矩，如图 4-72 所示。

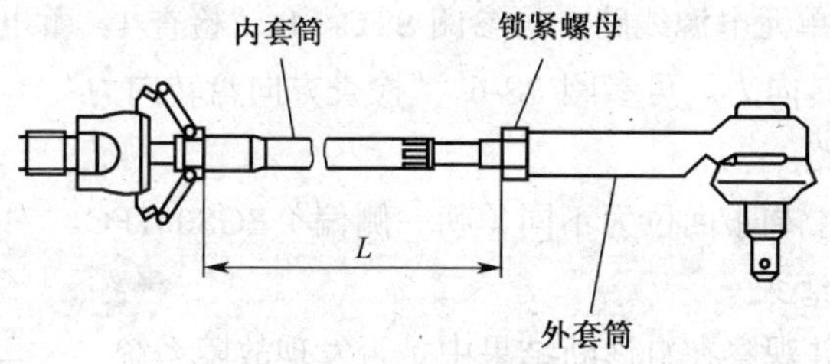

图 4-72 调节内套筒

四、拓展知识

CONSULT-II 诊断仪可以根据表 4-3 所示的诊断测试模式，显示每一个诊断项目，如图 4-73 所示。

CONSULT-II 诊断仪的基本操作步骤。

① 触摸“SELECT SYSTEM”屏幕上的“EPS”。

② 从“SELECT DIAG MODE”屏幕上，选择需要的诊断位置。

③ 进行相关诊断。

症状 1：转向沉重或轻飘。

(1) 检查自诊断结果

检查自诊断结果，并注意在自诊断结果中是否发现故障系统。

是→转至（2）。

否→转至（4）。

(2) 检查 EPS 电子控制单元接头

① 点火开关转到“OFF”位置，断开 EPS 电子控制单元线束接头，检查连接端口有无变形、断开、松弛等异常现象。

SELECT DAG MODE
WORK SUPPORT
SELF-DIAG RESULTS
CAN DIAG SUPPOAT MNTA
CATA MONITOR
ACTIVE TEST
ECU PART NUMBER
Page Down
BACK LIGHT COPY

SELECT SYSTEM
ENGINE
A/T
ABS
AIR BAG
IPCM EM
BCM
Page Down
BACK LIGHT COPY

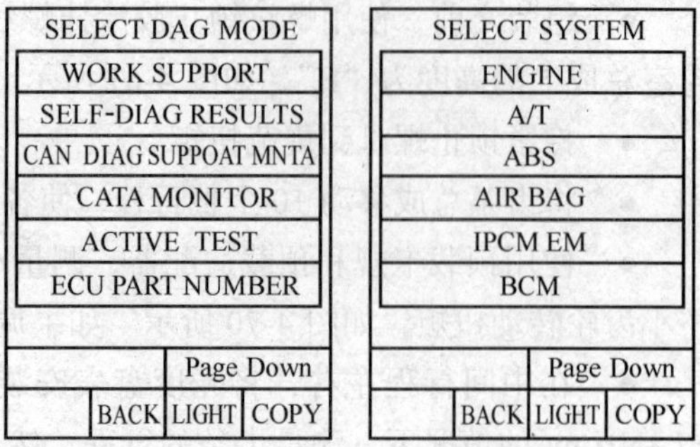

图 4-73 诊断项目

② 牢固地重新安装接头并执行自诊断，观察在自诊断结果中是否发现故障系统。

是→修理故障电路，然后转至（3）。

否→转至（3）。

(3) 检查症状

确保转向没有“Heavy”或“Light”的症状。

正常→检测结束。

异常→转至（4）。

(4) 再次检查 CAN 通信电路

检查 CAN 通信电路。可参阅 STC-19，“检查 8：CAN 通信电路”。

正常→转至（5）。

异常→维修故障电路。

(5) 检查 EPS 电子控制单元电源电路

检查 EPS 电子控制单元电源线路。可参阅 STC-14，“检查 1：蓄电池电压故障”。

正常→检查方向盘转向力。可参阅 PS-6，“检查方向盘转向力”。

异常→修理电源电路。

症状 2：转向柱左右转向/回位力不同（朝一侧偏）EGS001FC。

(1) 检查自诊断结果

检查自诊断结果，并观察在自诊断结果中是否发现故障系统。

是→转至（2）。

否→转至（4）。

(2) 检查 EPS 电子控制单元接头

① 点火开关转到“OFF”位置，断开 EPS 电子控制单元线束接头，检查连接端口有无变形、断开、松弛等异常现象。

② 牢固地重新安装接头并执行自诊断，观察在自诊断结果中是否发现故障系统。

是→修理故障电路，然后转至（3）。

否→转至（3）。

(3) 检查症状

确保转向没有左右回位力不同的症状。

正常→检测结束。

异常→转至（4）。

（4）前轮定位检查

检查车轮定位。可参阅 FSU-5，“前轮定位检查”。

正常→检查方向盘转向力。可参阅 PS-6，“检查方向盘转向力”。

异常→调整车轮定位。可参阅 FSU-5，“前轮定位检查”。

症状 3：方向盘转向力不均匀（扭矩变化）EGS001FD。

（1）检查自诊断结果

检查自诊断结果，并观察在自诊断结果中是否发现故障系统。

是→转至（2）。

否→转至（4）。

（2）检查 EPS 电子控制单元接头

① 点火开关转到“OFF”位置，断开 EPS 电子控制单元线束接头，检查连接端口有无变形、断开、松弛等异常现象。

② 牢固地重新安装接头并执行自诊断，观察在自诊断结果中是否发现故障系统。

是→修理故障电路，然后转至（3）。

否→转至（3）。

（3）检查症状

确保转向力均匀。

正常→检测结束。

异常→转至（4）。

（4）检查 EPS 电子控制单元电源电路

检查 EPS 电子控制单元电源线路。可参阅 STC-14，“检查 1：蓄电池电压故障”。

正常→转至（5）。

异常→维修故障电路。

（5）检查转向柱中间轴

① 检查中间轴与转向柱总成以及转向齿轮的固定部件之间的结合。可参阅 PS-9，“元件”。

② 确认方向盘转向力是不均匀的（扭矩变化）。

正常→检测结束。

异常→检查方向盘转向力。可参阅 PS-6，“检查方向盘转向力”。

症状 4：EPS 警告灯点亮 EGS001FE。

（1）检查自诊断结果

检查自诊断结果，并观察在自诊断结果中是否发现故障系统。

是→转至（2）。

否→转至（4）。

（2）检查 EPS 电子控制单元接头

① 点火开关转到“OFF”位置，断开 EPS 电子控制单元线束接头，检查连接端口有无变形、断开、松弛等异常现象。

② 牢固地重新安装接头并执行自诊断，观察在自诊断结果中是否发现故障系统。

是→修理故障电路，然后转至（3）。

否→转至（3）。

（3）检查症状

确保 EPS 警告灯没有点亮。

正常→检测结束。

异常→转至（4）。

（4）检查 EPS 电子控制单元电源电路

检查 EPS 电子控制单元电源线路。可参阅 STC-14，“检查 1：蓄电池电压故障”。

正常→转至（5）。

异常→维修故障电路。

（5）检查方向盘转向力

操作方向盘时，检查 EPS 辅助力。可参阅 PS-6，“检查方向盘转向力”。

正常→检查 CAN 通信电路。可参阅 STC-19，“检查 8：CAN 通信电路”。

异常→EPS 电子控制单元故障。

小　结

本项目主要介绍了动力转向系统的组成、结构、工作原理以及常见故障的检修和维修方法。介绍了 NISSAN 轿车动力转向系统的基本检测方法，具体阐述了动力转向系统故障码的读取与清除、蓄电池电压故障检查、扭矩传感器故障检查、电动机故障检查、EEPROM 故障检查、车辆速度信号故障检查、转向系统的拆装与检查等。

习题及思考题

1. 简述电子控制动力转向系统的优点。
2. 简述液压式 EPS 的控制方式。
3. 简述方向盘转角传感器的组成和工作原理。
4. 简述反力控制式动力转向系统工作原理。
5. 简述电动式 EPS 的组成、原理与特点。
6. 简述电磁离合器的作用。
7. 简述宝来（Bora）及高尔夫（GOLF）2004 电子动力转向系统的组成及工作原理。
8. 使用 CONSULT-II 诊断仪如何显示 NISSAN 轿车 EPS 系统故障码和清除故障码?
9. 如何快速检查和精确检查 NISSAN 轿车 EPS 系统?

项目五

汽车电控四轮驱动系统检修

一、项目要求

【知识要求】

1. 了解电控四轮驱动系统的分类、组成与特点
2. 掌握分动器、轴间差速器的作用、结构及工作原理
3. 掌握黏液耦合器、液力多片式离合器的工作原理与应用
4. 掌握电控四轮驱动系统的控制原理
5. 掌握典型电控四轮驱动系统的结构、特点与工作过程
6. 掌握电控四轮驱动系统基本故障的检测方法和步骤

重点掌握内容：轴间差速器的基本结构及检测方法，四轮驱动系统基本故障的检测方法和步骤

【能力要求】

1. 能够正确拆装电控四轮驱动系统并进行正确调整
2. 能够正确诊断电控四轮驱动系统的常见机械故障与电气故障，并能对常见故障进行检修

二、相关知识

汽车的四轮驱动是指汽车的 4 个车轮都作为驱动轮来驱动汽车，发动机的动力经传动系分配到前后车轮上，通过 4 个车轮驱动汽车行驶，以提高汽车的牵引力和改善汽车的通过能力。四轮驱动汽车通常标有 4X4、4WD 或 AWD 字样，表示其具有四轮驱动功能。

过去只有越野车采用四轮驱动，越野汽车为了充分利用所有车轮与地面之间的附着条件，以获得尽可能大的牵引力，而采用四轮驱动，如北京切诺基、长城塞弗、丰田陆地巡洋舰等。越野车一般在变速器后面装有手动的分力器，前后车桥均为驱动桥。变速器输出的扭矩通过分

力器和传动轴分别传递到前后驱动桥，再通过差速器将扭矩传递到 4 个车轮上。现在有些轿车和一些多功能车也采用了四轮驱动装置，如宝马 X5、雷克萨斯 LEXUS RX300、奥迪 A4 等。由于轿车的车架结构与越野车的车架结构有所不同，作用目的也有差异，所以轿车上的四轮驱动装置是常啮合式，而且多采用电子计算机控制中央差速器，省去了手动分力器，四轮驱动 ECU 根据路面状态的反馈信息，自动将扭矩按需分配给前后车轮。现代轿车的马力都比较大，加速时重心后移，全车重量就会向后轴移动，造成前轴轻飘。这对于前轮驱动的轿车来讲，即使在良好的路面上也会打滑，四轮驱动就可以防止这种现象的发生。所以，轿车应用四轮驱动，主要作用是提高车子的加速性能。

四轮驱动的目的就在于可按行驶路面状态不同而将发动机输出扭矩按不同比例分布在前后轮子上，结合了前轮驱动和后轮驱动的优点，“牵引”与“推送”并行。不论是加减速或负重，所产生的影响均最小，既避免了前轮驱动车的转向不足，又防止了后轮驱动车的转向过度，尤其在高速过弯和恶劣路面上加速或爬坡时，其附着力强，牵引力大，通过性好，而且安全系数高。

（一）电控四轮驱动系统的分类和组成

电控四轮驱动系统按照驱动方式可以分为 3 种基本类型：分时四轮驱动系统、全时四轮驱动系统和适时四轮驱动系统。

1. 分时四轮驱动系统

分时四轮驱动（Part-Time 4WD），就是部分时间采用四轮驱动模式，正常时间仍采用前轮驱动或后轮驱动模式，是一种可以根据驾驶者的意愿在两轮驱动和四轮驱动之间切换选择的四轮驱动系统。

分时四轮驱动主要用于越野或在光滑的路面上行驶的情况，所以是越野车采用的驱动布置方案，通常由变速器、分动器、前传动轴、前桥差速器和后传动轴、后桥差速器等组成，一般不设有轴间差速器，如图 5-1 所示。

分时四轮驱动的特点是人工操作，由驾驶员根据路面情况通过接通或断开分动器来选择两轮驱动或四轮驱动模式，优点就是可以根据实际情况来选取驱动模式，比较经济。采用分时四轮驱动的越野车，分动器一般都有 3 种驱动模式可以选择：两轮驱动高挡（2H），四轮驱动高挡（4H）及四轮驱动低挡（4L）。在公路上行驶使用 2H 高速两轮驱动挡，当遇到恶劣的路面环境（如雨雪天和多沙石路面）时选择 4H 高速四轮驱动以增强车辆的附着力和操控性，而 4L 四轮驱动低挡则适合高难度的越野大驱动力驾驶。四轮驱动模式使动力作用在全部 4 个车轮上，从而降低了对每个轮胎附着力的要求，减小了转弯时车轮空转的几率，发动机制动能力也得以增强，极大地提高了车辆在崎岖或光滑路面上行驶时在油门突然关闭情况下的可控性。

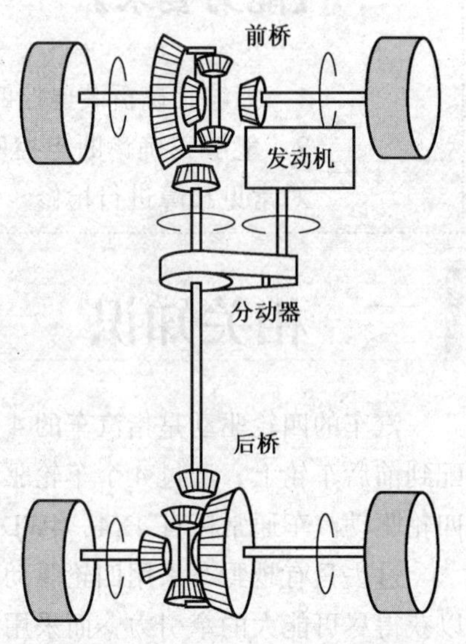

图 5-1　分时四轮驱动系统的组成

分时四轮驱动车辆在平时使用两轮驱动，只是在越野或冰雪溜滑路况下才使用四轮驱动。发动机输出的扭矩基本是以同样的大小传递给前后轴，当在附着力良好的路面上行驶至弯道时，由于前后轴的转速不同，分时驱动的前后轴之间又没有轴间差速器，所以会发生一侧轮胎产生刹车的感觉，所以不能在硬路面（铺装路面）上使用四轮驱动，特别是在高速急转弯时，弯道制动有可能造成车辆失控。汽车转向时，前轮转弯半径比同侧的后轮要大，路程走得多，因此前轮的转速要比后轮快，以致 4 个车轮走的路线完全不一样，所以分时四轮驱动在车轮打滑时才可以挂上四驱，回到摩擦力大的铺装路面上时应马上改回两轮驱动，否则会造成轮胎、差速器、传动轴、分动器的损坏。

分时四轮驱动属于被动式的四轮驱动系统，采用的是机械式的分动装置，常见车型有陆地巡洋舰 70 系列、吉普牧马人、吉普切诺基、三菱帕杰罗 V32 等。

2. 全时四轮驱动系统

全时四轮驱动（Full-Time 4WD）又称全轮驱动（AWD，All Wheel Drive），即全部时间都保持四轮驱动模式，不能选择退出四轮驱动状态，是常啮合式四轮驱动系统。应用全时四轮驱动系统的车型并不是为了越野行驶，而是在不良附着力的情况下（冰雪滑溜路面）提高汽车的行驶性。

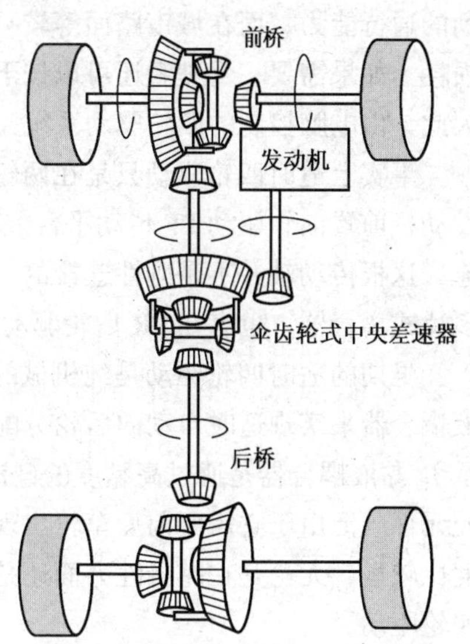

图 5-2　全时四轮驱动系统的组成

全时四轮驱动系统的组成如图 5-2 所示。全时四轮驱动系统采用 3 个差速器，除了前后桥各有一个差速器外，在前后驱动桥之间还有一个差速器，称为轴间差速器。轴间差速器是全时四轮驱动的重要标志。

轴间差速器的作用是把驱动扭矩传递给前后车轮，同时吸收前后车轮的转速差，避免了分时四轮驱动不能在硬路面使用四轮驱动的问题。

轴间差速器一般还带有差速锁止功能，也称差动限制。普通的轮间差速器，可以允许左右车轮以不同的速度转动，但当其中一个车轮空转时，另一个在良好路面上的车轮也得不到扭矩，汽车就失去了行驶的动力。在这种情况下，如果把差速器通过某种方式锁死，动力就可以传递到另一侧车轮，使汽车得到行驶的动力摆脱困境。这种现象轴间差速器也同样存在。汽车通过冰雪滑溜路面时，把轴间差速器锁止，防止因某一车轮打滑而使汽车失去牵引力而无法前进，等回到不滑的铺装路面时再把轴间差速器锁解开。

轴间差动限制装置多采用黏性耦合器、液压多片式离合器或直接采用托森式差速器（Torsen LSD）。目前有的全轮驱动汽车的前后轮间差速器也配置了差动限制装置，以突出汽车的越野性能。

全时四轮驱动系统按照前后扭矩分配比例的大小可分为固定扭矩分配方式和变动扭矩分配方式两种。

① 固定扭矩分配方式利用轴间差速器把扭矩分配到前后车轮，扭矩分配比取决于轴间差速器的结构，多数为 50:50。常配置于一般的越野吉普车上，如陆地巡洋舰 100 系列、富士斯巴鲁、奔驰 G 系列、三菱帕杰罗 V3000 及吉普切诺基等。

② 变动扭矩分配方式是指汽车在行进中能适应行驶状态和路面情况的变化，自动将不同的

扭距合理地分配给前后车轮，使车轮驱动力及转向力达到最佳配置，具有良好的操纵稳定性和行驶循迹性。变动扭矩分配方式属于高性能传动系统，常用于一些高性能的轿车上。

3. 适时四轮驱动系统

适时四轮驱动（Real-Time 4WD），是指只有在需要的时候才会选择四轮驱动模式，而在其他情况下仍然是两轮驱动的驱动系统。适时四轮驱动是一些多功能城市 SUV、CRV 车型常用的四驱方式。

适时四轮驱动系统是最近几年才发展起来的驱动技术，它由电脑管理系统控制两驱与四轮驱动的切换。该系统的显著特点就是在继承了全时四轮驱动和分时四轮驱动优点的同时弥补了它们的不足。它能自行识别驾驶环境，根据驾驶环境的变化控制两轮驱动与四轮驱动两种模式的切换。在颠簸、多坡、多弯等附着力低的路面，车辆自动设定为四轮驱动模式，以获得更强劲的通行能力，而在城市路面等较平坦的路况上，车辆会自行切换为两轮驱动，以减少燃油的损耗。如果需要，驾驶者还可以按下按钮上的“LOCK”（锁止）键，轻松实现全时四轮驱动。因此，由电脑控制的四轮驱动系统又常常被称为“智能型”四轮驱动系统。

事实上适时四轮驱动只是在两轮驱动的基础上增加了一个辅助的四驱功能，大多数都是在发动机前置前轮驱动 FF 传动平台上改进出来的。就是在 FF 平台上引出一根传动轴与后车轴相连，这根传动轴并不是刚性连接的，而是在它与后车轴之间安装了一个黏液耦合器或电控液力多片式离合器。也有在 FR 后轮驱动传动平台上改进出来的，如丰田 Infiniti G35。

早期的适时四轮驱动是纯机械的，最典型的代表车型就是本田的老款 CR-V，它是通过黏液耦合器来实现适时自动向后轮分配动力的。这种四驱的核心部件是黏液耦合器（如图 5-4 所示），黏液耦合器是通过高黏度的硅油来传递动力的。这种适时四驱的结构比较简单，不需要电控元件，但由于它需要前后车轮出现明显转速差的时候黏液耦合器才能介入，因此它的响应速度比较慢，无论是在越野性方面还是在通过性方面，都会明显逊色于全时四轮驱动和电控适时四轮驱动。

新款丰田 CR-V 已采用全新的适时四轮驱动系统：DPS 双泵系统（Dual Pump System）。其在一般驾驶状况下，以前轮驱动（FF）的状态行驶。但是在刚起步、加速或在湿滑道路行驶时，如果前轮出现打滑，改进后的 DPS 双泵系统会适时启动四轮驱动功能，动力将自动分配到后轮，自动切换到 4WD 模式，响应速度比黏液耦合器更快、切换更顺畅。

目前，随着汽车电子控制技术的发展，适时四轮驱动系统开始采用电脑控制驱动模式，操纵非常简单，东风日产 Qashqai 逍客电控四轮驱动系统的组成如图 5-3 所示。采用这种驱动系统的车辆没有轴间差速器，取而代之的是多片式离合器，它的接通与闭合则由 ECU 来掌控。前后车轮的轮速传感器会将实时的轮速反馈给 ECU，一旦 ECU 检测到前轮的转速比后轮快，ECU 就会迅速发出指令给多片式离合器使其结合，从而向后轴传递动力。由于有了电控系统的加入，此时的适时四驱在响应速度上大幅度提高，而且在分配动力比例上也可以做到智能化控制。另外，多片离合器在完全结合时可以达到硬连接的效果，因此不仅它的传动效率要比机械式的更高，而且使得锁死前后轴差速成为可能。

现在欧洲新款适时四驱车型采用瑞典第三代 Haldex 四轮驱动系统，如大众的途欢，高尔夫 R36，奥迪的 TT3.2quttro、A3quttro、VolvoXC90/S80、SAABXTurbo、福特的 KUGA，路虎的神行者Ⅱ等。其被誉为智能电子式适时四轮驱动系统。最新的适时四轮驱动系统增加了预载功能，可以通过前轮的运转情况来实现预判断，在前轮有打滑趋势之前就预先接通，理论上已经做到与全时四轮驱动类似的效果。另外这种适时四轮驱动还可以做到正常行驶情况下，前后轴之间的动力分配恒定在 90:10。从某种意义上说，这种四驱已经可以算作是全时四轮驱动了，许多采用这种四轮驱动的欧洲车型，甚至已经在这种四驱的车型上标注了 AWD 的标志。

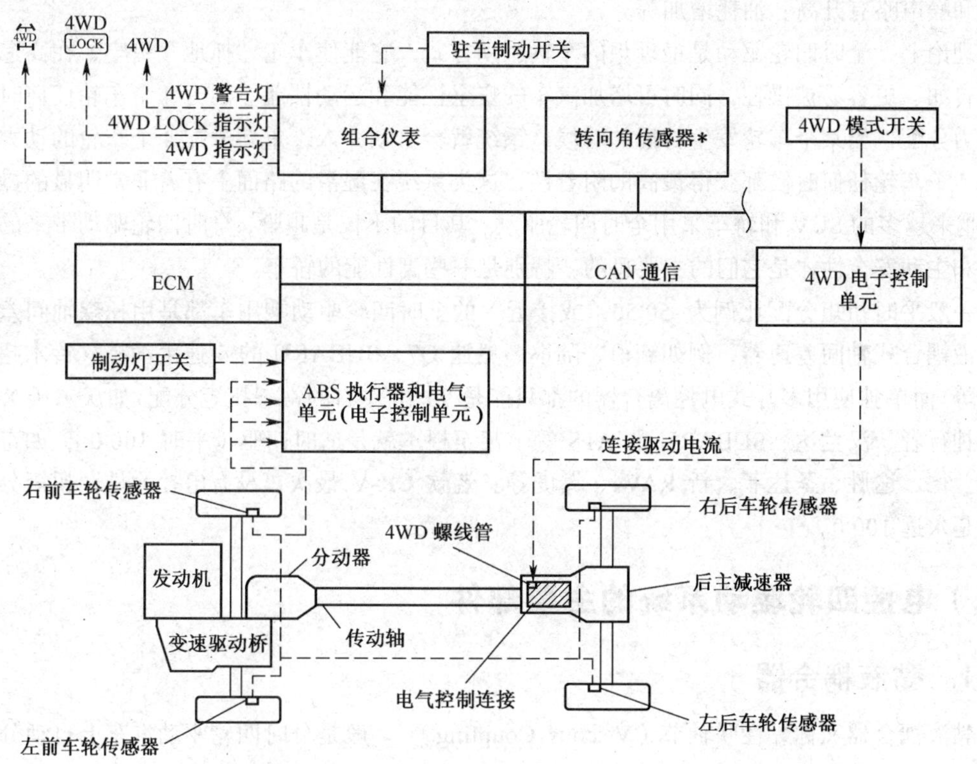

图 5-3　东风日产 Qashqai 逍客电控四轮驱动系统

相比全时四轮驱动，适时四驱的结构要简单得多，这不仅可以有效也降低成本，而且也有利于降低整车重量。由于适时四轮驱动的特殊结构，它更适合于前横置发动机前轮驱动平台的车型配备，这使得许多基于这种平台打造的 SUV 或者四轮驱动轿车有了装配四轮驱动系统的可能。由于全时四驱的结构复杂，传动部件多而重，会极大地降低动力的响应能力，如果小排量发动机装备全时四轮驱动，会明显感觉动力不足。不仅如此，由于全时四轮驱动的功耗大，对经济性的影响非常明显，而适时四轮驱动则不存在这一问题。

4. 电控四轮驱动系统的优缺点

四轮驱动的车辆尤其是全时四轮驱动车辆具有优越的行驶性能，具体优点如下。

① 提高通过性。由于四轮驱动车辆的 4 个车轮都传递动力，所以车辆所获得的驱动力是两轮驱动的 2 倍。且前后轮相互支持，大大提高了在湿滑冰雪路面和凹凸不平路面的通过性。

② 提高爬坡性。同理，四轮驱动的车辆可以爬上两轮驱动车辆爬不上去的陡坡。

③ 转弯性能极佳。轮胎的附着力与传输至道路的动力大小有密切的关系，随动力的增大，轮胎的转弯力趋向减小。动力减小，转弯力升高，提高湿滑路面与变换车道时的性能。

④ 启动和加速性能极佳。四轮驱动的车辆，发动机功率平均传递至所有 4 个车轮，4 个车轮的附着力都可以被有效利用。所以即使猛然将加速踏板踩到底，车轮也不可能空转，从而提

高了车辆的启动和加速性能。

⑤ 直线行驶稳定性。由于每个车轮的剩余附着力升高，所以车轮抗外界扰动的能力得到增强。因此四轮驱动常显示出优越的方向稳定性。

当然四轮驱动的车辆也并非十全十美，也有如下缺点：结构复杂、重量增加、成本升高、震动和噪声略有升高、油耗增加等。

理论上，全时四轮驱动是最理想的车辆驱动方式，它能使车轮“抓地”更牢、在高速转向时更自如、更容易被操控，同时可增加汽车的安全性能和运动性能。因为4个车轮任何时候都有动力分配，当某个车轮发生打滑的时候，系统就会自动介入，重新分配4个车轮的动力，以保证4个车轮任何时候都获得最高的附着性，这类系统在湿滑的路面上有着非常明显的操控优势。越来越多的SUV和轿车采用全时四轮驱动，其目的不仅是越野，全时四轮驱动带来的操控稳定和主动安全性才是它们的主要目的，特别是一些高性能的轿车。

一般平时扭矩分配比例为 50:50（或接近）的全时四轮驱动乘用车都是用托森轴间差速器或黏液耦合式轴间差速器，例如霸道、陆巡、奥迪 Q7、SUBARU 的 5 速手动挡、铃木超级维特拉等。而单独使用多片式电控离合器的都只能是 90:10 左右的常态扭矩分配，如沃尔沃 XC90、路虎神行者、汉兰达、SUBARU 的 ATS 等。甚至根本就是适时四驱（平时 100:0），如奇骏、新欧兰德、途胜、圣达菲、新 RAV4、翼虎等。老款 CR-V 最次，没有电控元件，扭矩分配基本上是永远 100:0。

（二）电控四轮驱动系统的主要部件

1. 黏液耦合器

黏液耦合器又称黏性联轴节（Viscous Coupling），一般是分时四轮驱动汽车上自动分配动力的装置，通常安装在以前轮驱动为基础的四轮驱动汽车上。这种汽车平时按前轮驱动方式行驶。黏性联轴节的最大特点就是不需驾驶员操纵，可根据需要自动把动力分配给后驱动桥。

黏液耦合器由一个内装若干紧密配合的薄圆钢盘并充满黏稠液体硅油的圆筒组成，如图 5-4 所示。一组圆盘连于前桥，另一组与后桥连接，如图 5-5 所示。两轴中具有外花键的一根轴与黏液耦合器壳的内花键接合，同时也与黏液耦合器内盘接合，黏液耦合器的外盘则通过外花键齿与黏液耦合器壳的内花键接合。另一轴在壳内带有密封的滚动轴承上旋转。内外盘组为钢制，上面开有专门的槽。内盘有从外径边缘开的槽，外盘有从其内径边缘开的槽。盘的数目和尺寸取决于黏液耦合器的转矩传送能力。在正常行驶的时候，前后车轮保持相同的速度运转，黏液耦合器的两个轴之间不存在转速差。当前轮出现打滑时转速会超过后轮，从而导致耦合器里的两组刚盘之间出现转速差，这种转速差会搅动硅油，导致硅油温度升高、黏度迅速上升，产生极大的黏性阻力，从而将动力传递给后轮。

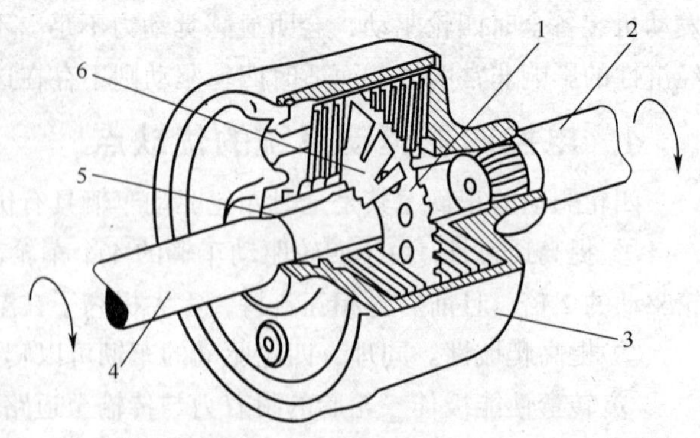

图 5-4 典型黏液耦合器

1—外盘 2—输出轴 3—连接器壳
4—输入轴 5—毂 6—内盘

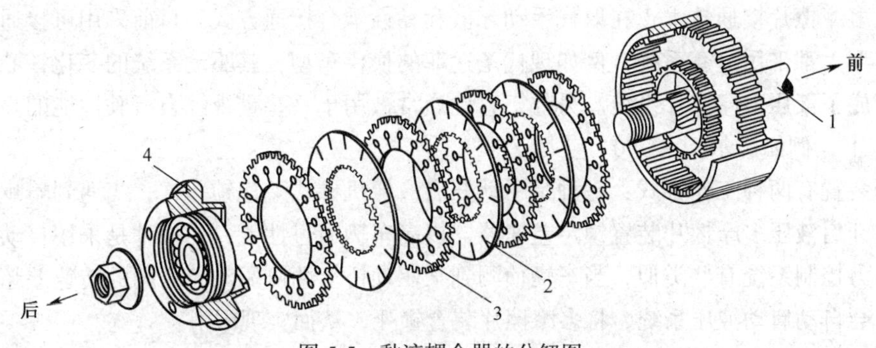

图 5-5　黏液耦合器的分解图

1—输入轴　2—内盘　3—外盘　4—输出轴

前后桥通过黏液耦合器里黏稠的硅油连接而非机械刚性连接，允许轴间存在转速差。汽车转向时，黏液耦合器可吸收前后车轮由于内轮差而产生的转速差。汽车制动时，它还可以防止后轮先抱死。

利用硅油的黏度来传递力矩，所以传递的力矩很有限（通常不到 30%～40%）。目前采用这种结构的适时四轮驱动的车型已经很少了。现在主流的适时四轮驱动，则采用的是电控多片式离合器，它的性能在各方面都要优于黏液耦合器。

2. 液压多摩擦片式离合器

液压多摩擦片式离合器是液压多摩擦片接通系统的核心。图 5-6 为应用于 VOLVO 的液压多摩擦片接通系统。液压多摩擦片式离合器是当今最流行的限滑技术，这套装置的主要组成部分就是液压系统和摩擦片。摩擦片分为两组，分别安装在差速器壳与一侧半轴上。当液压系统对摩擦片作用时，两组相邻的摩擦片就会紧紧挤压在一起，从而将差速器锁死，从而达到限滑的目的。

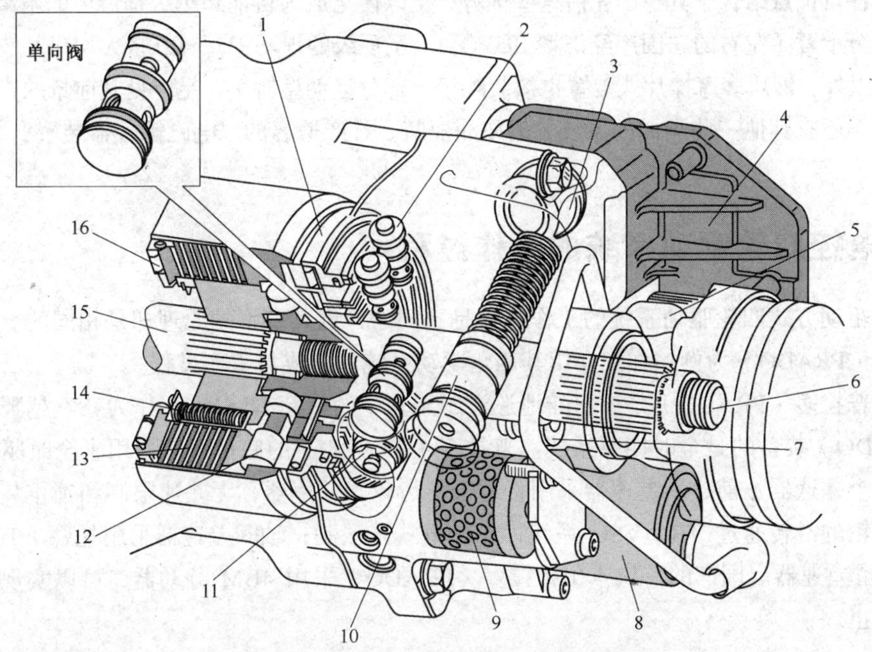

图 5-6　应用于 VOLVO 的液压多摩擦片接通系统

1—活塞　2—出油单向阀　3—控制阀　4—DEM 差速器电控模块　5—CAN 通信及供电　6—输入轴　7—超载保护阀　8—机油泵　9—机油滤清器　10—蓄能器　11—进油单向阀　12—滚子　13—湿式多片离合器　14—平衡弹簧　15—输出轴　16—滚柱轴承

液压多摩擦片接通技术正在取代手动牙嵌和黏性耦合接通方式。目前采用可接通式四驱系统的新车型大都采用这套系统。例如现代圣达菲的换代车型，其驱动系统的变化核心就是黏性耦合器变成了液压多摩擦片系统。另外，它也通常被用于一些重视综合行驶性能的高级多用途SUV 汽车上，例如沃尔沃 XC90、宝马 X3 等。

这套装置有两种工作方式：一种是手动开启，像机械式差速锁一样，当遇到崎岖地形时，通过按钮开启液压多摩擦片装置锁定差速器，提高车辆通过性能；另一种是采用自动接通式，这与牵引力控制系统有些类似，当车辆侦测到某驱动桥上两侧驱动轮之间的转速差超过某一临界值时，会自动启动液压系统，将多摩擦片装置锁死，从而实现限滑。

其实液压多摩擦片装置比较类似于机械式差速锁，不同点在于，机械式差速锁的锁死机构为牙嵌式，而多摩擦片装置为摩擦片。相比较于牙嵌式的 100%锁止系数，多摩擦片装置在不同车辆上往往也是不同的，通常在 40%~100%之间。所谓锁止系数，就是指差速器的锁止程度，例如锁止系数 50%就是指限滑装置只能阻止差速器 50%的差速程度，也就意味着车辆驱动轮附着力差异较大时，多摩擦片装置最多只能将 50%的功率传递至一侧驱动轮。此时这个附着力良好的驱动轮可以获得与正常行驶时相同的扭矩输出，锁止系数通常取决于摩擦片本身的材质与液压系统提供的压力值。液压多摩擦片系统虽然理论上讲也能达到 100%的锁止系数，但可靠性比起机械式差速锁仍然略逊一筹，而且还需要定期更换摩擦片，这也在一定程度上影响了经济性。虽然液压多摩擦片装置的可靠性比起机械式差速锁稍差，但其他方面的优势却十分显著。由于采用摩擦式锁止，使得这套系统可以随时接通，不必像机械式差速锁一样必须在车辆停止或缓慢行驶时启动。而且可以根据压力值灵活地调整锁止系数，适应性更强。与黏性耦合装置和牵引力控制系统相比，自动接通式多摩擦片的反应更加迅捷而不滞后，并且可靠性更高，工作连贯性更强，几乎将双方的各自优点结合于其身。凭借这些优势，足以使之成为目前跨越级别最广的限滑装置，配备领域低至十万元左右的“国产经济型 SUV”，上至顶级的悍马 H1、JEEP 大切诺基、大众途锐等。除此以外，液压多摩擦片式装置也被装配于一部分运动型轿车，足以见其前景的广阔。

当然，还有其他一些类似的系统，例如菲亚特、日产逍客的“电磁耦合器装置”，在此不再一一介绍。

（三）电控四轮驱动系统的工作过程

不同驱动方式四轮驱动系统的工作过程是不同的，但其基本的原理却是相同的。下面以丰田普拉多（PRADO）为例，详细介绍其四轮驱动系统的组成与工作过程。

丰田普拉多（PRADO）是丰田陆地巡洋舰系列中的最新款 SUV。作为一款越野车，普拉多（PRADO）装备的是全时四驱系统。普拉多（PRADO）的底盘系统采用了全时驱动方式，布置了 3 个差速器：前、后差速器采用普通锥形齿轮式差速器，无差速限制和锁止装置，左、右两侧车轮的滑转通过 TRC/VSC 系统以制动方式来限制；轴间差速器采用托森（TORSEN）T-3 型限滑差速器。国产的一汽丰田普拉多（PRADO）采用 4BM 分动器，可以实现对差速器的电控锁止。

1. 全时四驱系统的基本构成

（1）机械部分组成

丰田普拉多（PRADO）四驱传动系统的机械部分主要由变速器、分动器（可电控锁止差速

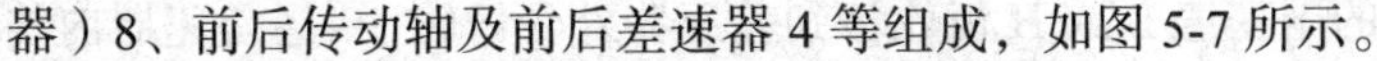
器）8、前后传动轴及前后差速器 4 等组成，如图 5-7 所示。

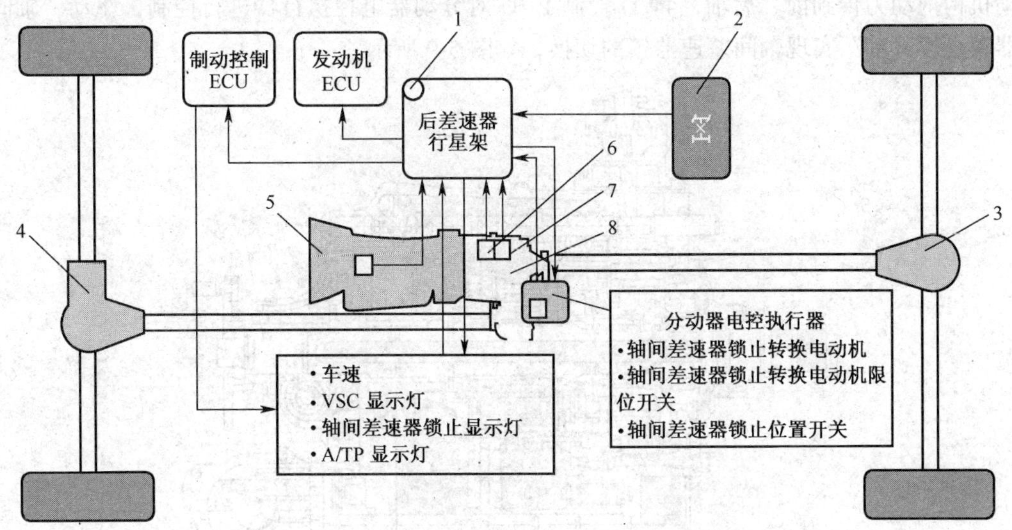

图 5-7　丰田普拉多（PRADO）四驱传动系统的组成

1—蜂鸣器　2—轴间差速器锁止按钮　3—后差速器　4—前后差速器

5—驻车/空挡位置开关　6—L 挡位置开关　7—空挡位置开关　8—分动器

（2）电控部分组成

四驱的电控部分由制动控制 ECU、发动机 ECU、轴间差速器锁止按钮 2、驻车及空挡位置开关 5、4WD 控制 ECU 和分动器电控执行器等组成。

分动器电控执行器根据驾驶员的操作意愿（轴间差速器锁止按钮）、汽车制动状态、发动机运行转速状态、变速器挡位状态等信号对分动器内的差速器进行锁止控制。这样做的目的是为了便于驾驶员操作，确保分动器内的传动切换准确有效，避免由于误操作而造成的机件损坏。

（3）分动器及电控执行器

一汽丰田普拉多（PRADO）的分动器采用经过改进的 VF4BM。如图 5-8 所示，分动器有 L 和 H 两个挡位，传动比分别为 2.566 和 1.000，L、H 挡位由驾驶员手动操作。驾驶员根据路面状况切换“轴间差速器锁止按钮”对差速器进行锁止，因而可实现 H4F-H4L-L4F-L4L 的换挡模式。H4F 和 L4F 为分别对应分动器高、低挡的差速器“F”（自由）模式，H4L 和 L4L 则为“L”（锁止）模式。VF2A 分动器在普拉多 2700 车型上使用，TORSEN LSD 为选装部件。

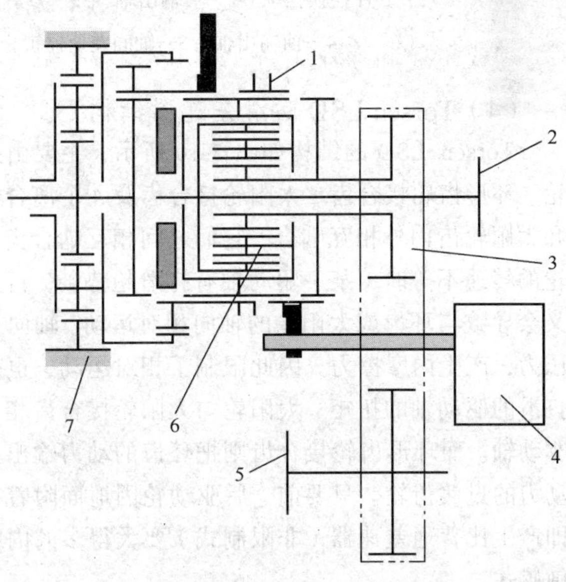

图 5-8　VF4BM 分动器传动示意图

1—轴间差速器锁　2—后输出轴　3—传动链

4—轴间差速器锁止电控执行器　5—前输出轴

6—托森 LSD　7—H/L 挡

由变速器传来的动力经分动器的副变速 L 或 H 齿轮传到差速器外壳齿轮，再经差速器内的传动机构把动力传到前、后轴，4WD 控制 ECU 对分动器电控执行器进行控制，驱动“轴间差速器锁止拨叉轴”实现轴间差速器锁的切换，如图 5-9 所示。

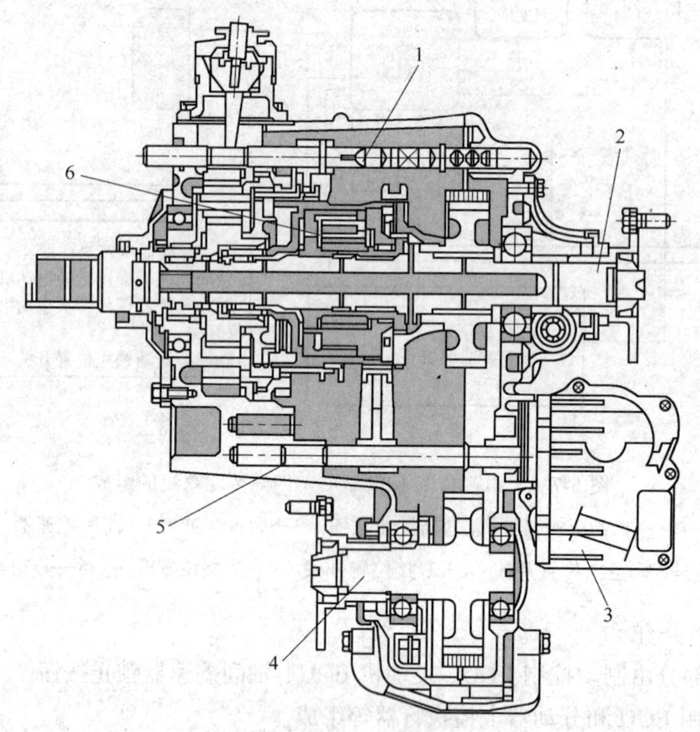

图 5-9　分动器结构

1—L/H 挡换挡轴　2—后输出轴　3—分动器电控执行器（用于轴间差速器锁止）

4—前输出轴　5—轴间差速器锁止转换拨叉轴　6—Torsen LSD

（4）Torsen LSD 防滑差速器结构

Torsen LSD 的结构如图 5-10 所示，主要由差速器外壳、行星齿轮架、行星齿轮、太阳轮、环形齿轮接合齿、太阳轮接合齿及 4 个离合器盘等组成。结构中有 8 个行星齿轮与环齿和太阳轮齿内外相互啮合；它们之间相互啮合齿轮的齿形属于 Torsen T-3 型。当环齿与太阳轮的转速不等时（某一驱动轴有打滑趋势），行星齿轮会被迫产生自转运动，这个自转运动又会导致与环齿或太阳轮的轴向相对运动。轴向运动的压力对安装在装置内的离合器盘施加压力，产生内摩擦力，因此限制了相对运动，也就限制了打滑的驱动轴的运动，而增加了不打滑的驱动轴的扭矩；太阳轮与太阳轮接合齿相互配对，以便把太阳轮传来的动力输出到前驱动轴。而环形齿轮接合齿则把环齿的动力输出到后驱动轴，因此接合齿实际上是用于传递动力的过渡齿轮。只要前、后驱动轮因地面附着力的变化而导致扭矩的变化，差速器就会立即产生比普通差速器（非限制式）要大得多的内摩擦扭矩。这种差速器的限制方式也叫扭矩敏感式。

2. 不同行驶状态 Torsen LSD 的扭矩分配

把分动器切换到 H4F 或 L4F 模式时，差速器处于“自由模式”，Torsen LSD 有如下 4 种工作状态。

图 5-10 Torsen LSD 差速器结构图

1—差速器外壳 2—1 号离合器盘 3—环形齿轮接合齿 4—太阳轮接合齿 5—2 号离合器盘
6—4 号离合器盘 7—行星齿轮 8—太阳轮 9—环形齿轮 10—3 号离合器盘
11—行星齿轮架 12—行星齿轮架支承片 13—太阳轮接合齿 14—前输出轴

（1）前轴转速等于后轴转速

当汽车在良好路面直线行驶时，前轮与后轮的转速接近相等，即太阳轮与环齿的角速度也相等，动力的传动路线如图 5-11 所示。如图 5-12 所示，太阳轮与环齿转速相等，行星齿轮不做自转运动，差速器的内摩擦为 0，太阳轮与环齿半径之比为 2:3，前轴与后轴的扭矩比为 2:3。正常行驶时，后轴得到 60%的扭矩，前轴得到 40%的扭矩。这种扭矩分配方式与汽车的质量分配相对应，有利于在车辆加速时后轴载荷大于前轴的情况下，提升车辆轮胎的抓地力，增加车辆的稳定性。

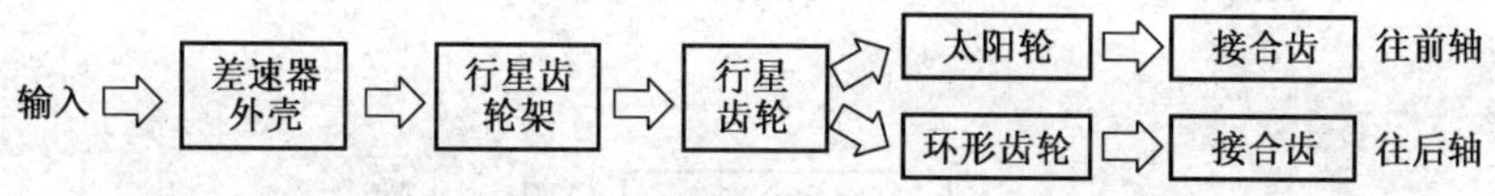

图 5-11 前轴转速等于后轴转速时 Torsen LSD 的动力传递路线

（2）前轴转速大于后轴转速

当汽车转向或因湿滑路面导致前轮打滑时，车辆会出现前轴转速大于后轴的情况。如图 5-13 所示，太阳轮转速大于环齿转速，两者的相对运动使行星齿轮被迫自转。但是由于它与环齿和太阳轮齿相互啮合，啮合的齿形角产生很大的摩擦力，同时它与行星齿轮架之间也会产生摩擦力，因此行星齿轮的自转受到以上摩擦力的作用，挤压 4 号离合器盘。另一方面，环齿则沿轴向向左运动，挤压 1 号离合器盘。4 号离合器盘的摩擦力，限制了高转速的太阳轮的转速继续增加，1 号离合器盘的摩擦力，则把差速器外壳上的动力直接传递到环齿。由上可知，行星齿轮自转的摩擦力和离合器片的摩擦力构成了内摩擦力矩，从而增加了后轴的驱动力。前、后轴的扭矩分配比最大可达到 29:71，从而减小了前轴的扭矩，把更多的驱动力分配到附着状况好的后轴。当车辆实现这种扭矩分配后，转向时前轴驱动扭矩降低，增加了侧向附着力，可减小转向侧滑的趋势，操作稳定性得到了改善，同时也提高了汽车在湿滑路面行驶时的通过性。

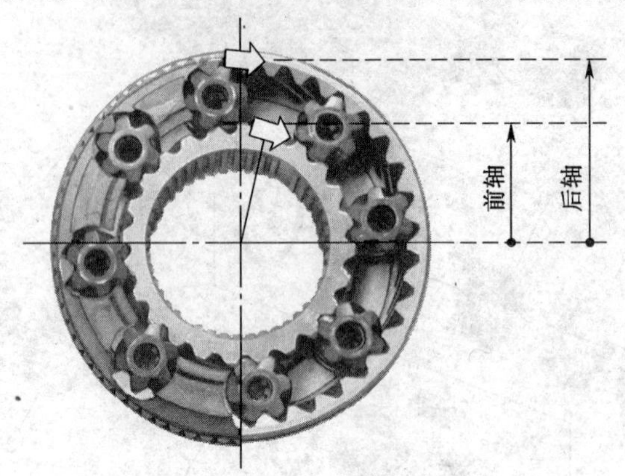

图 5-12　前轴转速等于后轴转速时扭矩分配示意图

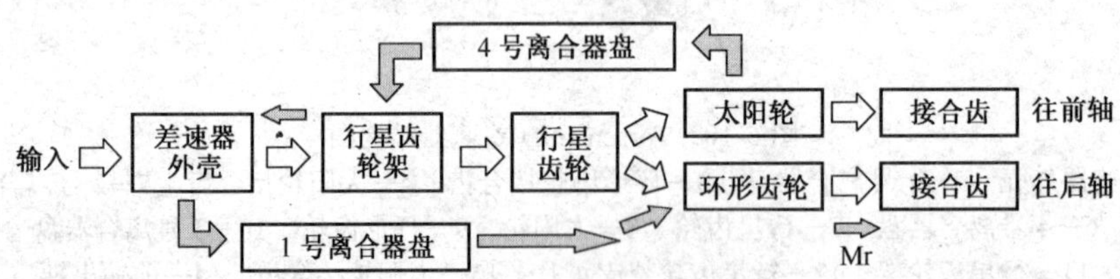

图 5-13　前轴转速大于后轴转速时 Torsen LSD 的动力传递路线

（3）前轴转速小于后轴转速

当环齿转速大于太阳轮转速，此时行星齿轮也产生自转（如图 5-14 所示），自转时与环齿、太阳齿和齿架之间会产生摩擦阻力；同时行星齿轮沿轴向向左运动，环齿和太阳轮分别向左、向右做轴向运动，环齿仍然挤压 1 号离合器盘，行星齿轮挤压 2 号离合器盘，太阳轮挤压 4 号离合器盘，因此，后轴的高转速受到 1 号和 2 号离合器片摩擦力的限制，同时动力由行星齿轮架通过 4 号离合器盘的摩擦力直接传递到太阳轮，增加了前轴的输出扭矩。差速器的内摩擦力由 1 号、2 号、4 号和行星齿轮自转的摩擦力组成，使前、后轴的扭矩分配比最大达到 53:47。

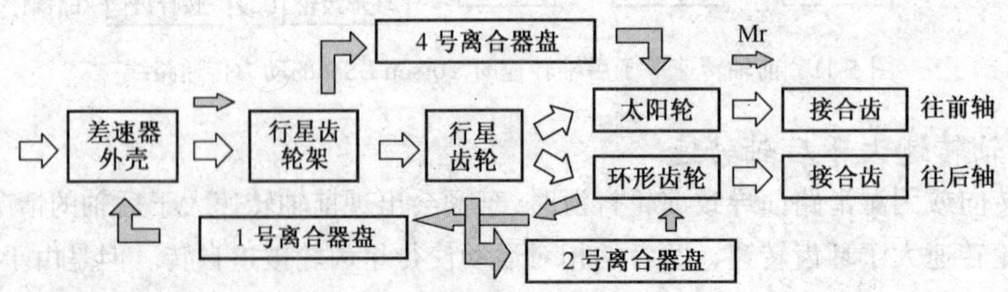

图 5-14　前轴转速小于后轴转速时 Torsen LSD 的动力传递路线

（4）轴间差速器锁止

如果前轮的地面附着力较小，出现了滑转趋势，差速器自动限制其滑转，前轮驱动力自动降低到 29%。若前轮附着力继续减小，而此时前轮驱动力不能再降低，未滑转的后轴所分配到的扭矩只能达到 71%，此时，驾驶员应该锁止差速器，这种情况一般发生在特别恶劣的泥沼路面。如前轮离开地面（悬空），该车轮的驱动力降为 0，此时如果未锁止差速器，后轴只能分配到 71%的最大驱动力，但如果锁止了差速器，后轴则可分配到 100%的驱动力。

驾驶员应该根据驾驶经验，在进入恶劣路面前提早锁止差速器，以使汽车驶入该路面时获得更好的越野性能。但是当汽车驶入良好路面时，必须解除对差速器的锁止，否则汽车前、后轴会产生运动干涉，造成汽车转向困难、传动系震动、机件磨损和油耗增加，甚至会损坏传动部件。

丰田普拉多（PRADO）四轮驱动系统采用了以 Torsen T-3 为核心的 VF4BM 分动器，它的常时驱动 H4F 和 L4F 模式虽然未锁止差速器，但由于该差速器具有较大的扭矩分配特性，可以最大程度地稳定湿滑路面的驾驶。同时，Torsen T-3 的核心部件具有结构紧凑、性能可靠、响应快、制造成本低、噪音低、震动小和操作简单等优点，使丰田普拉多（PRADO）具有良好的操控稳定性和卓越的越野性能。

三、项目实施

（一）项目实施环境

所需设备：东风本田 CR-V 自动挡适时四轮驱动轿车、东风日产 Qashqai 逍客电控四轮驱动轿车（或其他型号电控四轮驱动轿车）、日产 CONSULT-III 电脑诊断仪、车用万用表、拆卸专用工具、举升机、维修操作台等。

（二）项目实施步骤

1. 东风本田 CR-V 自动挡实时四轮驱动系统故障检修

（1）实时四轮驱动系统概述

1）实时四轮驱动系统的特点

实时四轮驱动（4WD）双泵系统车型的后差速器总成上装备有液压离合器和后差速器机构。正常条件下，车辆由前轮驱动。而根据前轮驱动力和路面条件的不同，无需驾驶员在两轮驱动（前轮驱动）和四轮驱动之间做操作转换，系统就会在瞬间将适当的驱动力传递给后轮。两轮驱动（2WD）和四轮驱动之间的转换机构内置于后差速器总成中，与其合成为一体，这使得系统既轻便又紧凑。

另外，双泵系统在前进挡制动时撤消后轮驱动力。这样，可使配备有防抱死制动系统（ABS）车型的制动系统能够正常工作。

2）实时四轮驱动系统的构造

后差速器总成包括扭矩控制后差速器壳体总成和后差速器行星架总成，如图 5-15 所示。扭矩控制后差速器壳体总成包括后差速器离合器总成、结合法兰和油泵体总成。后差速器行星架总成由各种机构组成。

后差速器主动齿轮和从动齿轮为准双曲面齿轮。

油泵体总成包括前油泵、后油泵、液压控制机构和离合器活塞。离合器活塞上有一个盘簧，该盘簧向后差速器离合器总成提供预置扭矩，以防总成发出异常噪声。

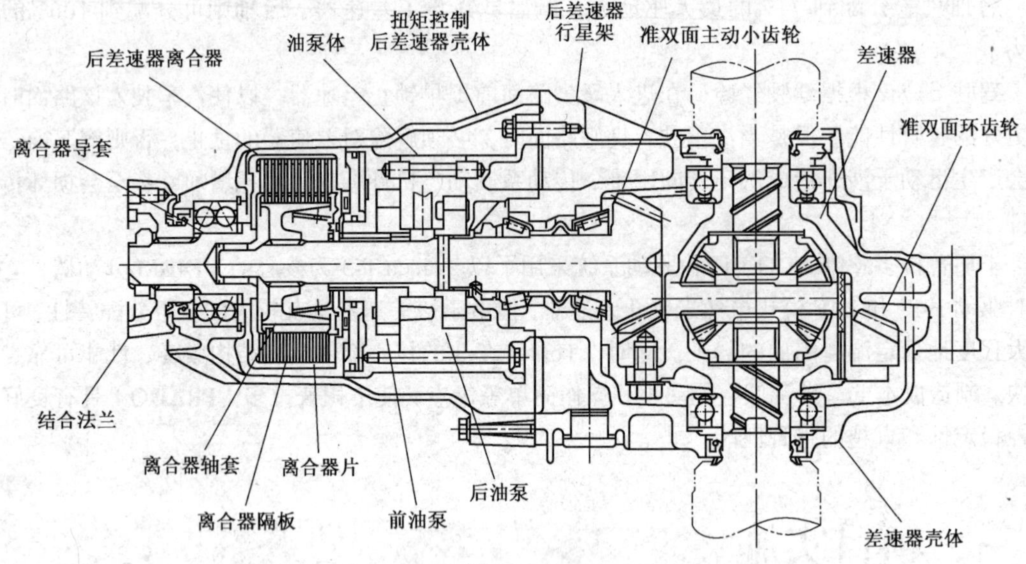

图 5-15　后差速器总成

后差速器离合器总成中的离合器导套通过结合法兰与传动轴连接，并接收来自分动器总成的驱动力。离合器导套在油泵体中驱动离合器隔板和前油泵旋转。

后差速器离合器总成中的离合器轴套上有一个离合器片，该离合器片与准双曲面主动小齿轮通过花键连接。准双曲面主动齿轮驱动后油泵。

前、后油泵均为余摆线泵。后油泵容积比前油泵大 2.5%，以此平衡由于轮胎磨损和急转弯制动所引起的前后轮转速差。油泵在反向旋转时，可利用其进油口作为出油口。

应使用纯正的 Honda DPSF（双泵系统油液，如图 5-16 所示），而不再使用后差速器油。

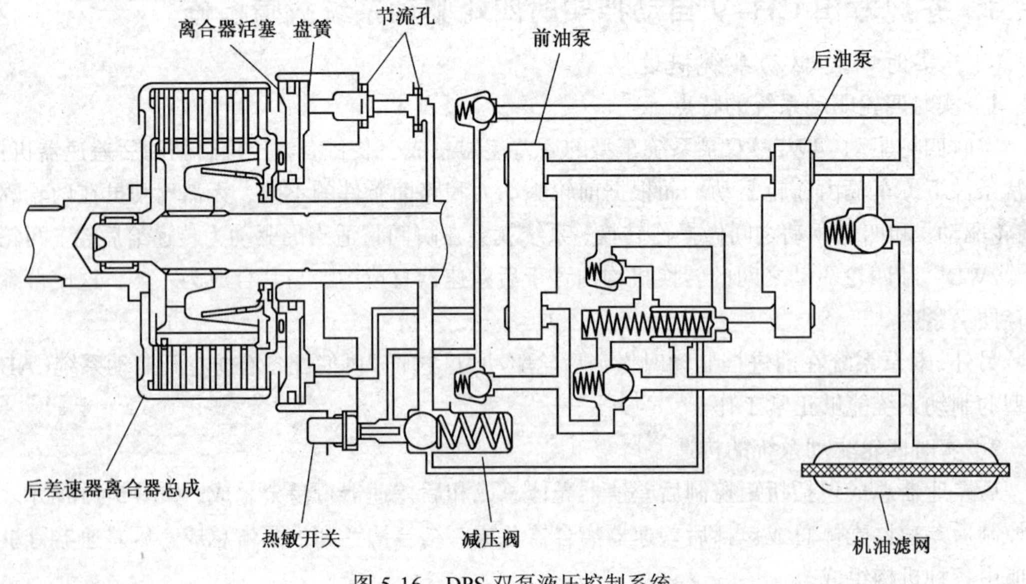

图 5-16　DPS 双泵液压控制系统

3）四轮驱动系统的工作过程

当前轮（离合器导套）和后轮（准双曲面从动齿轮）之间产生转速差时，来自前、后油泵的液压促使后差速器离合器啮合，将来自分动器总成的驱动力施加到后轮上。

在车辆突然启动，或在前进挡或倒挡加速（引起前后轮之间的转速差），或在倒挡制动时（减速时），油泵体中的液压控制机构将会选择四轮驱动模式。在车辆于前进挡或倒挡匀速行驶（此时前后轮之间无转速差），或在前进挡制动时（减速时），则转换为两轮驱动模式。

为保护系统，无论在四轮驱动还是两轮驱动模式下，后差速器离合器总成均通过油泵所产生的液压供油润滑。另外，当后差速器的温度超过正常值时，热敏开关将释放作用在离合器活塞上的液压并取消四轮驱动模式。

① 前进挡启动和加速时，前轮比后轮转速快工况。

在前进挡启动和加速过程中，双泵系统启动四轮驱动模式。

因为前轮比后轮转速快，所以前油泵比后油泵转速快。如图 5-17 所示，前油泵经由单向阀 B 吸入油液，并将油液排出。排出的油液一部分被后油泵吸入，剩余的部分经由单向阀 E 进入离合器活塞油缸。离合器活塞处的液压通过两个节流孔来控制。离合器活塞处受控的液压推动离合器隔板和离合器片，使之接合在一起。此时，啮合的离合器将来自分动器总成的驱动力传递至后车轮，从而启动四轮驱动模式。

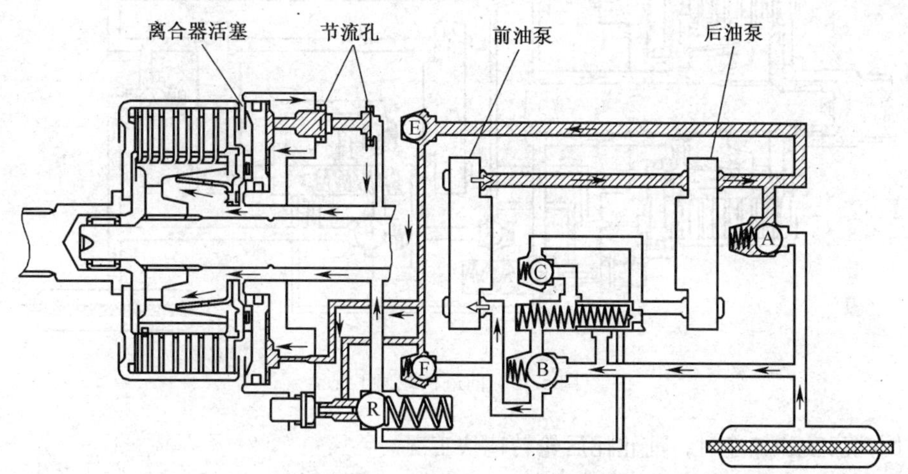

图 5-17　前进挡启动和加速时，前轮比后轮转速快工况

② 前进挡恒速行驶工况。

前进挡恒速（定速巡航）行驶时，双泵系统在两轮驱动模式下工作。因前、后轮转速相同，故前、后油泵转速也相同。如图 5-18 所示，从前油泵排出的油液被后油泵吸收，并在整个系统内循环。由于在离合器活塞处未建立起液压，因此离合器不啮合，此时车辆保持两前轮驱动模式。

③ 前进挡减速工况。

前进挡减速时，双泵系统在两轮驱动模式下工作。

由于制动的某些特性，在制动减速过程中，后轮转速将超过前轮转速，因此，后油泵转速也将超过前油泵的转速。如图 5-19 所示，从后油泵排出的油液只被后油泵再次吸入，并以此方式循环。由于在离合器活塞处未建立起液压，因此离合器不啮合，此时车辆保持两轮驱动（前轮驱动）模式。

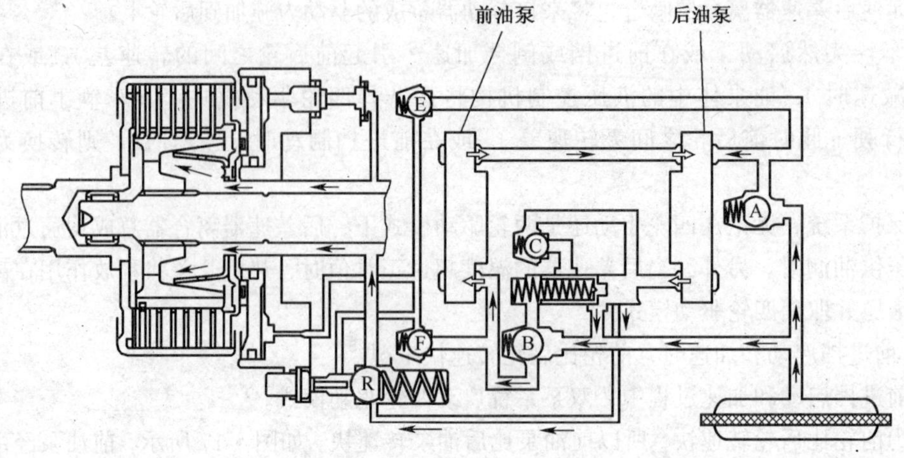

图 5-18　前进挡恒速行驶工况

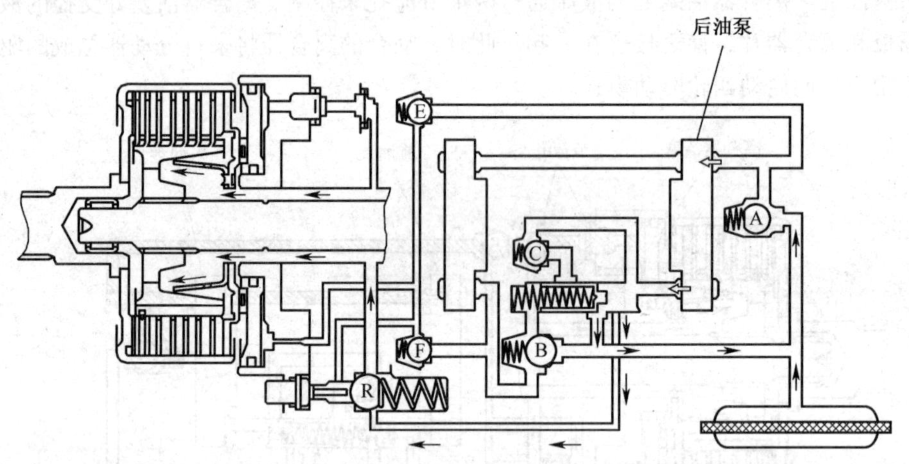

图 5-19　前进挡减速工况

④ 倒挡启动和加速时，前轮比后轮转速快工况。

在倒挡启动和加速过程中，双泵系统将启动四轮驱动模式。

因为前轮比后轮转速快，所以前油泵转速比后油泵的转速快。前油泵经由单向阀 A 吸入油液，并将油液排出（注意：在倒挡状态下，油泵的旋转方向与前进挡时的旋转方向相反）。如图 5-20 所示，前油泵排出的油液有一部分被后油泵吸入，剩余的部分通过单向阀 F 进入离合器活塞油缸。此时，在两个节流孔的作用下，离合器的压力得到调节。

离合器活塞处受控的液压推动离合器隔板和离合器片，使之接合在一起。此时，啮合的离合器将来自分动器总成的驱动力传递至后车轮，从而启动四轮驱动模式。

⑤ 恒速倒挡驱动工况。

当以恒定的转速进行倒挡驱动时，双泵系统将在两轮驱动模式下工作。

因前、后轮转速相同，故前、后油泵转速也相同。如图 5-21 所示，从前油泵排出的油液被后油泵吸入，并在整个系统内循环。但是，由于前、后油泵容积不同，因此油液将流经单向阀

E，然后流经节流孔，以实现调节。油液还将对离合器总成和轴承进行润滑和冷却。

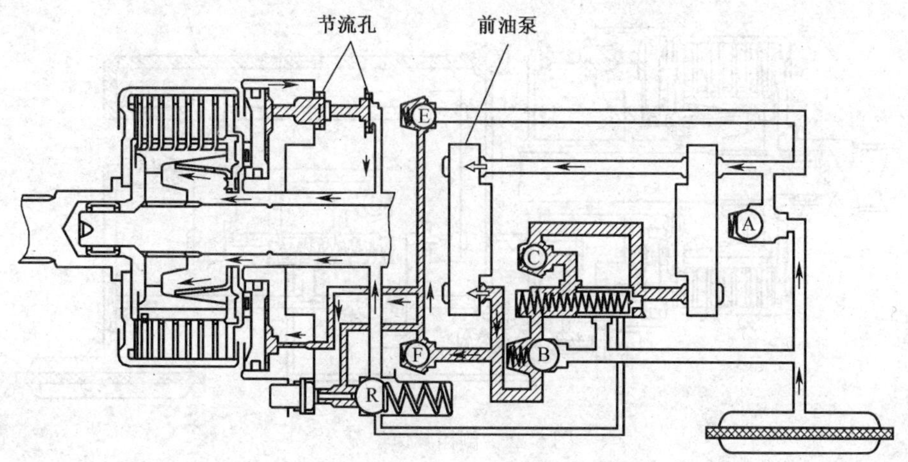

图 5-20　倒挡启动和加速时，前轮比后轮转速快工况

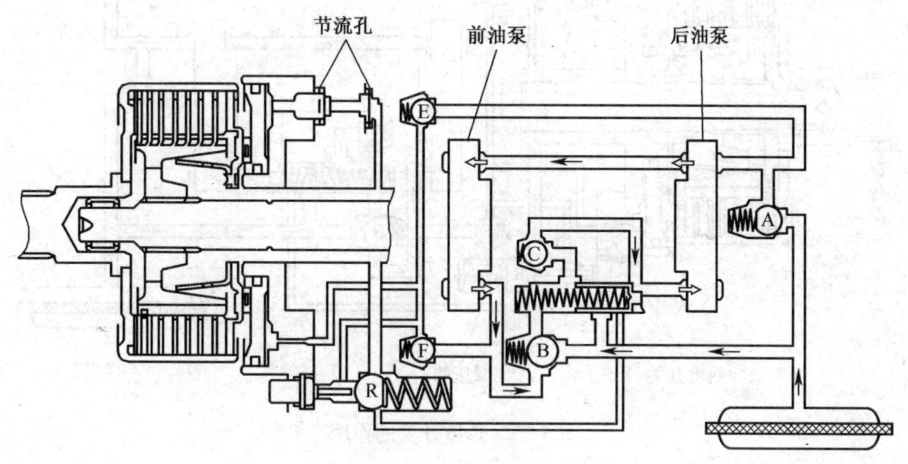

图 5-21　恒速倒挡驱动工况

在这种情况下，只有很小的压力建立在离合器活塞上，因此离合器不啮合，车辆仍保持两轮驱动（前轮驱动）模式。

⑥ 倒挡减速工况。

在倒挡减速过程中，双泵系统将启动四轮驱动模式。

在倒挡减速时，由于发动机的制动作用，后轮转速将超过前轮转速。如图 5-22 所示，后油泵经由单向阀 B 和 C 吸入油液，从后油泵排出的油液流经单向阀 E 进入离合器活塞油缸。离合器活塞处的液压通过两个节流孔来控制。离合器活塞处受控的液压推动离合器隔板和离合器片，使之接合在一起。此时，啮合的离合器将来自分动器总成的驱动力传递至后车轮，从而启动四轮驱动模式。

⑦ 热敏开关的作用。

如图 5-23 所示，在四轮驱动过程中，受控的液压油、离合器活塞和热敏开关相接触。

如果后差速器油液温度过高，热敏开关将开启减压阀 R，这就使离合器活塞的液压下降，故车辆退出四轮驱动模式。

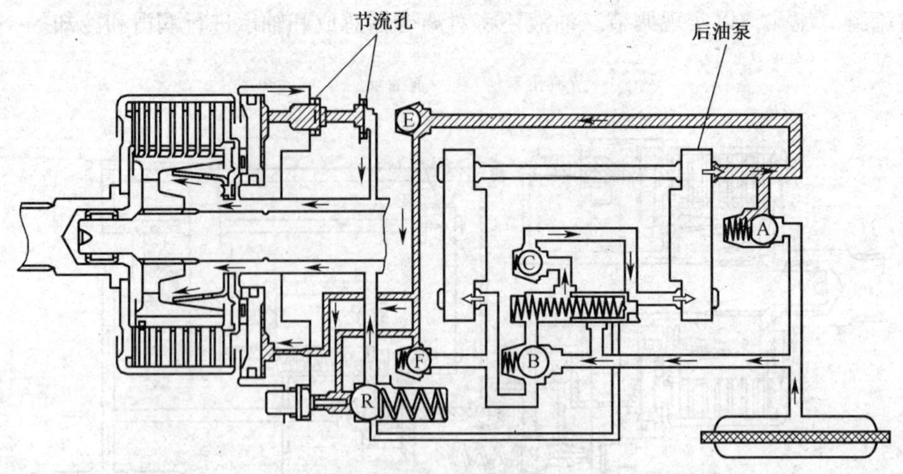

图 5-22　倒挡减速工况

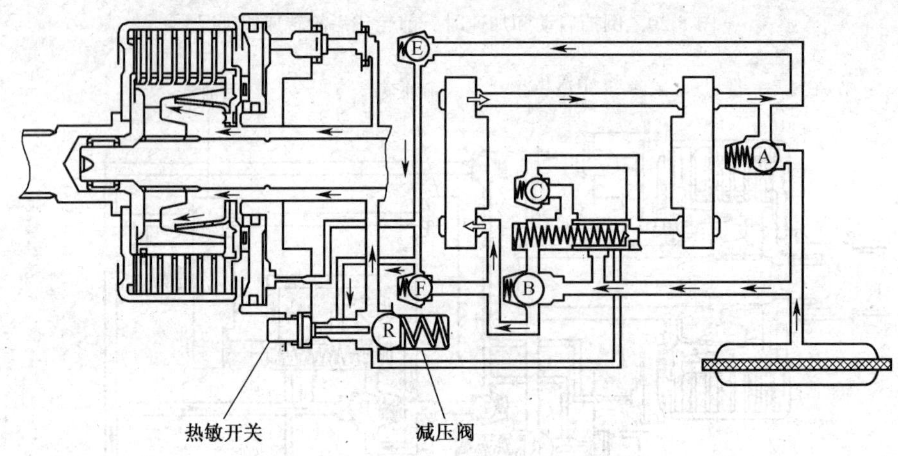

图 5-23　热敏开关的作用

⑧ 减压阀的作用。

如图 5-23 所示，当油液压力大于减压阀弹簧的弹力时，单向阀 R 开启，作用在离合器活塞上的液压保持不变。该特性可防止后轮驱动系统受到过大扭矩的作用，从而增加了车辆的稳定性。

（2）东风本田 CR-V DPS 双泵液压控制系统功能检测

1）当在四轮驱动模式前进挡启动和加速时

① 举升起车辆，使 4 个车轮均升离地面。

② 在前节传动轴或后节传动轴上做一个标记。

③ 启动发动机，使其达到工作温度（散热器风扇启动至少两次）。

④ 使发动机怠速运转，并换至 1 挡位置。

⑤ 稳固地施加驻车制动，并测定传动轴旋转 10 圈所需的时间。

如果所测时间超过 10s，说明四轮驱动系统正常。

如果所测时间小于 10s，说明四轮驱动系统有故障。检查后差速器油，如果后差速器油正常，则更换扭矩控制差速器（TCD）壳体组件。

2）当在四轮驱动模式倒挡启动和加速时

① 举升起车辆，使 4 个车轮均升离地面。

② 在前节传动轴或后节传动轴上做一个标记。

③ 启动发动机，使其达到工作温度（散热器风扇启动至少两次）。

④ 使发动机怠速运转，并换至 **R** 挡位置。

⑤ 稳固地施加驻车制动，并测定传动轴旋转 10 圈所需的时间。

如果所测时间超过 10s，说明四轮驱动系统正常。

如果所测时间小于 10s，说明四轮驱动系统有故障。检查后差速器油，如果后差速器油正常，则更换扭矩控制差速器壳体组件。

3）当在两轮驱动模式前进挡减速时

① 阻挡住前轮 A，举升起左后轮，并使用安全支座 B 将其支撑，如图 5-24 所示。

② 用手握持住轮胎，将其逆时针连续旋转超过一整圈。

在旋转过程中，如果没有感觉到旋转轮胎越来越费力，则说明在前进挡减速时两轮驱动系统正常。

如果感觉到旋转轮胎越来越费力，则说明系统有故障。检查后差速器油，如果后差速器油正常，则更换扭矩控制差速器壳体组件。

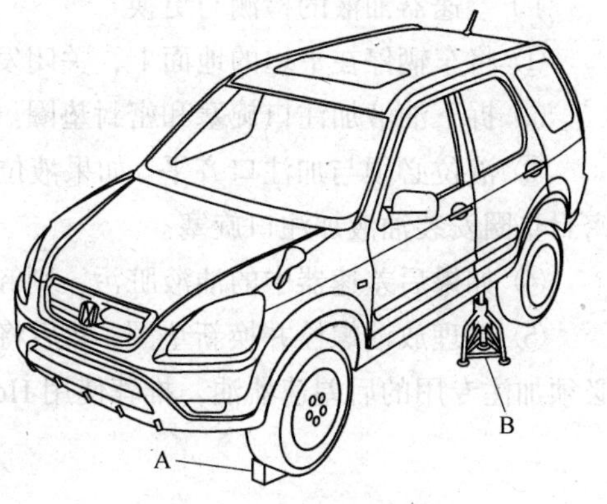

图 5-24　左后轮升离地面

A—前轮　B—安全支座

4）当在倒挡减速时（四轮驱动模式）

① 阻挡住前轮 A，举升起左后轮，并使用安全支座 B 将其支撑，如图 5-24 所示。

② 用手握持住轮胎，将其顺时针连续旋转超过一整圈。

旋转过程中如果感觉到旋转轮胎越来越费力，则说明在倒挡减速时四轮驱动系统正常。

如果没有感觉到旋转轮胎越来越费力，则说明系统有故障。检查后差速器油，如果后差速器油正常，则更换扭矩控制差速器壳体组件。

（3）四轮驱动系统常见故障及维修方法

装置中的大部分故障可通过齿轮或轴承发出的噪声进行诊断。

诊断时应小心，切勿将后差速器的噪声与其他动力系统组件的噪声混淆。常见故障及维修方法见表 5-1。

表 5-1　东风本田 CR-V 常见故障及维修方法

症　状	可 能 原 因	维 修 方 法
不能进入 4WD 模式	油液液位太低 油液类型不正确	添加油液 更换
无法返回 2WD 模式		排放后差速器油液并重新加注
齿轮或轴承噪声	油液液位太低 油液类型不正确或耗尽 齿轮损坏或有缺口	添加油液 排放后差速器油液并重新加注 更换后差速器行星架总成

续表

症　　状	可 能 原 因	维 修 方 法
过热	油液液位太低	添加油液
	油液类型不正确	排放后差速器油液并重新加注
油液渗漏	油液液位太高	降至正常液位
	通风软管堵塞	清理或更换
	油封磨损或损坏	更换
	密封垫圈损坏	更换
	装配螺栓松动或密封不严	重新检查扭矩或施加密封剂

（4）东风本田 CR-V 扭矩控制后差速器拆装与检修

1）差速器油液的检测与更换

① 将车辆停在平坦的地面上，关闭发动机。

② 拆下油液加注口旋塞和密封垫圈。

③ 液位必须与加注口齐平。如果液位低于加注口，则添加油液直到油液流出，然后使用新密封垫圈安装油液加注口旋塞。

④ 如果后差速器中的油液脏污，则卸下放油螺栓，并将油液排放掉。

⑤ 清理放油螺栓并换新垫圈，然后将后差速器中的油液加注到正常液位，如图 5-25 所示。必须加注专用的后差速器油，推荐使用 Honda DPSF（双泵系统油液）。

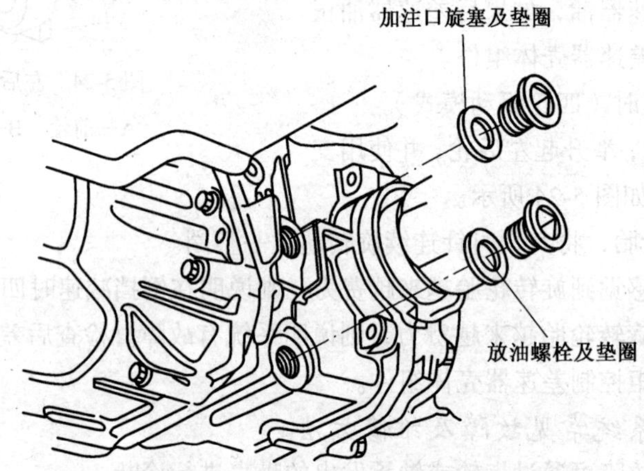

图 5-25　差速器油液的检测与更换

⑥ 如果拆解后差速器，则在四轮驱动系统检查完毕后重新检查液位。必要时，添加油液。

2）扭矩控制后差速器的拆解

图 5-26 所示为扭矩控制后差速器组件分解图。

① 拆下放油旋塞、油液加注口旋塞和密封垫圈。

② 从离合器导套的凹槽处撬出锁紧螺母锁片。

③ 用专用工具拆下锁紧螺母、盘簧垫圈、支撑环、O 形密封圈和结合法兰。

④ 以十字交叉方式旋下 8 个装配螺栓，然后拆下扭矩控制后差速器壳体和定位销。

⑤ 拆下垫片和离合器导套。

⑥ 拆下离合器轴套/隔板/片和压盘。

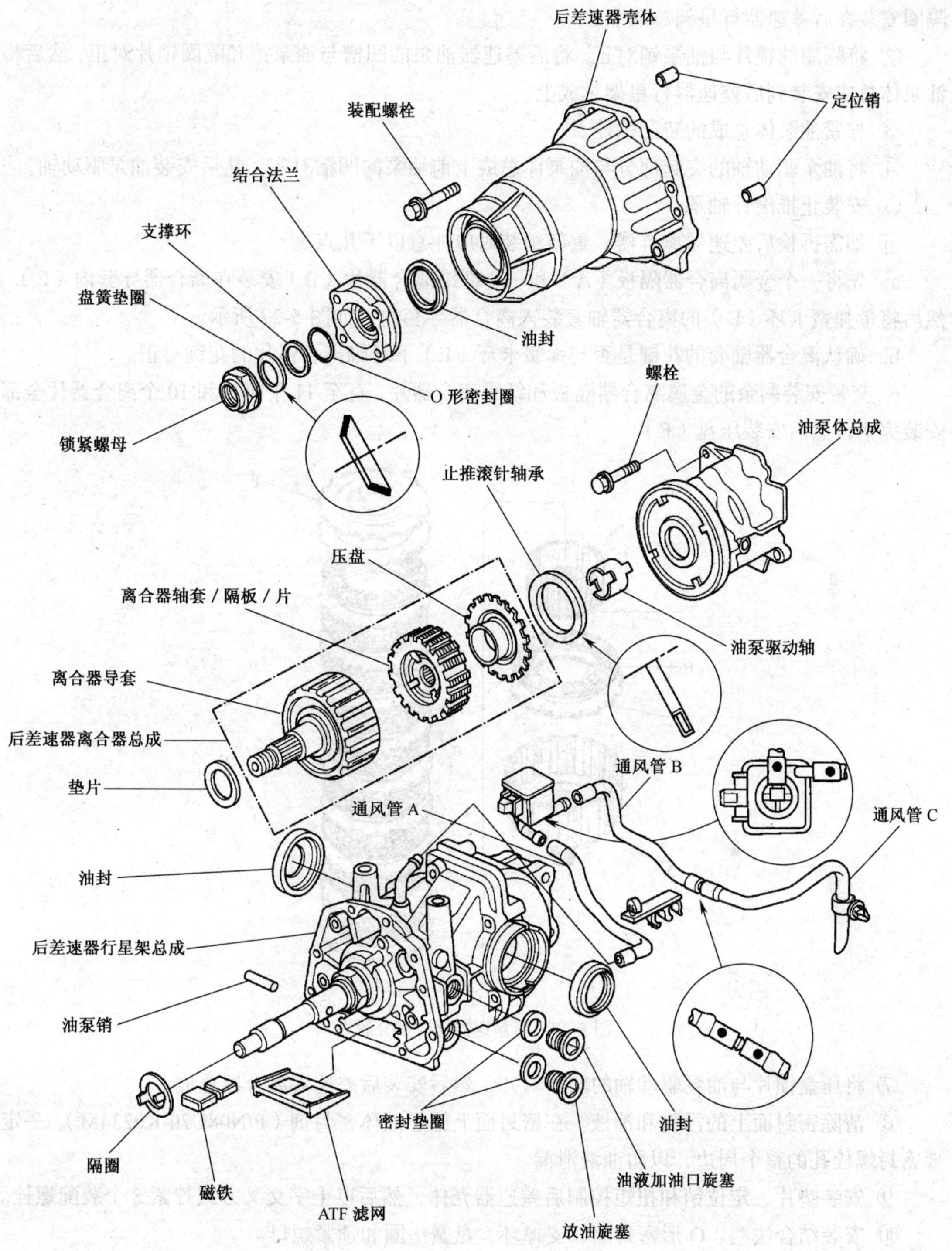

图 5-26　扭矩控制后差速器组件分解图

⑦ 拆下止推滚针轴承和油泵驱动轴。

⑧ 拆下油泵体总成、油泵销、隔圈、磁铁和 ATF 滤网。

3）扭矩控制后差速器的组装

① 在 ATF 滤网的橡胶处添加 DPSF（双泵系统油液），然后将 ATF 滤网、磁铁、油泵销和

隔圈安装在后差速器行星架总成上。

② 将隔圈的锁片与油泵销对正。将后差速器油泵的凹槽与油泵销和隔圈锁片对正，然后将油泵体总成安装到后差速器行星架总成上。

③ 拧紧油泵体总成的装配螺栓。

④ 将油泵驱动轴的突起部分与油泵体总成上前油泵的凹槽对齐，然后安装油泵驱动轴。

⑤ 安装止推滚针轴承。

⑥ 如需拆检后差速器离合器，重新组装时应注意以下几点。

a. 先将一个金属离合器隔板（A）和一个纤维离合器片（B）安装在离合器导套内（C），然后将带弹簧卡环（D）的离合器轴套装入离合器导套内，如图 5-27 所示。

b. 确认离合器轴套的花键是否与弹簧卡环（E）下纤维离合器片的花键对正。

c. 交替安装剩余的金属离合器隔板和纤维离合器片，直至 11 个隔板和 10 个离合器片全部安装完毕，然后安装压盘（F）。

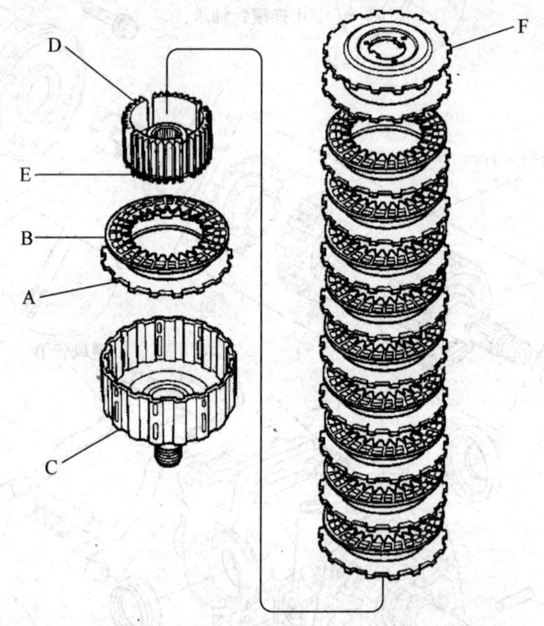

图 5-27　后差速器离合器分解图

⑦ 将压盘锁片与油泵驱动轴的凹槽对齐，然后安装后差速器离合器总成。

⑧ 清除密封面上的污物和油液。在密封面上施加液体密封剂（P/N08C70-K0234M）。一定要密封螺栓孔的整个周边，以防油液泄漏。

⑨ 安装垫片、定位销和扭矩控制后差速器壳体，然后以十字交叉方式拧紧 8 个装配螺栓。

⑩ 安装结合法兰、O 形密封圈、支撑环、盘簧垫圈和锁紧螺母。

⑪ 利用专用工具将新锁紧螺母拧紧至规定扭矩，将锁紧螺母锁片敲入离合器导套的凹槽中。

⑫ 安装放油旋塞、油液加注口旋塞和新密封垫圈。

2. 东风日产 Qashqai（逍客）SUV 轿车电控四轮驱动检修

（1）电控四轮驱动系统概述

东风日产 Qashqai（逍客）电控四轮驱动系统如图 5-3 所示。

4WD 电子控制单元根据传感器的信号控制前轮驱动（100:0）和 4WD（50:50）状态之间驱动功率的分配，并通过 CAN 通信线路与表 5-2 所示的零部件控制各信号。

表 5-2　　东风日产 Qashqai 电控四轮驱动系统各零部件及其功能

零 部 件	功 能
ABS 执行器和电气单元（电子控制单元）	通过 CAN 通信将车速信号和制动灯开关信号（制动信号）传递给 4WD 电子控制单元
ECM	通过 CAN 通信将加速踏板位置信号和发动机转速信号传递给 4WD 电子控制单元
组合仪表	通过 CAN 通信将驻车制动开关信号状态递给 4WD 电子控制单元
转向角传感器	通过 CAN 通信将转向角传感器信号状态递给 4WD 电子控制单元

驾驶员通过旋转位于换挡杆后部的一个旋钮即可实现 2WD（两驱）模式、AUTO（自动）模式和 LOCK（锁止）模式这 3 种驱动模式的转换。

1）AUTO 模式

AUTO 模式下电脑会默认为前驱模式，当检测到前轮发生打滑后，电脑会自动转入四驱模式，最多可将 50%的动力分配到后轮，同时车身稳定程序也会及时工作，纠正车身姿态。当车辆时速超过 40km/h 时又会转换回前轮驱动，以改善燃油经济性。

2）LOCK 模式

可以在低速时手动锁定四驱状态，此时前、后轮扭矩分配是固定的，以确保在非铺装路面、雪地、下雨天及爬坡等易打滑时稳定行驶。如果车速增加，则汽车会自动切换至 AUTO 模式。如果随后车速下降，则汽车自动返回锁止轮驱动工况，4WD LOCK 指示灯保持亮起。当汽车高速行驶时，LOCK 模式将自动变为 AUTO 模式，4WD LOCK 指示灯熄灭。当点火开关关闭时，LOCK 模式自动变为 AUTO 模式。

如果检测轮胎压力或磨损情况差别较大，可能禁止 LOCK 模式，或者限制使用 LOCK 模式时的车速。

3）2WD 模式

在一般路况行驶时可以选择 2WD 前轮驱动模式。如果前轮在 2WD 模式下打滑，则不会切换至 AUTO 或 LOCK 模式。当 4WD 模式开关处于 2WD 模式时，4WD 电子控制单元有时会根据行驶工况给后轮分配扭矩（如用力踩下加速踏板），而 4WD 指示灯不会亮起。

（2）电控联轴节工作原理

电控联轴节结构如图 5-28 所示。4WD 电子控制单元为电控联轴节（4WD 电磁阀）提供命令电流，控制离合器被电磁铁接合，在控制离合器中检测到扭矩。凸轮在控制离合器扭矩的作用下转动，并对主离合器施加压力。主离合器根据压力将扭矩传递给前轮，传递给后轮的扭矩由命令电流决定。

（3）4WD 系统部件功能

东风日产 Qashqai SUV 轿车电控四轮驱动系统由 4WD 电子控制单元、车轮传感器、4WD 螺线管、电控联轴节、4WD 警告灯、4WD 指示灯、4WD LOCK 指示灯、4WD 模式开关、ABS 执行器和电气单元（电子控制单元）、ECM、组合仪表及转向角传感器等部件构成，各部件功能如表 5-3 所示。

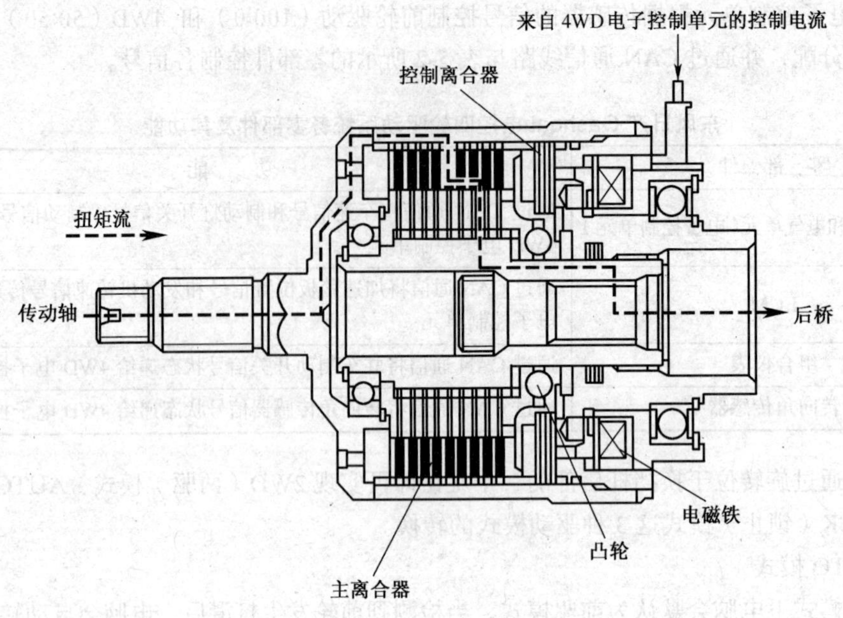

图 5-28 电控联轴节结构

表 5-3 东风日产逍客 4WD 系统部件功能

零 部 件	功 能
4WD 电子控制单元	利用来自各传感器以及前轮驱动模式（100:0）和 4WD 模式（50:50）的信号，控制驱动力的分配 如果在 4WD 系统中检测到故障，则 2WD 模式通过安全-失效功能启用
车轮传感器	当传感器转子转动时，磁场发生变化，该传感器将磁场的变化转换为电流信号（方波），并发送到 ABS 执行器和电气单元（电子控制单元）
4WD 螺线管	根据来自 4WD 控制单元的命令电流控制电控联轴节
电控联轴节	将驱动力传递给后主减速器
4WD 警告灯	当 4WD 系统有故障时点亮，它说明安全-失效模式启动，而汽车变成前轮驱动或换档驱动模式-4WD（后轮仍有一些驱动扭矩） 当点火开关转至 ON 时打开自检，如果系统正常，则在发动机启动后关闭
4WD 指示灯	2WD 模式：OFF；AUTO 模式、LOCK 模式：ON
4WD LOCK 指示灯	2WD 模式、AUTO 模式：OFF；LOCK 模式：ON
4WD 模式开关	可以选择 2WD、AUTO 或 LOCK 模式
ABS 执行器和电气单元（电子控制单元）	通过 CAN 通信将车速信号、制动灯开关信号（制动信号）传递给 4WD 控制单元
ECM	通过 CAN 通信将加速踏板位置信号、发动机转速信号传递给 4WD 控制单元
组合仪表	发动机启动后的指示灯指示，4WD 指示灯和 4WD LOCK 指示灯
转向角传感器	转向角传感器检测到方向盘的旋转量、角速度和方向，并将数据通过 CAN 通信发送到 ABS 执行器和电气单元（电子控制单元）

（4）诊断和修理工作流程

电控四轮驱动系统的诊断和修理工作流程一般遵循 7 个步骤：与客户面谈、检查 4WD 警告灯、执行自诊断、检查端子和线束接头、检查症状重现、执行症状诊断及最终检查。各步骤工作内容及流程如图 5-29 所示。

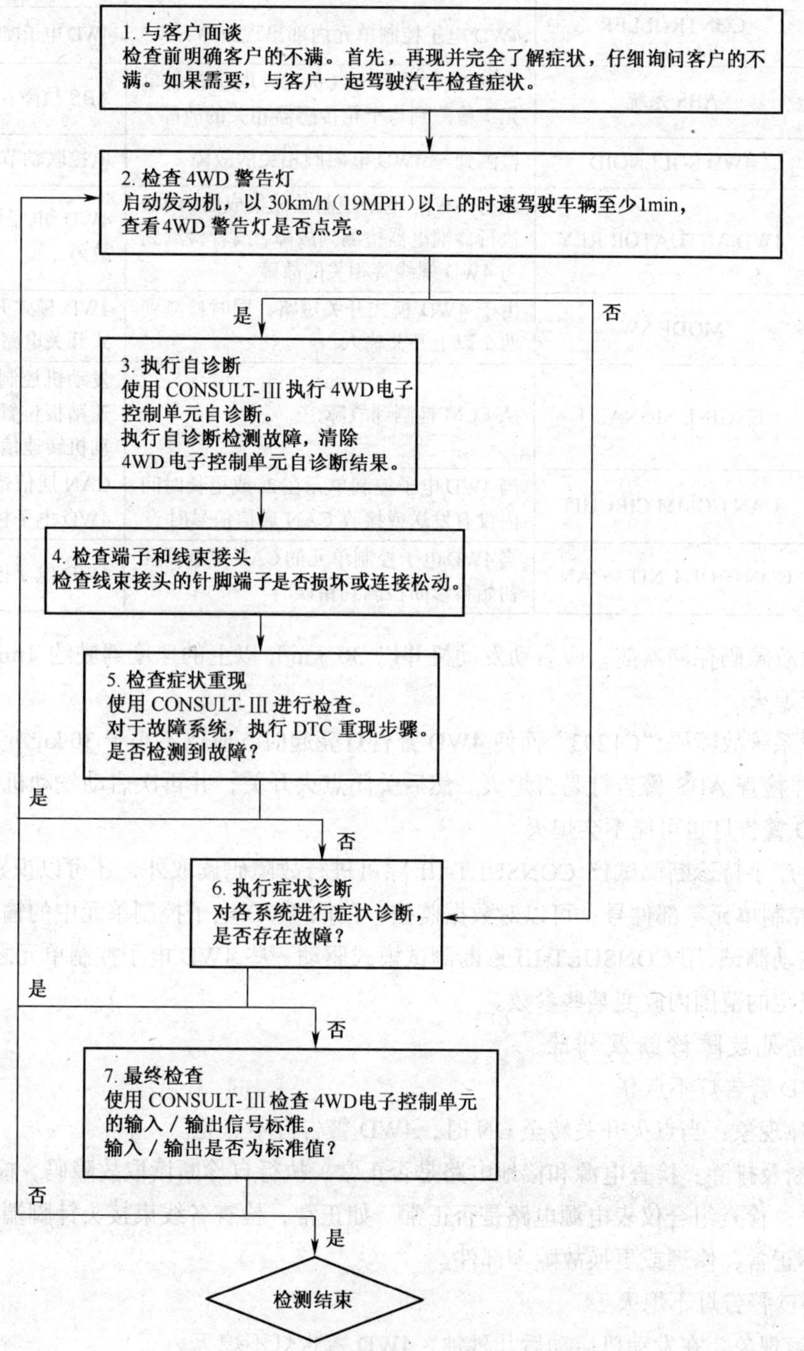

图 5-29　电控四轮驱动系统故障诊断流程

与调整。利用日产手持诊断测试仪 CONSULT-III 可进行故障码读取，故障码含义及显示结果如表 5-4 所示。在进行自诊断前，启动发动机，并以 30km/h 以上的时速驾驶车辆约 1min。

表 5-4　东风日产逍客电控四轮驱动系统自诊断故障代码表

故障代码	显示项目	故障检测状况	可能原因
C1201	CONTROLLER FAILURE	4WD 电子控制单元内部出现故障	4WD 电子控制单元内部故障
C1203	ABS 系统	ABS 执行器和电气单元（电子控制单元）检测到与车轮传感器相关的故障	ABS 故障：车速信号错误
C1204	4WD SOLENOID	检测到与 4WD 电磁阀相关的故障	电控联轴节内部故障
C1205	4WD ACTUATOR RLY	从与 4WD 电子控制单元集成的 4WD 执行器继电器检测到故障，或者检测到与 4WD 螺线管相关的故障	4WD 电子控制单元内部故障
C1209	MODE SW	由于 4WD 模式开关短路，同时检测到两个以上开关输入	4WD 模式开关或 4WD 模式开关电路故障
C1210	ENGINE SIGNAL 1	从 ECM 检测到故障	发动机控制系统故障：加速踏板位置信号错误或发动机转速信号错误
U1000	CAN COMM CIRCUIT	当 4WD 电子控制单元在 2s 或更长时间内没有发送或接收 CAN 通信信号时	CAN 通信错误；4WD 电子控制单元故障
U1010	CONTROL UNIT（CAN）	当 4WD 电子控制单元的 CAN 控制器在初始自诊断检测到错误时	4WD 电子控制单元故障

在清除故障码存储器前，应启动发动机并以 30 km/h 以上的速度驾驶约 1min，检查 ABS 警告灯是否熄灭。

当出现系统故障码“C1203”而使 4WD 警告灯亮起时，应以不小于 30 km/h 的速度驾驶汽车 1min，并检查 ABS 警告灯是否熄灭。然后关闭点火开关，并再次启动发动机，否则即使它正常，4WD 警告灯也可能不会熄灭。

利用日产手持诊断测试仪 CONSULT-III 除可进行故障码读取外，还可以识别 ECU，读取 4WD 电子控制单元零部件号；可以对数据监控，读取 4WD 电子控制单元中的输入/输出数据；可以进行主动测试，用 CONSULT-III 诊断测试模式驱动一些 4WD 电子控制单元之外的执行器；也可以在规定的范围内改变某些参数。

（6）常见故障诊断及排除

1）4WD 警告灯不点亮

① 故障现象：当点火开关转至 ON 时，4WD 警告灯不点亮。

② 诊断及排除：检查电源和接地电路是否正常，执行自诊断读取故障码，检查 4WD 警告灯有无信号，检查组合仪表电源电路是否正常。如正常，检查各线束接头针脚端子有无故障或断开。如不正常，修理或更换故障零部件。

2）4WD 警告灯不熄灭

① 故障现象：在发动机启动后几秒钟，4WD 警告灯不熄灭。

② 诊断及排除：执行自诊断，使用 CONSULT-III 执行 4WD 电子控制单元自诊断，能否检测到故障码？检查 4WD 警告灯，执行 4WD 警告灯的故障诊断。检查 4WD 电子控制单元电源和接地电路，执行电源和接地电路的故障诊断。如正常，检查各线束接头针脚端子有无故障或断开。如

不正常，修理或更换故障零部件。

3）发生猛烈急转弯制动症状

① 故障现象：汽车行驶过程中出现猛烈急弯制动症状和在启动发动机后向任何一侧将方向盘转到头。根据驾驶情况，可能出现轻微急弯制动症状。这不是故障。

② 诊断及排除：使用 CONSULT-III 执行 ECM 自诊断，是否检测到故障码？使用 CONSULT-III 执行 4WD 电子控制单元自诊断，是否检测到故障码？

检查电控联轴节，将点火开关转至 OFF 位置，将变速驱动桥置于空挡，松开驻车制动器，升起汽车，用手转动传动轴，轻轻抓住左右后轮，后轮是否转动？如有机械故障，更换电控联轴节（离合器卡滞等）；如有电气故障，检查各线束接头针脚端子有无断开，修理或更换故障零部件。

4）汽车不能进入 4WD 模式

① 故障现象：即使 4WD 警告灯熄灭，汽车也不进入 4WD 模式。

② 诊断及排除：检查 4WD 警告灯，将点火开关转至 ON 位置，4WD 警告灯是否点亮？巡航测试，驾驶汽车行驶一定时间，是否出现任何症状？如有机械故障（离合器无法机械接合），更换电控联轴节；如有电气故障，检查各线束接头针脚端子有无断开，修理或更换故障零部件。

5）4WD 警告灯快速闪烁

① 故障现象：行驶时，4WB 警告灯 1s 闪烁 2 次，然后在 1min 后熄灭。

② 诊断及排除：当电控联轴节上作用大负载以及多盘离合器温度增加时，该症状可以保护传动系零件。另外，在灯快速闪烁前，扭矩的选择分配有时候变得固定。两种情况都不是故障。当出现这种症状时，停下汽车并允许它怠速工作一段时间。闪烁会停止，系统将恢复正常。

6）4WD 警告灯缓慢闪烁

① 故障现象：行驶时，4WD 警告灯间隔约 2s 闪烁一次。

② 诊断及排除：分为以下几个步骤。

a. 检查轮胎气压、磨损状况、纵向轮胎尺寸（纵向轮胎之间无差别），检查结果是否正常。在维修或更换损坏的零件后，以 20km/h 或更高速度驾驶汽车 5s 以上，以初始化不适当的轮胎尺寸信息。

b. 检查轮胎直径的输入信号，启动发动机，以 20km/h 或更高速度驾驶约 3min。用 CONSULT-III“DATA MONITOR”检查 4WD 电子控制单元的“DIS-TIRE MONI”，查看“DATA MONITOR”上的项目是否指示“0～4 mm”正常范围内。

c. 端子检查，检查 4WD 电子控制单元线束接头有无断开。更换 4WD 电子控制单元，修理或更换故障零部件。

另外，分动器液位偏低、液位偏高及加注不正确的分动器油，分动器齿轮和轴承磨损或损坏是引起行驶噪声、震动和不平顺性故障的主要原因。

四、拓展知识

（一）四轮驱动越野吉普车驾驶注意事项

1. 铺装路面上的驾驶

与一般轿车相比，为适应越野路面的行驶，四轮驱动越野吉普车具有较大的离地间隙。特殊的设计使得越野吉普车比一般轿车高，驾驶员有非常好的视野，可以提前采取措施，避免事故发生。与重心低矮的轿车相比，驾驶越野吉普车要避免急转向，以免造成车辆失控甚至翻车。

2. 越野路面上的驾驶

越野行驶时，为在低速行驶时获得更大的牵引力及改善在湿滑或难行地段的操纵性，应挂分动器低挡行驶。

在积雪很厚的路面，当需要牵引或需要以低速控制车辆时，将变速器换到低挡并在需要时将分动器也换到低挡。但不要使车辆以过低的挡位行驶，这样会因扭矩过大而使车轮打滑。在结冰或湿滑的道路行驶时，不要使用过低的挡位。因为发动机的制动作用可能会引起车轮打滑和失控。

3. 陡坡上的驾驶

（1）上坡

在上陡坡之前，换上变速器低挡及分动器低挡。在陡峭的坡上应使用变速器 1 挡及分动器低挡。

如果上坡时发动机熄火或车辆失去控制，应立即踩下制动踏板，重新启动发动机，然后换上倒挡。在慢慢倒下山坡时，要使用发动机制动来控制速度。如果需要通过制动器控制速度的话，应轻踩制动器踏板，避免车轮锁止或打滑。

警告：

如果发动机熄火或车辆失去控制，不能前进或不能行驶到坡顶时，切勿调头行驶，否则会引起车辆翻滚。务必挂倒挡直倒下坡，切勿挂空挡或踩下离合器仅用制动器制动。在坡上切勿斜驶，务必直上直下。

如果在接近坡顶时车辆开始打滑，将油门踏板松开一些，决速左右转动方向盘并保持车辆继续前进。这样可重新获得地面的附着力，从而爬上坡顶。

（2）下坡

挂上变速器及分动器低挡，使 4 个车轮克服发动机压缩阻力而使车速降低，这样易于控制行驶方向。

下坡时，反复制动可使制动器效能衰退。在任何可能的情况下，要将变速器换低挡减速，而避免反复的紧急制动。

4. 护越野行驶后的检查

车辆在非铺装道路上行驶所受的应力比在公路上行驶时要大得多，因此，车辆在驶离非铺装道路之后，应查看其是否有损坏情况。

① 彻底检查车下部位。检查轮胎、车身结构、转向系统、悬挂和排放系统是否损坏。

② 检查紧固件是否松动，特别应注意底盘、驱动部件、转向及悬挂系统，并重新紧固松动的部件。

③ 检查车下是否积聚了植物枝叶或杂草，它们可导致火灾的发生，或对燃油管路、制动管路、驱动桥的密封和传动轴造成潜在的危害。

④ 长时间在泥泞、砂石、积水或类似的恶劣路况下行驶之后，应尽快对制动盘、制动摩擦片和转向节进行检查并清理，以防损坏。

警告：在制动器任何部位上的砂粒都可能导致制动器的过度磨损或使车辆发生不可预见的

突然制动。如果车辆已在不干净的条件下行驶过，应检查和清洗制动盘和制动摩擦片。

⑤ 车辆在经历了泥泞或类似条件道路的颠簸之后，检查车轮上的附着物。车轮上夹杂的附着物可能会引起车轮的不平衡并改变车轮的状况。

5. 牵引不能行驶的车辆

四轮驱动汽车必须放在平板车上或车轮放在小轮车上牵引，这两种方法都可以避免造成分动器损坏。拖挂四轮驱动汽车时，被拖车前轮必须离地，将分动器放在空挡，变速器挂上挡。

此外，分动器必须加注制造厂规定的润滑油。例如，北京吉普 2500 需加注 DEXRONⅡ自动变速器油。

（二）四轮驱动分动器的维修注意事项

① 大修后，在分动器内注入新的分动器油。

② 仅在汽车停在水平地面上的情况下检查液位或更换油液。

③ 拆下与安装分动器的时候，保持内部没有灰尘或脏物。

④ 同时要更换所有轮胎。务必使用适当尺寸和相同品牌和花纹的轮胎。安装错误尺寸和异常磨损的轮胎会对汽车结构作用过大的力，可能导致纵向震动。

⑤ 应该在清洁的工作区进行分解。

⑥ 在开始分解前，彻底清洁分动器。避免内部零部件受到尘土或其他异物的污染，这是非常重要的。

⑦ 在拆卸或分解之前，检查确定好正确的安装位置。如果需要做匹配标记，确保做上标记之后，不会影响做上标记的部件的功能。

⑧ 检查或重新组装前，应使用不易燃溶剂仔细清洁所有部件。

⑨ 检查分解零件的外观是否有损坏、变形和异常磨损。如有必要，更换新零件。

⑩ 每次分解单元时都要更换衬垫、密封、O 形圈和锁紧螺母。

⑪ 按照规定，分多步并按照对角线的顺序，先拧紧中间的，再拧紧外边位置上的螺栓与螺母。如果拧紧顺序是有要求的，那么根据要求进行。

⑫ 组装时遵守规定的扭矩。

⑬ 彻底清洁和清洗零件，并吹干它们。

⑭ 注意不要损坏滑动面与配合面。

⑮ 使用无绒布或毛巾将部件擦拭干净。普通抹布会留下纤维，影响分动器运转。

小　结

① 对于四轮驱动系统，发动机动力可以流向所有 4 个车轮，从而在不利状况下行驶时可以极大地增加汽车的牵引力。在汽车转弯或由强风产生的侧压力对汽车影响不大的情况下，能改进操纵性能，使动力作用在 4 个车轮上。

② 分动器通常装在变速器的侧面或后部。一根传动轴用来把变速器连接到分动器上，在分动器内部采用链或齿轮传动来接收来自变速器的发动机动力，并将其传送到通向前驱动桥的传动油。

③ 分动器装备有齿轮或链传动装置，把动力传递到一个或两个驱动桥上。装备有两种挡位：高速挡用于正常驾驶，低速挡用于特别困难的地形。

④ 汽车在转弯过程中，前车轮比后车轮行进较长的距离，这是因为前车轮比后车轮走过较长的弧。

⑤ 大多数四轮驱动装置可用来使驾驶员选择进入或退出四轮驱动状态。这种具有以两轮和四轮驱动运行的系统称为分时四轮驱动系统。全时四轮驱动系统不能选择退出四轮驱动。

⑥ 适时四轮驱动系统根据要求仅在第一驱动桥开始打滑时才给第二驱动桥以动力。

⑦ 分时四轮驱动系统仅用于在越野或在光滑路面驾驶的情况，四轮驱动时，前、后桥锁定在一起。

⑧ 全时驱动系统通常使用一个轴间差速器、黏液耦合器或分动离合器总成来把发动机动力传递到前后桥。

⑨ 全轮驱动汽车并非设计用于越野行驶。相反，这种系统用于在不良牵引力的情况下（如冰或雪的路面）来加强汽车性能。全轮驱动通过把大部分发动机动力传递到有最大牵引力的驱动桥中来供最大控制用。大多数全轮驱动使用一个轴间差速器在前后桥间分流动力。

⑩ 为补偿动力传动系统的终结，大多数最近型号的全轮驱动汽车都装备了使前、后驱动桥之间产生速度差的机构。

⑪ 用于速度差或用于消除动力传动系统终结的最常用的方法第三差速器，称为轴间差速器。

⑫ 轫间差速器可使前、后动力传动系统的轴产生不同的速度，终结，但是也会在路面非常滑的状况下导致牵引力损失。

⑬ 黏液耦合器基本上是一个充满黏稠液体的圆桶，内含一些紧密安装的薄钢盘。组盘连接前车轮，另一组与后车轮连接。

⑭ 在典型的黏液耦合器中，两轴中的一根带有外花键的轴，与黏液耦合器壳的内花键接合，同时也与黏液耦合器盘接合。另一根轴在壳的密封装置上旋转。盘由钢制成，上面开有专门的槽。内盘有从其外径边缘开的槽，外盘有从其内径边缘开的槽。

⑮ 黏液耦合器盘以不同速度旋转，能很容易地剪切硅液体。

⑯ 四轮驱动汽车所必需的悬架部件基本上与用在前轮驱动和后轮驱动汽车上的相同。

⑰ 整体的前四轮驱动桥基本上是一后桥的改型，使小齿轮面对汽车中心。

⑱ 前独立悬架（IDF）驱动桥的差速器壳坚固地装在汽车车架上，短传动轴或半轴把差速器连接到车轮上。这些半轴由弹簧悬挂，并能独立地对路面状况作出反应。

⑲ 四轮驱动汽车的前、后驱动桥总成中的车轮轴承以典型方式定位，这种轴承不支承汽车重量，并以与其他全浮式驱动桥轴承相同的方法固定在组件中。

习题及思考题

一、问答题

1. 四轮驱动与两轮驱动各有哪些优点？
2. 四轮驱动和全轮驱动的主要区别是什么？

3. 分动器的主要作用是什么？

4. 描述前锁定轮毂的运行。

5. 整体式四轮驱动系统和根据要求启动的四轮驱动系统间的区别是什么？

6. 全时和部分时间四轮驱动系统之间的主要区别是什么？

7. 简要解释黏液耦合器是如何工作的。

8. 轴间差速器的主要作用是什么？

9. 为什么在许多分动器中使用链传动？

10. 简要解释行星齿轮组的运行过程。

二、填空题

1. 正常情况下，全轮驱动系统使用（　　）、（　　）或（　　）组件把发动机动力传递到前、后桥。

2. 简单的行星齿轮组由3种齿轮组成。在齿轮组的中心的是（　　）轮。与这个齿轮啮合的是3只或4只（　　）齿轮。这些齿轮由（　　）固定在一起。这种装置把齿轮固定在适当位置，同时允许它们绕其各自的轴旋转。在行星齿轮组的外侧是（　　）齿轮。这个齿轮具有绕其内圆周分布的轮齿。

3. 在典型的行星齿轮组中，当（　　）齿轮保持不动时，可提供速度降。

4. 当驱动桥在干燥路面上以不同的速度旋转，或汽车在拐弯时，会发生（　　）。

5. （　　）差速器可使前、后桥产生不同的速度。

6. 硅酮油用于黏液耦合器，因为它的（　　）受温度影响不是很大，高温时（　　）会发生改变。

7. 当黏液耦合器盘以不同速度旋转时，盘（　　）液体。

8. （　　）差速器不允许在其连接的两桥之间产生速度差。

9. （　　）不用于全时四轮驱动系统，因为其驱动轴和毂始终由分动器驱动。

10. 前独立悬架四轮驱动桥（　　）壳坚固地安装在汽车车架上，并使用半轴将差速器连至车轮。

项目六

汽车电子稳定系统检修

一、项目要求

ESP是Electronic Stabilty Program的缩写，中文常译成“电子稳定程序”或“电子稳定系统”。它是ABS和ASR两种系统功能的延伸。从某种意义上来说，ESP系统也是一种牵引力控制系统，但是与其他牵引力控制系统比较，ESP不但控制驱动轮，而且可控制从动轮。如后轮驱动汽车出现转向过度时，ESP便会通过控制外侧的前轮制动力来稳定车辆，防止后轮失控而发生甩尾现象；在转向过小时，为了校正行驶方向，ESP则会通过控制内侧的后轮制动力，从而实现校正行驶方向的目的。

ESP是通过发动机ECU的控制，有选择性的控制各制动分缸的制动力，防止车辆滑移，因此，ESP是一个主动安全系统。

ESP系统通常支持ABS及ASR的功能。它通过对从各传感器传来的车辆行驶状态信息进行分析，然后向ABS、ASR发出纠偏指令，来帮助车辆维持动态平衡。ESP可以使车辆在各种状况下保持最佳的稳定性，在转向过度或转向不足的情形下效果更加明显。有ESP系统的与只有ABS的汽车之间的差别在于ABS只能被动地做出反应，而ESP则能够控测和分析车况，并纠正驾驶错误，预患于未然。例如，汽车在路滑的情况下过度转向时会向外侧甩尾，传感器感觉到滑动就会迅速制动外侧前轮，使其恢复附着力，也就是产生一种相反的转矩，使汽车保持在原来的车道内。

有了ESP系统，车辆在湿滑路面失去控制的机率也大大降低，整车的主动安全性也更高。无论是晴天还是雨天，驾驶员都能放心大胆地踩油门，因为一切都在ESP系统的辅助下得心应手。但要注意ESP也不是万能的，它只是一套辅助设备。千万不要因为有了ESP就可以随意将油门踩到底或者高速过弯。如果盲目开快车，任何安全装置都难以保证其安全性。ESP系统可以称得上是当前汽车防滑的最高级形式。

ESP系统在不同的车型，往往赋予其不同的名称，如奔驰、奥迪称为ESP，宝马称其为DSC，丰田、雷克萨斯称其为VSC，三菱称为ASC/AYC，本田称为VSA，而VOLVO汽车称其为DSTC，但其原理和作用基本相同。

【知识要求】

1. 熟悉汽车电子稳定系统的作用与类型
2. 掌握汽车电子稳定系统的组成与各组成部分的基本作用
3. 掌握汽车电子稳定系统的基本工作原理
4. 掌握汽车电子稳定系统常见故障及分析
5. 掌握汽车电子稳定系统的检修注意事项
6. 掌握汽车电子稳定系统的维修与故障诊断的步骤
7. 掌握汽车万用表的使用

重点掌握内容：汽车电子稳定系统的基本结构及工作原理，汽车电子稳定系统基本故障的检测方法和步骤。

【能力要求】

1. 能正确拆装汽车电子稳定系统并进行正确调整
2. 能正确检查汽车电子稳定系统基本故障，并能对常见故障进行检修

二、相关知识

（一）汽车电子稳定系统的作用与类型

汽车电子稳定系统的作用是保持车辆在各种情况下的行驶稳定性，防止车辆由于行驶在不同的道路中因不同的附着力而产生车轮的打滑。

ESP 的 ECU 通过传感器时刻监测车辆的行驶状态，并通过计算分析判定车辆行驶方向是否偏离驾驶员的操作意图。当识别出危险状况，可及时作出干预措施使车辆恢复到稳定行驶状态。ECU 控制车辆运动的手段有两个：第一个是控制节气门收油，衰减汽车动力，让速度降下来；第二个手段就是对某些车轮进行制动，让汽车的速度能够减小到极限值以内。那么 ECU 是怎么识别车辆的运动状况是否接近危险状况的呢？这就需要两套传感器为 ECU 搜集行车信息。一套是方向盘转向角度传感器，一套是车轮转速传感器（每个车轮上都装有一个）。前者用来收集驾驶者的转向意图，后者是用来监测车辆的运动状况。当方向盘转向角度传感器检测到驾驶员的转向角度以后，就会通知 ESP 的 ECU；与此同时，各个车轮转速传感器测得的车轮转速信息也会传递到 ESP 的 ECU。ECU 可以根据各个车轮的转速计算出车辆的实际运动轨迹。如果实际运动轨迹，跟理论运动轨迹有区别，或者检测出某个车轮打滑，ECU 就会首先控制节气门，减小开度。然后控制制动系统对某个车轮进行制动，来修正运动轨迹。当实际运动轨迹与理论运动轨迹（驾驶员意图）相一致时，ESP 自动解除控制。

ESP 有以下 3 大特点。

① 实时监控：ESP 能够实时监控驾驶者的操控动作、路面反应、汽车运动状态，并不断向发动机和制动系统发出指令。

② 主动干预：ABS 等安全技术主要是对驾驶者的动作起干预作用，但不能调控发动机；

ESP 则可以通过主动调控发动机的转速，并调整每个轮子的驱动力和制动力，来修正汽车的过度转向和转向不足。

③ 事先提醒：当驾驶者操作不当或路面异常时，ESP 会以警告灯的形式警示驾驶者。

目前 ESP 主要有 3 种类型：能向 4 个车轮独立施加制动力的四通道或四轮系统；能对两个前轮独立施加制动力的双通道系统；能对两个前轮独立施加制动力和对后轮同时施加制动力的三通道系统。

（二）汽车电子稳定系统的组成与基本作用

汽车电子稳定系统一般主要由传感器（轮速传感器、减速度传感器、横摆率传感器、转向角度传感器、制动液压传感器、节气门位置传感器）、电子控制单元、执行器及警示装置组成。图 6-1 所示是一款别克车型的汽车电子稳定系统零件位置及其组成图。

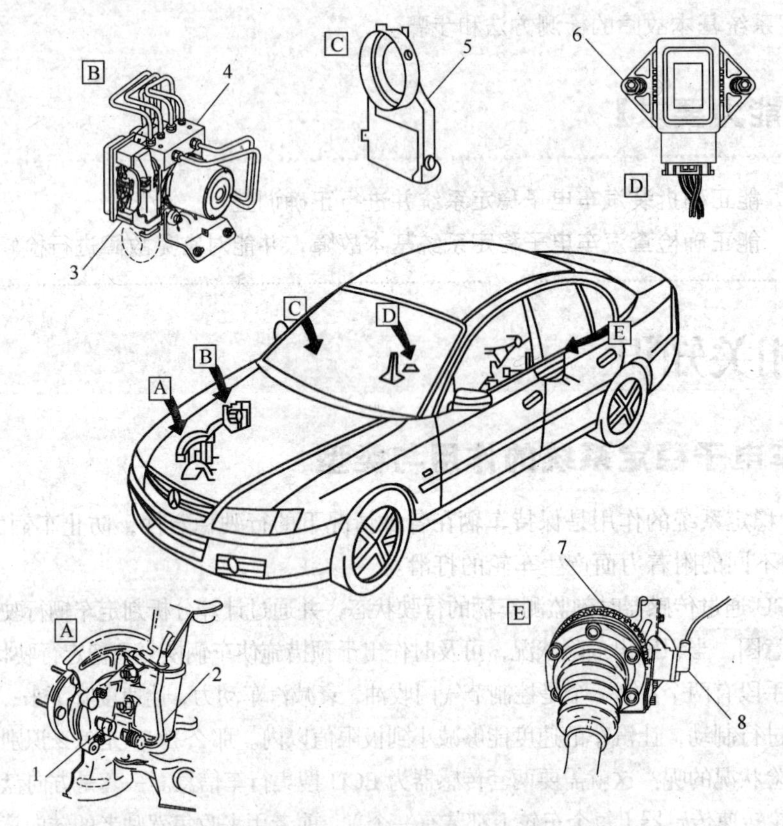

图 6-1　别克荣御电子稳定系统零件位置及其组成

1—前轮速度传感器　2—前轮速度传感器接线　3—电子控制单元（ECU）　4—液压调节器总成
5—方向盘转角传感器　6—横向偏摆率传感器　7—后轮速度传感器信号环　8—后轮速度传感器

下面以一款别克荣御车型为例，介绍各组成部分的基本作用。

① 轮速传感器是一个电磁式传感器，装在每个车轮的相应位置上，用于检测车轮旋转的角速度。

前轮速度传感器是前轮轮毂总成的一部分。左前和右前轮轮毂各装有一个车轮速度传感器和一个 48 齿的磁脉冲信号环。

后轮速度传感器位于主减速器后盖的支架上，左、右各有一个。后轮速度传感器信号环是主减速器内车桥法兰的一部分，不能单独维修。前、后轮速传感器的位置分别如图 6-2 和图 6-3 所示。

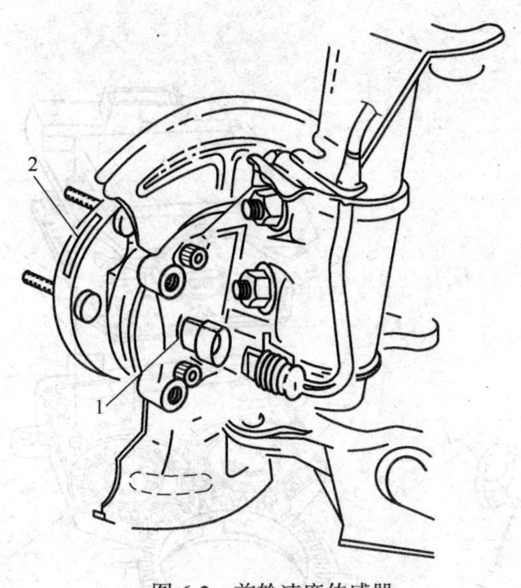

图 6-2　前轮速度传感器

1—前轮速传感器　2—前轮毂总成

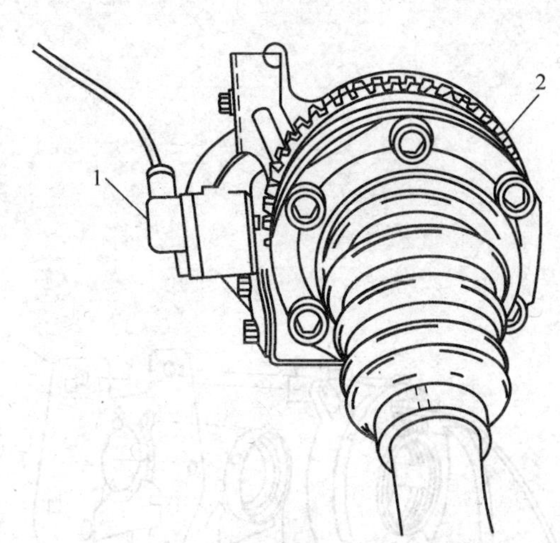

图 6-3　后轮速度传感器

1—后轮速传感器　2—传感器脉冲环

② 横摆率传感器一般装在汽车行李箱前部，与汽车垂直轴线平行，用于检测汽车横摆率（汽车绕垂直轴旋转的速度）。

别克荣御车型横向偏摆率传感器位于仪表板中央控制台的下部。横向偏摆率传感器总成包括两个部件，一个是横向偏摆率传感器，另一个是横向加（减）速度传感器。横向偏摆率传感器根据车辆绕其纵轴的旋转角度产生对应的输出信号电压；横向加（减）速度传感器用于检测汽车的纵向和横向加速度，根据车轮侧向滑移量产生对应的输出信号电压。ESP 电子控制单元利用横向偏摆率传感器和横向加速度传感器输出的这两个传感器信号，计算出车辆的实际行驶状态，再结合车轮速度传感器的输出信号和方向盘转角传感器的串行数据输出信号，确定控制目标。横摆率传感器如图 6-4 所示。

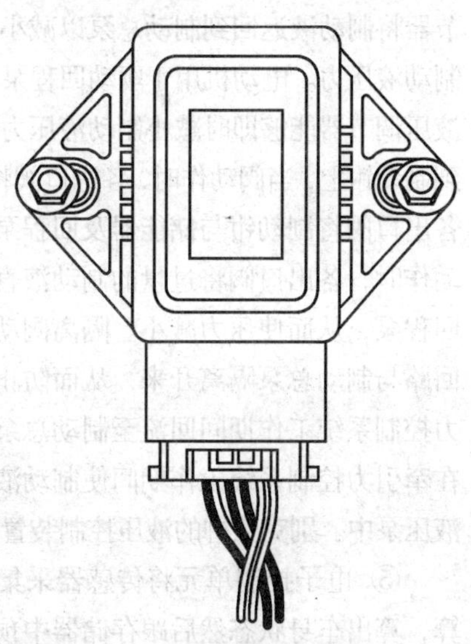
图 6-4　横向偏摆率传感器

③ 转向角度传感器装于方向盘后侧，如图 6-5 所示，用于检测方向盘的转向角度，可根据方向盘的转动情况输出表示方向盘旋转角度的输出信号，具体结构如图 6-6 所示。由于两只测量齿轮的齿数不同，故产生不同相位的两个转角信号，即能产生一个可表示±760° 方向盘旋转角度的输出信号，电子控制单元利用这个信息计算出驾驶员所要求的方向。电子控制单元通过方向盘转角传感器与横向偏摆率传感器信号的比较，确定车辆实际行驶轨迹与驾驶要求是否一致，从而确定控制目标。

④ 液压控制装置，正常情况下执行制动助力功能；当车轮在加速或减速过程中出现滑移时，执行 TRC 和 ABC 功能；当汽车出现侧滑时，把受到控制的制动液压加到每个车轮上。

别克荣御的液压控制装置采用了前、后分离的四通道回路结构，每个车轮的液压制动回路都是隔离的，这样当某个制动回路出现泄漏时仍能继续制动。液压调节器总成根据电子控制单元发送的控制信号调节制动液压力。液压调节器总成包括回程泵、电动机、储能器、进口阀、出口阀、隔离阀和后启动阀等部件。

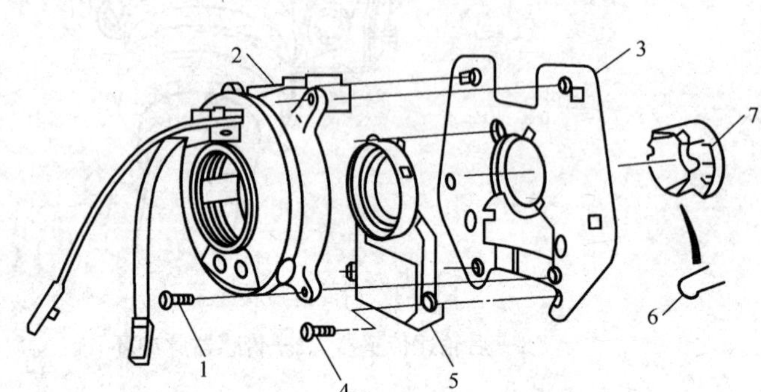

图 6-5　方向盘转角传感器的位置

1、4—螺钉　2—螺旋电缆　3—转接板
5—方向盘转角传感器　6—固定凸舌
7—转向信号解除凸轮

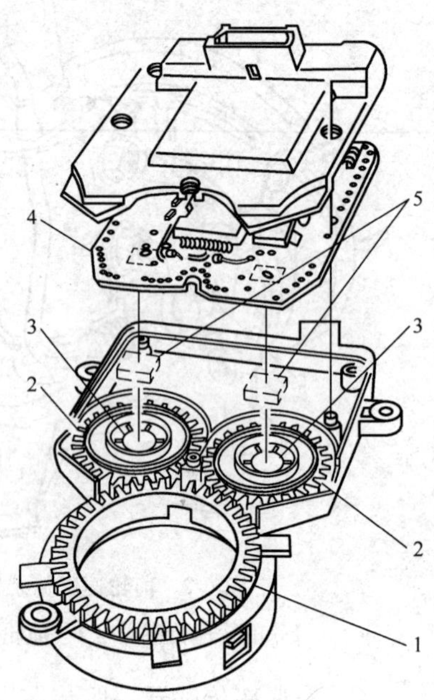

图 6-6　方向盘转角传感器

1—齿轮　2—测量齿轮　3—磁铁　4—判断电路
5—各向异性磁阻（AMR）集成电路

在 ABS-TCS/ESP 减压阶段，两个回程泵从储能器和制动钳抽取过量的制动液，然后通过液压调节器将制动液返回到制动总泵以减小制动液压力。另外，回程泵还可以在制动干预阶段向制动钳施加制动液压力。电动机用于驱动回程泵。储能器在 ABS-TCS/ESP 减压阶段储存过量的制动液，从而使液压调节器能够即时减小制动液压力。进口阀是常开阀，在常态位置时，各进口阀使制动液压力施加到制动钳上，当阀动作时，各进口阀将制动钳与制动总泵隔离开来。出口阀是常闭阀，在常态位置时，各出口阀将制动钳与储能器及回程泵隔离开来，当阀动作时，各出口阀将过量的制动液直接引至储能器和回程泵，从而使压力减小。隔离阀动作时，将后制动回路与制动总泵隔离开来，从而防止了制动液在牵引力控制系统工作期间回流至制动总泵。后启动阀用于在牵引力控制系统工作期间使制动液从制动总泵流至液压泵中。别克荣御的液压控制装置如图 6-7 所示。

⑤ 电子控制单元将传感器采集到的数据进行计算，算出车身状态然后跟存储器中预先设定的数据进行对比。当电脑计算数据超出存储器预存的数值，即车身临近失控或者已经失控的时候则命令执行器工作，以保证车身行驶状态能够尽量满足驾驶员的意图。

别克荣御的电子控制单元与液压控制装置集成在一起组成一个总成，如图 6-7 所示。电子控制单元持续

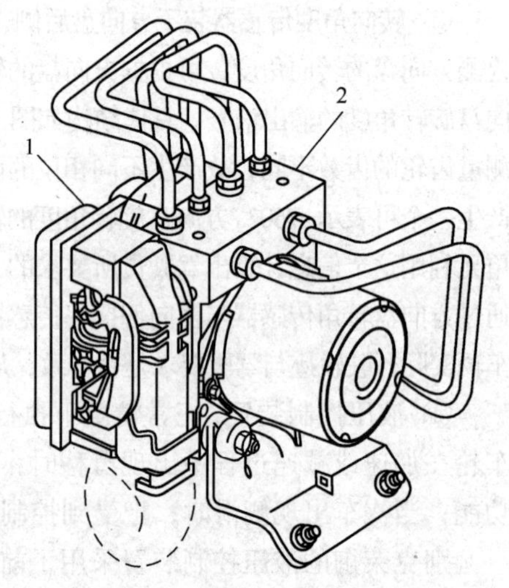

图 6-7　别克荣御的液压控制装置

1—电子控制单元（ECU）　2—液压控制装置

监测并判断的输入信号有：蓄电池电压、车轮速度、方向盘转角、横向偏摆率以及点火开关接通、停车灯开关、串行数据通信电路等信号。根据所接收的输入信号，电子控制单元将向液压控制装置、发动机控制模块、组合仪表和串行数据通信电路等发送控制信号。

别克荣御的电子控制单元是 ABS-TCS/ESP 系统的控制中心。当点火开关接通时，电子控制单元会不断进行自检，以检测并查明 ABS-TCS/ESP 系统的故障。此外，电子控制单元在每个点火循环都执行自检初始化程序。当车速达到约 15km/h 时，初始化程序即启动。在执行初始化程序时，可能会听到或感觉到程序正在运行，这属于系统的正常操作。在执行初始化程序的过程中，电子控制单元将向液压调节器发送一个控制信号，循环操作各个电磁阀并运行泵电动机，以检查各部件是否正常工作。如果泵或任何电磁阀不能正常工作，电子控制单元会设置一个故障诊断码。当车速超过 15km/h 时，电子控制单元会将输入和输出逻辑序列信号与电子控制单元中所存储的正常工作参数进行比较，以此来不断监测 ABS-TCS/ESP 系统。如果有任何输入或输出信号超出正常工作参数范围，则电子控制单元将设置故障诊断码。

⑥ 制动液压传感器一般装于液压控制装置上部，检测驾驶员进行制动操作时的制动液压力。

⑦ 节气门位置传感器装于节气门体上，检测节气门的开度。

⑧ 节气门执行器在汽车电子稳定系统控制发动机功率时，控制节气门开度大小。

⑨ 警示装置主要指仪表盘上的 ESP 警示灯。

⑩ 别克荣御的 ESP 开关位于地板控制台上，如图 6-8 所示。该开关是一个瞬间接触开关，按一下 ESP 开关，电子稳定程序从接通转至关闭。当电子稳定程序关闭时，ABS-TCS 系统仍能正常工作。当 ESP 处于关闭位置时，再按一下 ESP 开关，将接通电子稳定程序。按下 ESP 开关超过 60s 将被视为短路，会记录故障诊断码，且电子稳定程序在该点火循环内将被禁用。如果没有记录牵引力控制系统当前的故障诊断码，电子稳定程序将在下一个点火循环复位到接通状态。

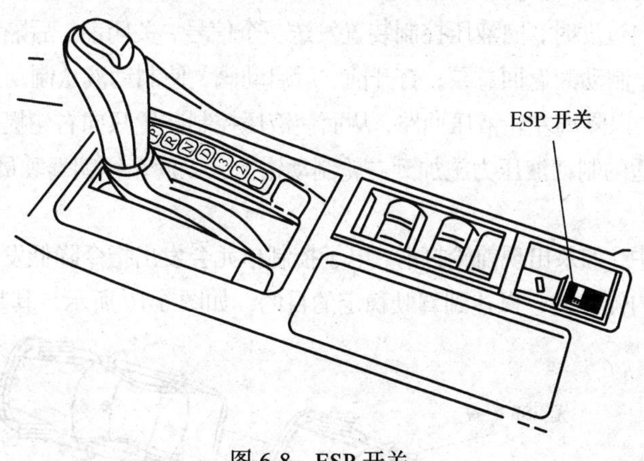

图 6-8　ESP 开关

（三）汽车电子稳定系统的基本工作原理

汽车在转弯过程中会出现打滑现象，当后轮出现打滑时产生转向过度，当前轮出现打滑时产生转向不足。当以上两种情况出现时，汽车电子稳定系统就开始工作。

电子控制单元通过方向盘转角传感器确定驾驶员想要的行驶方向；通过车轮速度传感器和横向偏摆率传感器来计算车辆的实际行驶方向。当电子稳定程序检测到车辆行驶轨迹与驾驶员要求不符时，电子稳定程序将首先利用牵引力控制系统中的发动机扭矩减小功能并向发动机控制模块发送一个串行数据通信信号，请求减小发动机扭矩。如果电子稳定程序仍然检测到车轮侧向滑移，则电子稳定程序将实行主动制动干预。

（1）转向过度

当汽车在行驶过程中，由于意外造成转向过度，而使后轮打滑车辆抛出转弯曲线，此时 ESP 系统把制动力加到外侧前轮，使车辆的转弯力量减小，同时使后轮的打滑现象也减少，如图 6-9 所示。其基本工作过程如下。

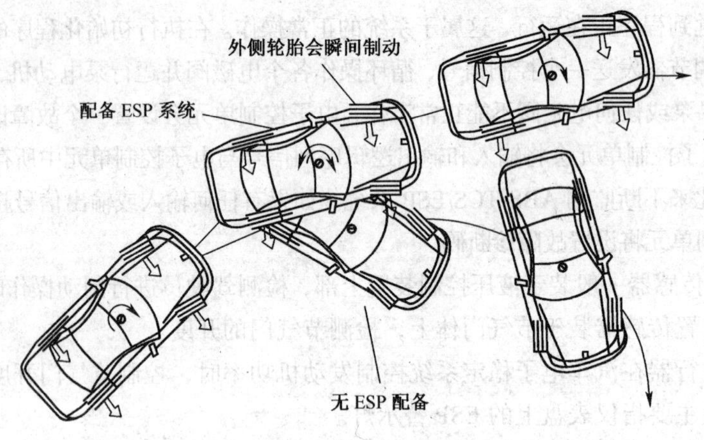

图 6-9　转向过度

方向盘转角传感器向电子控制单元发送一个驾驶员想要转向的信号，横向偏摆率传感器检测到车辆开始打转，同时车辆后端开始产生滑移，说明车辆开始转向过度，电子稳定程序将实行主动制动干预。电子稳定程序利用 ABS-TCS 系统中已有的主动制动控制功能向车辆的一个或两个外侧车轮施加计算得到的制动力，使内侧车轮绕车辆纵轴旋转，以稳定车辆并向驾驶员想要的方向转向。当电子控制单元检测到车辆转向过度时，向液压控制装置发送一个信号，关闭前、后隔离阀，以将制动液回路与总泵隔离开来，防止制动液返回总泵；打开前、后启动阀，使制动液从制动总泵进入液压泵中；关闭左前和左后进口阀，以隔离左轮液压回路，从而使液压控制装置只向右轮提供制动液压力；运行液压控制装置泵，将合适的制动液压力施加到右轮制动钳上，以使车辆朝驾驶员想要的方向转向。

（2）转向不足

当汽车行驶过程中，如果出现前轮打滑，电子控制单元会发出指令降低发动机转矩，并给内侧前轮加制动力，使其向内侧移动，以达到驾驶稳定的目的，如图 6-10 所示。其基本工作过程如下。

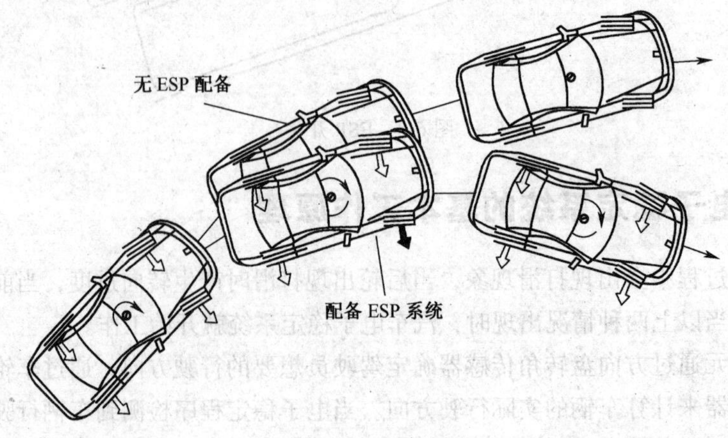

图 6-10　转向不足

方向盘转角传感器向电子控制单元发送一个驾驶员想要转向的信号，横向偏摆率传感器检测到车辆开始打转，同时车辆前端开始产生滑移，说明车辆出现转向不足，电子稳定程序将实行主动制动干预。电子稳定程序利用 ABS-TCS 系统中已有的主动制动控制功能向车辆的一个或两个内侧车轮施加计算得到的制动力，这将促使车辆绕其纵轴旋转，以稳定车辆并朝驾驶员想要的方向转向。当电子控制单元检测到车辆转向不足时，电子控制单元将向液压控制装置发送信号，关闭前、后隔离阀，以使后轮制动回路与总泵隔离开来，防止制动液返回总泵；打开前、后启动阀，使制动液从制动总泵进入液压泵中；关闭右前和右后进口阀，以隔离右轮液压回路，从而使液压控制装置只向左轮提供制动液压力；运行液压控制装置泵，将合适的制动液压力施加到左轮制动钳上，以使车辆朝驾驶员想要的方向转向。如果在 ESP 模式下进行人工制动，则退出 ESP 制动干预模式并允许常规制动。

（四）汽车电子稳定系统常见故障及分析

汽车电子稳定系统的绝大多数传感器与 ABS、ASR 系统通用，因此其常见故障与 ABS、ASR 系统常见故障基本相同，主要有传感器故障，制动系统有气等。下面以别克荣御车型为例简要介绍检查分析过程。

（1）制动器排气

在执行 ABS-TCS/ESP 制动器排气之前，必须完成常规的制动系统排气程序。具体步骤如下。

① 连接 Tech2，启动发动机并怠速运行。

② 按照“Tech2 制动器排气程序”中所列的指示和步骤操作，注意在执行该程序期间，确保制动总泵中的制动液液位不低于最低液位。

③ 关闭点火开关，并从诊断座（DLC）上断开 Tech2。

④ 用规定的制动液加注制动总泵储液罐至最高液位。

⑤ 执行另一个常规制动系统制动器排气操作。

⑥ 关闭点火开关，踩下制动踏板 3～5 次，以耗尽制动助力器的真空储备压力。

⑦ 缓慢踩下制动踏板，应该感觉很“硬”，如果感觉制动踏板绵软，重复 ABS-TCS/ESP 制动器排气操作。

⑧ 重复 ABS-TCS/ESP 排气操作后，如果仍然感觉制动踏板绵软，检查制动系统是否存在外部或内部泄漏。

⑨ 保持发动机熄火并且不使用驻车制动器，然后接通点火开关，如果驻车制动器/制动器故障指示灯保持启亮，先诊断并排除故障。

⑩ 路试车辆，执行 ABS-TCS/ESP 自检初始化程序，如果感觉制动踏板绵软，重复 ABS-TCS/ESP 制动器排气操作，直到制动踏板感觉坚实。

⑪ 检查 ABS-TCS/ESP 系统的操作。

（2）方向盘转角传感器的校准

电子控制单元监测并判断方向盘转角传感器的输出信号，当车辆沿直线行驶了 15min 或以上时，电子控制单元会将该行驶方向设定为正前方向。如果电子控制单元检测到方向盘转角传感器角向偏离正前方向，如果偏离度等于或小于 15°，则电子控制单元自动执行方向盘转角传感器校准。如果偏离度大于 15°，则设置 C0460“方向盘转角传感器故障”。方向盘转角传感器可使用 Tech2 重新校准，具体操作步骤如下。

① 路试车辆并记录车辆笔直向前行驶时的方向盘位置。

② 将 Tech2 连接到车辆上，并执行“Tech2 方向盘转角传感器校准程序”中的指示。

③ 检查 ABS-TCS/ESP 系统的操作。

（3）轮速传感器的检查

别克荣御 4 个车轮速度传感器均为电磁式传感器，传感器气隙不可调。检查轮速传感器时，可用万用表测量传感器阻值，也可用示波器测量传感器的输出波形。温度在 20℃时，传感器的电阻正常值为 1.3kΩ～1.8kΩ。

（4）ESP 开关的检查

ESP 开关的端子视图及检查方法如图 6-11 所示，可使用数字万用表测量 ESP 开关端子间的电阻，以判断其好坏。

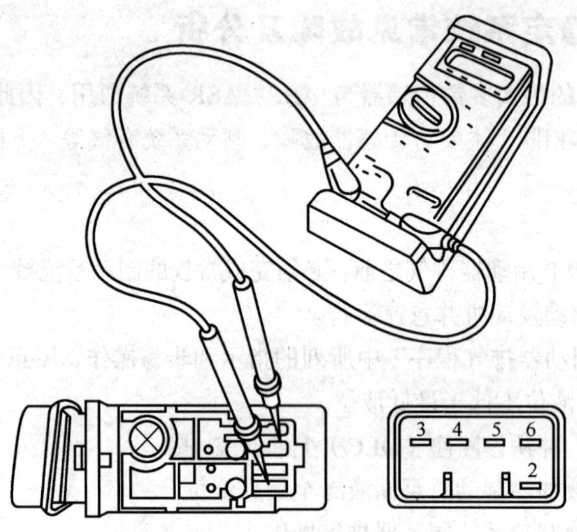

图 6-11 ESP 开关的端子视图及检查方法

ESP 开关处于常态位置时，端子 3—4 间应导通，端子 3—5 间开路。按下 ESP 开关时，端子 3—4 间开路，端子 3—5 间导通。端子 2—6 之间是照明灯电阻。如果测量结果不在规格范围内，则更换 ESP 开关。

三、项目实施

（一）项目实施环境

所需设备：具有汽车电子稳定系统（ESP）的车辆，别克荣御，或者是试验台，数量要足够多，适合教学工作的进行；电脑综合检测仪或解码器、汽车万用表，电脑综合检测仪或解码器（要有检测电控悬架系统的功能），解码器最好用 Tech2、VAG1551 或 VAS5051，电脑综合检测仪或解码器的数量要足够适合教学工作的进行。实践场地要足够大，适合教学工作的进行。

（二）检修注意事项

① 电控单元对过电压、静电非常敏感，如有不慎就会损坏电控单元中的芯片，造成整个电

控单元瘫痪。因此，点火开关接通时不要插或拔电控单元上的连接器；在车上进行电焊之前，要戴好防静电器，拔下电控单元上的连接器后再进行电焊；给蓄电池进行专门充电时，要将电池从车上拆卸下来或摘下蓄电池电缆后再进行充电。

② 维修车轮速度传感器时一定要十分小心。拆卸时注意不要碰伤传感器头，不要撬传感器齿圈，以免损坏。安装时应先涂覆防锈油，安装过程中不可敲击或用力过大。一般情况下，传感器气隙是可调的（也有不可调的），调整时应使用非磁性塞卡，如塑料或铜塞卡，当然也可使用纸片。

③ 维修液压控制装置时，切记要首先进行泄压，然后再按规定进行修理。例如制动主缸和液压调节器设计在一起的整体 ABS，其蓄压器存储了高达 18000kPa 的压力，修理前要彻底泄去，以免高压油喷出伤人。

④ 制动液要至少每隔两年换一次，最好是每年更换一次。这是因为 DOT3 乙二醇型制动液的吸湿性很强，含水分的制动液不仅使制动系统内部产生腐蚀，而且会使制动效果明显下降，影响制动系统的正常工作。注意不要使用 DOT5 硅酮型制动液，更换和存储的制动液的器皿要清洁，不要让污物、灰尘进入液压控制装置，制动液不要沾到电控单元和导线上。要按规定的方式进行放气（与普通制动系统的放气有所不同）。

（三）项目实施步骤

1. 基本步骤

汽车电子稳定系统的维修与故障诊断的步骤与 ABS、ASR 系统的基本一致，一般包括如下 4 个基本步骤。

① 初步检查。

② 故障自诊断。

③ 快速检查。

④ 故障指示灯诊断。

2. EPS 系统的维修与故障诊断

以奥迪 A4 为例，介绍其 ESP 系统的维修与故障诊断的步骤。

（1）方向盘角度传感器 G85 的初始化标定

如果方向盘角度传感器 G85 断电或更换、ESP 电子控制单元 J104 更换或者车辆的电压值不正常，传感器的标定值会丢失，即电子控制单元无法正常识别传感器的数据起始点和变化规律，所以需重新进行初始化标定。初始化标定的方法有路试和使用 VAS5051 两种。

路试时，通过短距离行驶，传感器 G85 会根据轮速传感器信息重新初始化。

利用诊断仪器 VAS5051 进行初始化标定的方法和步骤如下。

① 连接 VAG1551 或 VAS5051 进入 03 地址。

② 选择登录“11”，按“Q”键确认，输入登录密码“40168”，再按“Q”键（做多项调整时，只需登录 1 次）。

③ 启动车辆，在平坦路面试车，以不超过 20km/h 车速行驶。

④ 如果方向盘是正中位置（若不在正中位置，需调整），停车即可，不要再调整方向盘，不要关闭点火开关。

⑤ 选择读取数据流 08 功能，输入“004”通道，观察第一显示区数值是否为-4.5～5。

⑥ 选择基本设定功能 04，按“Q”键确认，再输入组别号“001”，ABS 警告灯闪亮。

⑦ 选择退出功能 06，按“Q”键确认，ABS 和 ESP 警报灯亮约 2s，此时即结束初始化标定。

（2）ESP 路试和系统测试

ESP 路试的作用是检查 ESP 系统各个传感器的可靠性（侧向加速度传感器 G200、横摆率传感器 G202 和制动压力传感器 G201、方向盘角度传感器 G85）。每次 ESP 系统的电气元件拆下或更换后，必须进行路试。注意对 ESP 系统的路试一旦开始，就不能中止，必须全部进行完毕。测试过程如下。

① 连接诊断仪器 VAS5051，打开点火开关，进入 ABS（03），选择基本设定（04），输入显示组号 03 来激活测试，这时，ABS、ASR/ESP 灯点亮，在故障存储器中会存储“01468”故障码。

② 断开诊断仪器 VAS5051，启动发动机，用力踏下制动踏板（压力大约为 3500kPa）直到 ASR/ESP 警报灯 K86 熄灭，此时标定完成。

③ 进行时间大约 5s，横摆率至少 10s，车速在 15～20km/h，转弯半径在 10～12m 曲线的路试。此时，ABS、EPS、ASR、ESP 都不工作。

当路试完成后，ABS 和 ESP 灯熄灭，表明系统正常，如果两者没有熄灭，应读取故障存储并排除故障，然后再进行路试；如果路试中止，则 ABS 和 ESP 警报灯依然点亮。

（3）侧向加速度传感器 G200 零点平衡

① 将车停在水平面上，连接 VAG1551 或 VAS5051 进入 03 地址。

② 选择登录“11”，按“Q”键确认，输入登录密码“40168”，再按“Q”键确认。

③ 选择基本设定功能 04，按“Q”键确认，输入组别号“063”，再按“Q”键确认，ABS 警告灯闪亮。

④ 选择退出功能 06，按“Q”键确认，ABS 和 ESP 警报灯亮约 2s。

⑤ 结束。

若显示该功能不能执行，说明登录有误。若显示基本设定关闭，说明超出零点平衡允许公差。读取 08 数据流（004 通道第二显示区静止时为-1.5～1.5；方向盘至止点，以 20km/h 的车速左/右转弯时，测量值应均匀上升）及故障记忆，然后重新进行。

（4）制动压力传感器 G201 零点平衡

操作方法及步骤如下。

① 不要踩制动踏板，连接 VAG1551 或 VAS5051 进入 03 地址。

② 选择读取数据流 08 功能，输入“005”通道，观察第一显示区数值是否为-7～7bar（1bar=100kPa）。

③ 选择登录“11”，按“Q”键确认，输入登录密码“40168”，再按“Q”键确认。

④ 选择基本设定功能 04，按“Q”键确认，输入组别号“066”，再按“Q”键确认，ABS 警告灯闪亮。

⑤ 选择退出功能 06，按“Q”键确认，ABS 和 ESP 警报灯亮约 2s。

若显示该功能不能执行，说明登录有误。若显示基本设定关闭，说明超出零点平衡允许公差。需读取 08 数据块（005 通道）及故障记忆，然后重新进行设定。

（5）电子控制单元编码

更换 ESP 电子控制单元 J104 或方向盘角度传感器 G85 后，必须对 ESP 系统重新进行编码。编码的步骤如下。

① 连接诊断仪器 VAS5051，打开点火开关，进入 ABS 系统（03），选择登录（11），输入登录密码。

② 选择电子控制单元编码功能（07），输入电子控制单元编码。

③ 对方向盘角度传感器进行初始化标定，对 ESP 进行路试和系统测试。

（6）读取数据流

用专用诊断仪 VAG1552 或 VAS5051 可以读取系统的数据，并可以根据数据判断系统的工作状态和分析各传感器是否工作正常，这时，应进入“03”地址，选择“08”功能，输入相应的通道号即可以读取相应的数据。

3. 奥迪 A4 的 ESP 系统警报灯

奥迪 A4 的 ESP 系统共有 3 种警报灯，如图 6-12 所示，分别为制动系统警报灯 K118、ABS 警报灯 K47、ASR/ESP 警报灯 K155。当系统处于不同的状态时，3 种警报灯就会有不同的显示，所以在实际应用过程中，可以根据 3 种警报灯的显示情况来判断整个 ESP 系统的工作是否正常，3 种警报灯的显示情况如图 6-12 所示。另外，当制动液储液罐中的油面过低或液面传感器损坏时，警报灯 K118 也会点亮，但此时 ESP 系统中不会有故障存储。由于其他原因导致 3 种警报灯点亮时，系统中会有故障存储。

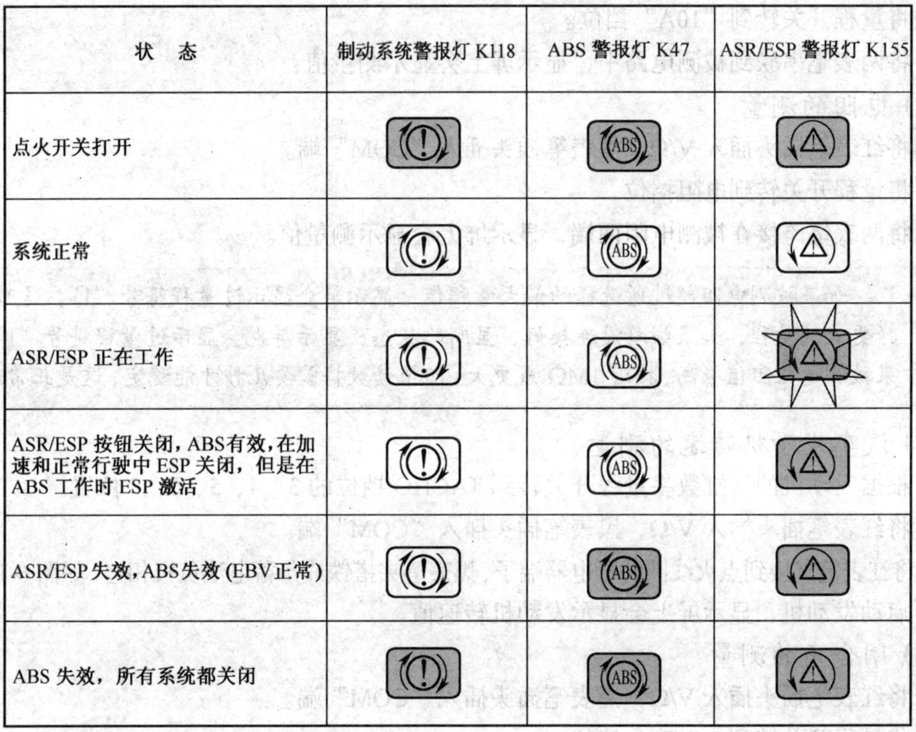

状　态	制动系统警报灯 K118	ABS 警报灯 K47	ASR/ESP 警报灯 K155
点火开关打开			
系统正常			
ASR/ESP 正在工作			
ASR/ESP 按钮关闭，ABS有效，在加速和正常行驶中 ESP 关闭，但是在 ABS 工作时 ESP 激活			
ASR/ESP 失效，ABS 失效（EBV正常）			
ABS 失效，所有系统都关闭			

图 6-12　奥迪 A4 的 ESP 系统警报灯

四、拓展知识

汽车万用表也是一种数字多用仪表，只是增加了几个汽车专用功能挡。

1. 汽车万用表的功能

汽车万用表除具有普通数字万用表的一般功能外，还具有汽车专用项目的测试功能，可测量交流电压、电流，直流电压、电流，电阻，频率，电容，占空比，温度，二极管，闭合角，转速；有的也有一些特殊功能，如自动断电，自动变换量程，模拟条形图显示，峰值保持，数据锁定以及电池测试等。为了实现某些功能，如测量温度、转速等，汽车万用表还配有一些配套件，如热电偶适配器、热电偶探头、电感式拾取器以及 AC/DC 感应式电流夹钳等。

2. 汽车万用表的使用方法

下面以国产的 VC400 型汽车万用表为例，介绍其使用方法。

（1）直流电压的测量

① 将红表笔插头插入 V/Ω，黑表笔插头插入“COM”端。

② 根据被测电压的范围选择合适的电压挡位。

③ 将两表笔并联在被测电路的两端，显示屏上会显示测量值。

④ 不要测量超过 600V 的电压，虽然可以测量出来，但容易损坏万用表内部电路。

（2）直流电流的测量

① 将红表笔插头插入“10A”输入端，黑表笔插头插入“COM”端。

② 将量程开关转到“10A”挡位。

③ 将两表笔串联到被测电路中，显示屏上会显示测量值。

（3）电阻的测量

① 将红表笔插头插入 V/Ω，黑表笔插头插入“COM”端。

② 将量程开关转到电阻挡位。

③ 将两表笔跨接在被测电阻两端，显示屏上会显示测量值。

如果被测电阻超过所选择的最大量程值，显示屏会显示过量程符号“1”，这时应选择更大的量程；如果线路没连接好，呈断路状态，显示屏也会显示过量程符号“1”；如果被测电阻阻值很高，接近 1MΩ 或更大，阻值读数将需要几秒才能稳定，这是正常现象。

（4）汽车发动机转速的测量

① 根据发动机的气缸数将量程开关转到 TACHO 挡位的 3、4、5、6、8 位置。

② 将红表笔插头插入 V/Ω，黑表笔插头插入“COM”端。

③ 将红表笔夹接到点火线圈的分电器端子，黑表笔夹搭铁或与蓄电池负极相连，如图 6-13 所示。

④ 启动发动机，显示屏上会显示发动机转速值。

（5）闭合角的测量

① 将红表笔插头插入 V/Ω，黑表笔插头插入“COM”端。

② 将量程开关转到 DWELL 挡位。

③ 将红表笔夹接到点火线圈的分电器端子，黑表笔夹搭铁或与蓄电池负极相连，如图 6-13 所示。

④ 启动发动机并让其处于怠速状态，显示屏上会显示闭合角度数。

3. 汽车万用表的使用注意事项

① 确认 9V 电池已正确安装在电池盒内。

② 在测量之前选择好正确的测量挡位。

③ 将红表笔插头插入正确的输入端，黑表笔插头插入“COM”端。

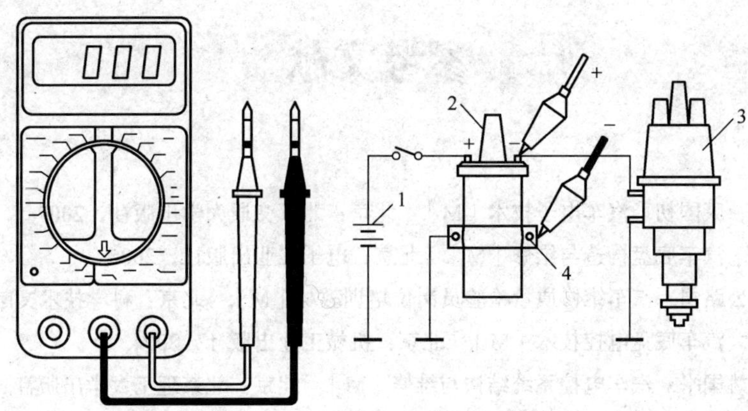

图 6-13 汽车发动机转速的测量

1—蓄电池 2—点火线圈 3—分电器 4—固定环

④ 初次测量时应将量程开关转到最大测量挡位，然后视情况依次往下调至合适的挡位。

⑤ 当选择测量挡位时，应将其中的一支表笔脱开。

⑥ 只允许在温度为 0℃～40℃，湿度 RH＜75%时使用。

⑦ 不要在输入端加超过最大电压值的电压。

⑧ 暂时不用时，要将量程开关转到“OFF”位置，若长时间不用本仪表时，要将电池取出。

⑨ 输入端的电压或电流不应超过测试插座旁的警告指示值，以免内部电路被损坏。

小 结

本章主要介绍了汽车电子稳定系统的组成、作用、基本工作原理等，还简要介绍了汽车万用表的使用方法。

习题及思考题

1. 汽车电子稳定系统的作用是什么？
2. 汽车电子稳定系统由哪些部分组成？各部分的基本作用是什么？
3. 举例说明汽车电子稳定系统的基本工作原理。
4. 举例说明汽车电子稳定系统的检修步骤。
5. 如何使用汽车万用表？
6. 汽车万用表的使用注意事项是什么？

参考文献

[1] 高洪一，康国初. 汽车电子技术 [M]. 北京：北京交通大学出版社，2007.

[2] 金加龙. 汽车底盘构造与维修 [M]. 北京：电子工业出版社，2005.

[3] 交通部公路司. 汽车维修质量检验员岗位培训教材 [M]. 北京：科学技术文献出版社，1999.

[4] 李春明. 汽车底盘电控技术 [M]. 北京：机械工业出版社，2004.

[5] 舒华，姚国平. 汽车电控系统结构与维修 [M]. 北京：北京理工大学出版社，2005.

[6] 李百军. 汽车驾驶与维修. 2008.4

[7] 冯力平. 汽车维修与保养. 2008.4

[8] 赵良红. 汽车底盘电控技术 [M]. 北京：机械工业出版社，2002.

[9] 张吉国. 汽车典型电控系统的结构与维修 [M]. 北京：机械工业出版社，2005.

[10] 彭生辉. 轿车 ABS/ASR 维修技能实训 [M]. 北京：北京理工大学出版社，2005.

[11] 李春明. 宝来轿车维修手册 [M]. 北京：北京理工大学出版社，2003.5.

[12]（日）GP 企画室. 宋桔桔、董国良（译）. 汽车车身底盘图解 [M]. 吉林、香港：吉林科学技术出版社、香港万里机构出版有限公司，1995.

[13]（日）庄野欣司. 刘茵等（译）四轮驱动汽车构造图解 [M]. 吉林、香港：吉林科学技术出版社、香港万里机构出版有限公司，1996.

[14]（美）厄尔贾维克（Erjavec，J.）. 林梅、马盛明等（译）. 汽车手动变速器和变速驱动桥 [M]. 北京：机械工业出版社，1997.